纳税那点事

刘　琳◎编著

電子工業出版社
Publishing House of Electronics Industry
北京・BEIJING

内 容 简 介

本书从税务基础知识入手，详细讲述了纳税人对营业税、增值税、消费税、企业所得税、个人所得税、关税、资源税、土地增值税、城镇土地使用税、印花税等重要税种进行纳税和账务处理的方法，具有很强的实用性。通过阅读本书，读者可以全面了解和掌握纳税的理论与实务，进而融会贯通，轻松处理涉税的具体问题。

本书可作为会计人员岗位培训教材及相关会计工作者的参考用书，还可作为高校及高职高专会计学、税务学相关专业的教学用书。

图书在版编目（CIP）数据

纳税那点事 / 刘琳编著. —北京：电子工业出版社，2013.9
ISBN 978-7-121-21258-1

Ⅰ. ①纳… Ⅱ. ①刘… Ⅲ. ①纳税—税收管理—基本知识—中国 Ⅳ. ①F812.423

中国版本图书馆 CIP 数据核字（2013）第 190390 号

责任编辑：张　毅　　特约编辑：钟莉娜
印　　刷：三河市鑫金马印装有限公司
装　　订：三河市鑫金马印装有限公司
出版发行：电子工业出版社
　　　　　北京市海淀区万寿路 173 信箱　　邮编：100036
开　　本：720×1000　1/16　印张：16.25　字数：296 千字
印　　次：2013 年 9 月第 1 次印刷
定　　价：35.00 元

凡所购买电子工业出版社图书有缺损问题，请向购买书店调换。若书店售缺，请与本社发行部联系，联系及邮购电话：（010）88254888。

质量投诉请发邮件至 zlts@phei.com.cn，盗版侵权举报请发邮件至 dbqq@phei.com.cn。

服务热线：（010）88258888。

前　言

随着我国法制体系的不断完善，纳税人的纳税意识日益增强，如何在合法、正确、及时纳税的同时，使税额形成与会计核算同步进行，成为企业财务人员、办税人员必须关注和掌握的内容。为了方便企业开展工作，笔者结合多年的工作经验，编写了本书。

本书以我国最新的税收法律为依据，剔除了陈旧、过时的内容；以解决实际工作中经常遇到的税收问题为出发点，将税法相关知识、税收实务操作，以及纳税筹划等内容从系统的角度一一罗列，便于读者把握要点、重点，使用起来更加得心应手。

本书按各个税种分章节进行叙述，涵盖我国现行各税种的基本内容、应纳税额的计算、税收申报缴纳要求及涉税会计的账务处理，并辅以案例进行说明，将会计处理方法与税法有机地结合起来，操作性强，易于理解和掌握。此外，本书利用很大篇幅重点介绍了与企业利润相关的节税技巧，其原则是既不违反国家的相关法律法规，同时兼顾纳税人的合法利益。希望读者从本书中学到的不仅是“知识点”，还有一种思维方式、操作能力与应变能力。本书的主要特点如下：

1. 依据最新税收法律、法规编写

本书依据国家最新颁布和修订的税收法律、法规及相关政策，结合税收征收与管理的实际情况，紧密联系相关会计准则及会计制度，内容充实，结构严谨，具有较强的可读性与可操作性。

2. 内容全面、系统

全书分为 9 章，全面、系统地讲述了现行纳税申报实务知识、各主要税种的纳税申报实务操作等内容，包括营业税、增值税、消费税、企业所得税、个人所得税、城市维护建设税、关税、资源税、土地增值税、城镇土地使用税、房产税、车船使用税、印花税、契税的纳税申报。

3. 案例典型、实用

本书针对各税种的纳税申报，以各税种的纳税义务人为纳税主体，设计了主要税种的纳税申报实务案例，涵盖了纳税主体按月、按次申报纳税、年终汇算清缴企业所得税等内容，案例典型、实用。

4. 再现纳税实务范本

为贴近实际，收集、整理了大量会计信息资料和纳税申报表，通过讲述各税种纳税申报表的计算填列，真实再现了纳税申报实务范本，有助于提高纳税人的纳税意识和纳税水平，也为税务及会计人员解决了许多纳税实务中的疑难问题，具有一定的示范作用和推广价值。

本书可作为企业财会人员的业务参考书，也可作为会计、审计、财务管理等专业师生的参考用书。

编著者

目　录

第1章　初窥门径：带外行看纳税

开篇点心

在一家餐厅里，张总刚吃完饭。

服务员："您好，您一共消费358元。"

张总："可以刷卡吗？"

服务员："可以的。"

张总拿出信用卡："直接刷卡就行，没有密码。"

服务员："好的。"

张总："另外，我要开发票。"

服务员："您开公司还是个人？"

张总："公司。"

服务员："是这样的，如果您不开发票，我们可以赠送您一瓶果粒橙或者大可乐。"

张总："呃……还是开发票吧。"

服务员："好的，请您把公司名称写在小票上吧。"

【本章导读】

不知道你有没有注意到，每个人都在纳税。即使你不是公司老板，每买一件商品，你也会缴纳一定数额的税金。而在企业中，纳税更是必不可少的。可以说，税务部门是会计人员在工作中需要经常面对的外部单位之一，每月末、每季末和每年末都要按照相关的规定，在指定的时间内将这一期间的财务报表申报至国家或地方税务局。本章将带领读者初窥纳税的门径。

1.1 我国两大税种介绍

我国目前实行的税制中一共分为五大类19个税种，分别由财政、税务、海关等系统负责征收与管理，那么面对众多的税种，会计人员特别是会计新手，报税前首先要解决的就是该到哪些部门报税，以及到这些部门报何种税的问题。本节将带领读者解决这些问题。

我国现行的税制实体法将各项税收按性质和作用分为五大类：

1．流转税类：包括增值税、消费税、营业税和关税。

2．资源税类：包括资源税、土地增值税和城镇土地使用税。

3．所得税类：包括企业所得税、个人所得税。

4．特定目的税类：包括固定资产投资方向调节税、筵席税、城市维护建设税、车辆购置税、耕地占用税和烟叶税。其中固定资产投资方向调节税目前暂缓征收。

5．财产和行为税类：包括房产税、车船税、印花税和契税。

上述五大类税制一共包括19个税种，其中关税是由海关负责征收，耕地占用税和契税、地方附加等在一些地方由地方财政部门征收外，其他的税种均由税务机关负责征收与管理。

1.1.1 国税概述

在国家税务局缴纳的主要税种有增值税、消费税、车辆购置税、企业所得税和个人所得税。

其中征收的企业所得税范围，是指2002年1月1日后成立的所有企业及2002年12月31日前由国家税务局征收管理的企业。2001年12月31日前由地方税务局征收所得税的企业不在此范围。

另外，铁道部门、各银行总行、各保险总公司集中缴纳的营业税、所得税、城市维护建设税，中央企业缴纳的所得税，中央与地方所属企业、事业单位组成的联营企业、股份制企业缴纳的所得税，地方银行、非银行金融企业缴纳的所得税，海洋石油企业缴纳的所得税、资源税，证券交易税等及中央税的滞纳金、补税、罚款由国家税务局统一征收。

1.1.2 地税概述

在地方税务局缴纳的税种有：营业税、除去上述各类央企后的地方国有企业、集体企业、私营企业缴纳的企业所得税、城市维护建设税（除去已经在国家税务系统征收管理的部分）、资源税、个人所得税（除去存款利息缴纳的个人所得税外都在地税缴纳）、土地增值税、印花税、城建税、车船使用税、房产税、城镇土地使用税、耕地占用税、契税、屠宰税、筵席税及其地方附加。地方税的滞纳金、补税和罚款也由地方税务系统征收和管理。

1.2 纳税第一步：办理税务登记证

办理领取税务登记证件时，要如实填写税务登记表，并按照税务机关的要求提供有关证件、资料。解决这些操作问题，必须遵循我国税法制度的有关规定，办理税务登记。

1.2.1 办理的时间和地点

我国实行税务登记制度，也就是税务主管机关对纳税人的生产经营活动进行登记与管理的一种制度。因此，在我国，税务登记是非常重要的。企业的设立、变更、注销、停业等事项均需向税务主管机关进行登记备案。对此，《税务登记管理办法》有详细的规定：

- 从事生产、经营的纳税人领取工商营业执照（包含临时工商营业执照）的，应当自领取工商营业执照之日起 30 日内向生产、经营地或者纳税义务发生地的主管税务机关办理税务登记。
- 从事生产、经营的纳税人未办理工商营业执照但经有关部门批准设立的，应当自有关部门批准设立之日起 30 日内向所在地税务主管机关办理税务登记。
- 从事生产、经营的纳税人未办理工商营业执照也未经有关部门批准设立的，应当自纳税义务发生之日起 30 日内向所在地的税务主管机关办理税务登记。
- 有独立的生产经营权、在财务上独立核算并定期向发包人或者出租人上交承包费或租金的承包承租人，应当自承包承租合同签订之日起 30 日内，向其承包承租业务发生地的税务主管机关申报办理税务登记。

- ❑ 从事生产、经营的纳税人外出经营，自其在同一县（市）实际经营或提供劳务之日起，在连续 12 个月内累计超过 180 天的，应当自期满之日起 30 日内，向生产、经营所在地税务主管机关申报办理税务登记。
- ❑ 境外企业在中国境内承包建筑、安装、装配、勘探工程和提供劳务的，应当自项目合同或协议签订之日起 30 日内，向项目所在地税务主管机关申报办理税务登记。
- ❑ 跨地区的非独立核算分支机构应当在自设立之日起 30 日内，向所在地税务机关办理税务登记。
- ❑ 扣缴义务人应当自扣缴义务发生之日起 30 日内，向所在地的税务主管机关申报办理扣缴税款登记，领取扣缴税款登记证件；税务机关对已办理税务登记的扣缴义务人，可以只在其税务登记证上登记扣缴税款事项，不再发给扣缴税款登记证件。

值得企业注意的是，办理税务登记是对纳税义务人的法定要求。如果在规定的时限内未进行税务登记，那么纳税义务人就会被税务主管机关根据《中华人民共和国税收征管法》的条款来进行处罚。

因此，税务登记是企业纳税的起点。

1.2.2 办理税务登记证需要提供的资料

企业到税务主管机关办理税务登记事宜时，一般来说需要带齐如下资料：

- ❑ 工商营业执照或者其他核准执业证件；
- ❑ 有关机关、部门批准设立的材料；
- ❑ 有关合同、章程、协议书；
- ❑ 组织机构代码证；
- ❑ 法定代表人或者业主的合法身份证件；
- ❑ 法定代表人和董事会成员名单；
- ❑ 住所和经营场所证明；
- ❑ 委托代理协议书。

注意：以上是办理常规税务登记需要带齐的资料，另外，如果企业符合有关的税收优惠条件，并且需要享受相关税收优惠条件的，还需要带上符合税收优惠条件的相关证明；如果申请税务登记的企业属于分支机构，还需要提供总部机构所在地的税务主管机关出具的证明。

除此之外，由于税务登记是由各地的税务主管机关各自办理的，不同地方的税务主管机关需要提供的资料也有可能有所出入。因此，在具体的实务中，企业在拿到工商营业执照后，就应该向当地的税务主管机关咨询办理税务登记需要提供的资料。

1.2.3 办理税务登记证的程序

办理税务登记证的程序并不复杂，一般来说，只需要向当地的税务主管部门索取或者在当地税务主管部门的网站下载税务登记表即可。

税务登记表，是一张用来申请办理税务登记证的表格。这张表格中需要填写的主要内容，是企业的重要登记设立信息，比如企业的名称、法定代表人、注册地址、经营地址等信息。

注意：税务登记表有 3 种类型，对应 3 种不同的纳税主体，分别是单位纳税人、个体工商户和临时税务登记纳税人。对于企业来说，理所当然应选择填写单位纳税人。

税务登记表的下面，一般有详细的填写说明。填写完毕后，就可以带着这张表及其他需要提供的资料，前往税务主管部门将所有的资料交付相关工作人员。当工作人员审核并受理后，办理税务登记证的初步程序就完成了。

根据税收法律法规的规定，在 30 日内，税务主管机关会通知企业税务登记是否已经办理成功，如果成功，就可以领取税务登记证了。这样，整个税务登记程序就完成了，企业作为纳税人就在税务主管机关有了备案，并且将由一个税务专管员进行管理。

这个过程并无难度，只需要按部就班就可以完成了。

1.2.4 税务登记证是什么样的

对于企业来说，顺利完成税务登记的标志就是拿到了税务登记证。税务登记证有正本和副本之分，正本接近 A3 纸张的大小，与营业执照的正本大小差不多。但是与营业执照的副本不一样，税务登记证的副本是一本类似 B5 纸张大小的小册子，如图 1-1 所示。

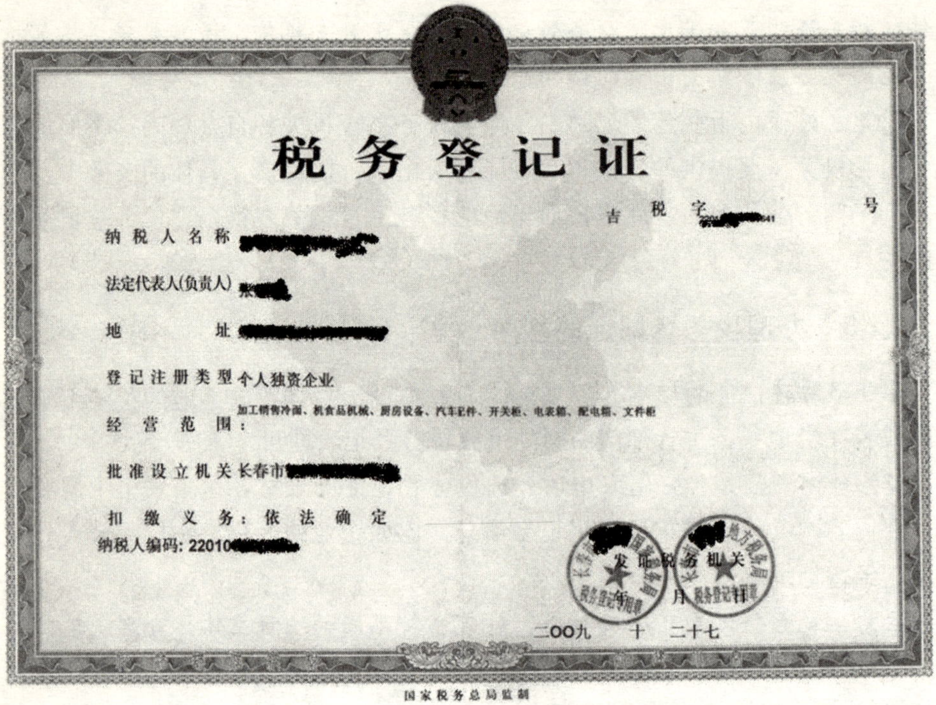
税务登记证

吉税字[redacted]号

纳税人名称[redacted]

法定代表人(负责人)[redacted]

地址[redacted]

登记注册类型 个人独资企业

经营范围：加工销售冷面、机食品机械、厨房设备、汽车配件、开关柜、电表箱、配电箱、文件柜

批准设立机关 长春市[redacted]

扣缴义务：依法确定

纳税人编码：22010[redacted]

发证税务机关

年 月 日

二OO九 十 二十七

国家税务总局监制

图 1-1 税务登记证

税务登记证的正本和副本具有同等的法律效力，营业执照一样，主要列示了企业的若干重要信息。税务登记证是企业完成税务登记的重要凭据，也是企业合法经营的标志，企业应当妥善保管。

1.2.5 税务识别号和电脑管理码是不一样的

企业拿到税务登记证后，就会发现已经被税务主管机关编号，这个号码就是税务识别号，它像身份证号码一样，不同的是，它是企业在税务系统中的身份证明。

此外，企业在税务系统中还有另一个内部使用的号码。这个号码一般被叫作企业的税务电脑管理码。有些地方，税务电脑管理码和纳税人识别号是一致的，有些地方，它们是不一致的。在实务中，税务专管员常常将税务电脑管理码作为企业的身份识别号码。

电脑管理码的用处与纳税人识别号是不一样的。比如，企业在填写所得税汇算清缴表格或者客户端时，需要填写的就是电脑管理码，而不是企业的纳税识别号；在使用个人所得税手工申报的客户端输入新建企业时，既需要输入纳税人识别号，也需要输入电脑管理码。

因此，企业拿到税务登记证后，应当及时联系自己企业的税务专管员，获取电脑管理码。

1.2.6　分公司与子公司的税务登记证

在实务中，随着企业经营规模的扩大，势必会将经营所在地扩展到经营注册地之外，这时就会遇到需要设立分公司或者子公司的情形。

分公司不是一个独立的公司，只是作为总公司的分支机构存在。分公司在法律上不具有独立的法人资格，也就是说，分公司的行为后果，由其总公司来承担相应的法律责任。但是，分公司设立后具有独立的工商营业执照，因此，分公司可以以自己的名义展开民事活动。

子公司与分公司不同。子公司是母公司以其资产设立的，具有独立法人资格的企业。因此，子公司可以以自己的名义展开民事活动，并且独自承担其行为造成的法律责任。

总体来说，分公司不是真正的公司，更像是总公司为了业务需要而设立的部门；而子公司则是真正意义上的公司，在相关法律法规的规定下，其经营等方面的事宜与母公司是一样的。

注意：不论企业是设立分公司还是子公司，都必须在其经营所在地的税务主管机关进行税务登记。进行税务登记时，应当明确分公司或者子公司的纳税相关事宜。一般来说，子公司作为独立的法人单位，其财务核算也是独立的，子公司的纳税事宜应在公司的注册所在地进行。而分公司由于情况特殊，需要详细询问当地的税务主管机关相应的政策规定，不同地方的规定有所不同。

1.3　纳税离不开发票

发票是指一切单位和个人在购销商品、提供劳务或接受劳务、服务及从事其他经营活动，所提供给对方的收付款的书面证明，是财务收支的法定凭证，是会计核算的原始依据，也是审计机关、税务机关执法检查的重要依据。按大类分可以分为 3 种：增值税专用发票、普通发票和专业发票，各类发票的使用范围各不相同。

增值税专用发票仅限于增值税一般纳税人领购和使用，用来进行销售货物和加工、修理、修配、劳务的结算，它在企业（纳税人）经济活动中具有重要的作用。

1.4 发票使用规定

发票是确定经营收支行为发生的法定凭证，是会计核算的原始凭证，是税务机关进行税源控制管理和开展税务稽查的重要依据，是发挥财税监督职能和维护社会经济秩序的主要工具。

1.4.1 发票的领购及开具

税务机关是发票的主管机关，负责发票的印制、领购、开具、取得、保管、缴销的管理和监督，因此，企业单位首次领购发票时，需要在所属的主管税务局行政许可窗口领取《发票领购申请书》和单位企业的相关资料：《工商营业执照》（副本）、《税务登记证》（副本）、经办人员资料（身份证、会计证、外地的需要暂住证办理购票人）、发票专用章印模，办理发票领购事项。

再次领购发票时，购票人需确认上期领购的发票已经开具完，并携带上期购买的所有发票的存根联和税务登记证副本，先到税务局的发票验票窗口办理验票，验票无误后，再填写发票领购单，写明需要领购的发票名称、规格（领购发票人员必须是企业单位在税务局办理的购票人，且领购人要持本人身份证），拿着企业单位的公章、财务章、税务登记证副本，填写一份发票购买申请单（如表 1-1 所示），到购票窗口购买发票。另外，在购买发票时，企业单位必须先把上期开具发票需要申报的有关税额申报完毕，才能成功领购发票。

表 1-1　发票购买申请单

购票单位（盖章）：　　　　　　年　月　日

序　号	发 票 名 称	联　　次	册　　数

购票人：　　　　　　身份证号：　　　　　　　　　联系电话：　　　　　　手机：

发票的开具是实现其使用价值，反映企业经济业务活动的重要环节，发票开具得是否真实、完整、正确，直接关系到能否达到发票管理的预期目的。因此，作为管理企业货币资金收付业务的财务人员，开具发票是其工作的一部分，对于开具发票的要求、要点要十分熟悉。

财务人员必须遵循规定开具发票：按照规定的时限、顺序，逐栏、全部联次一次性如实填写，做到按号码顺序填写、填写项目齐全、内容真实、字迹清楚、全部联次一次性复写或打印、内容完全一致，并在发票联或者抵扣联加盖发票专用章。

具体来说，发票各项目的填写规范如下：

（1）购货单位的填写规范。购货单位的填写要写全称，不要写简称，更不要不写购货单位。

（2）日期的填写规范。发票的日期是记载购销业务实际发生的时间，必须准确填写，并且在销售行为发生的当天开出，不得提前或错后。

（3）货物名称或服务项目的规范填写。货物名称或服务项目一定要填写准确，是什么商品就写什么商品，提供的什么劳务就写什么劳务，决不可按大类笼统地填写。

（4）规格、单位、数量、单价的填写规范。规格、单位、数量、单价四项内容是反映所销商品和服务项目具体内容的，必须齐全地填写清楚，不得遗漏。只有将这些项目填写清楚，才能便于票货核对入库及款项支付，才有利于加强财务审查和税务机关进行税务监督。

（5）大、小写金额的填写规范。大写金额的填写要符合规范，正确填写大写金额不得乱造简化字。大写金额数字到元或角为止的，在“元”或“角”字之后应写“整”或“正”字；大写金额数字有分的，“分”字后面不写“整”字；大写金额数字前未印有人民币字样的，应加填“人民币”三字，“人民币”三字与金额数字之间不得留有空白。小写金额数字（阿拉伯数字）应字迹清晰、不得连笔；小写金额数字前面应写人民币符号“￥”，人民币符号“￥”与小写金额数字之间不得留有空白；小写金额数字前写有人民币符号“￥”的，数字后不再写“元”字；所有以元为单位的小写金额数字，除表示单位等情况外，一律填写到角分，无角分的，角位和分位可写“0”，或符号“—”，有角无分的分位应写“0”，不得用符号“—”代替。开具发票时，大、小写金额必须填齐，不得只填小写金额不填大写金额。

（6）开票人的填写规范。开票人必须认真填写其姓名或盖名章，不能不填、只填姓或名，或只填工号，这是分清责任的重要一环。

（7）开票的字迹要书写清楚，容易辨认。汉字要写得端正，切忌潦草，不得使用未经国家公布的简化字。

（8）发票要由依法领购的单位购票人填开。发票要由依法领购发票的企业单位的购票经手人填开，不能随意让其他人开具发票，如商店里“主随客便”，让顾客自行填写，更不能不顾成交事实按客户的非法要求填写，如金额填写不符事实。

（9）开具发票时必须加盖发票专用章。不论开具任何发票都必须加盖发票专用章，开具发票不是以公民个人的名义进行的一般民事行为，而是以单位或个人的名义进行的产生一定法律后果的较特殊的民事行为，必须加盖发票专用章，才具有法律效力。

（10）不重复开具发票。取得发票联的一方如丢失发票联，可向开具发票方申请出具曾于×年×月×日开具××发票，说明购货单位名称、购货或服务的单位数量、单价、规格、大小写、发票号码等情况的书面证明，但是绝不能重复开具发票，以免双方重复依据。

1.4.2 发票的管理

发票要通过使用才能对经济业务活动发生作用，未经收款开具的发票是不会产生法律效力的凭证，不会成为合法的财务收支凭证。空白发票只有按照经济业务发生的真实内容，真实、合法、正确地开具，并加盖发票专用章，才能成为合法的收支凭证。一张开具无误的发票．不但能反映商品购销或劳务供受中财务收支的来龙去脉，还便于税务部门进行监督管理及财会人员进行收支审核把关，防止违反财经法规的行为发生。因而，对于出纳人员，发票的管理应该做到“心境明晰”。

（1）对于发票的取得，应该合乎税法规定，必须是经过税务机关监制，且从税务机关购买领用的发票才能使用。对于外部的填写项目不齐全、内容不真实、字迹不清楚且没有加盖发票专用章的发票，或是伪造、作废及其他不符合税务机关规定的发票，出纳人员应该拒收，且一律不得作为财务报销凭证。

（2）开具发票时，必须是在发生经营业务收入时开具发票，未发生经营业务一律不准开具发票，且开发票时必须做到内容真实，全部联次一次开具，内容完整。若开具发票时由于疏忽写错或是打印错误，应该予以作废处理，重新填开。

（3）发票的保管，主要是指对尚未开具的空白发票、已经开具的发票存根和作废的发票进行专门保存管理，确保其安全的全过程。

- 空白发票的保管。企业单位对于领回的空白发票要设立专库或专柜进行保管，做到防盗、防失、防潮，确保发票安全。若发现丢失，要及时到主管税务机构报失。
- 作废发票的保管。对于开错的发票必须在开错发票上注明“作废”，且必须将全部联次妥善保管，粘贴在原发票存根上不得撕毁，以备核查。对于发票换版或政策变化等原因造成的发票作废，应该在规定的期限内将旧版发票全部作废，由税务机关组织全面清理和收缴，再由专人集中保管并登记造册，按照统一规定集中销毁。
- 发票存根的保管。用票单位和个人已经开具的发票存根联和发票登记簿应妥善保管，保管期为 5 年，在此期间内，任何人不得擅自损毁，待到保存期满，报经主管税务机关查验后现场销毁。

按照现行税制，发票分为普通发票和增值税专用发票两大类，普通发票是指增值税专用发票以外的纳税人使用的其他发票；增值税专用发票只有增值税一般纳税人和税务机关为增值税小规模纳税人代开时使用。纳税人要从事正常的生产经营活动，一方面要向收款方索取发票，同时也要向付款方开具发票。特别是增值税制实行凭票抵扣税款的制度，发票已不仅仅是商事凭证，也是税款缴纳和抵扣的凭证。因此，发票是企业单位经济活动中非常重要的凭证，正是由于发票如此重要，使一些不法分子为牟利益，从中作假，出纳人员一定要擦亮双眼，学会鉴别发票真伪。识别真假发票可以从以下几方面进行：

- 看防伪油墨：真发票的发票联和抵扣联均使用红色荧光油墨套印。“全国统一发票监制章”及发票号码在自然光线下，油墨成暗红色；在紫外线照射下，油墨呈亮红色且有荧光。
- 看防伪纸：机打发票联和抵扣联使用色彩加无色荧光纤维无碳复写纸印制；定额发票和其他发票使用彩色加无色荧光纤维原纸印制。彩色纤维在自然光下目视可见，无色蓝荧光纤维在紫外线光照射下显示出蓝色荧光，且在纸的正、反面均可观察到彩色纤维，撕井纸可跳出彩色纤维。
- 看发票代码：仔细核对发票代码可以初步判断发票的真伪，12 位发票代码的编码方法如下。

1	2	3	4	5	6	7	8	9	10	11	12
税务局代码	行政编码				年度		行业	发票种类批代码			

第 1 位：1 为国税；2 为地税；3 为总局。

第 2、3、4、5 位：地区行政编码（地级市），如北京市为 1100。

第 6、7 位：发票的印刷年份，如 2013 年为 13。

第 8 位：发票所属的行业代码，1 表示交通运输业；2 表示建筑业；3 表示金融保险业；4 表示邮电通信业；5 表示文化体育业；6 表示娱乐业；7 表示服务业；8 表示转让无形资产；9 表示销售不动产；0 表示其他。

第 9、10、11、12 位：为细化的发票种类代码，按照保证每份发票编码唯一的原则，由省、自治区、直辖市和计划单列市国家税务局、地方税务局自行编制。

1.5 纳税申报从入门到精通

纳税申报是指纳税人、扣缴义务人为了履行纳税义务，就纳税事项向税务机关提出书面申报的一种法定手续。纳税申报是企业财务工作的重中之重，也是从企业流转税到企业所得税的认定。

1.5.1 什么是纳税申报

企业购买的发票一经使用，就会产生销售额，有了销售额，企业就要纳税了。企业是通过纳税申报来进行纳税事务的。

所谓纳税申报，就是企业在纳税申报期内，将期间的收入资料，向其所属的税务主管机关进行申报，从而确定其经营期需要缴纳的税款，并且将税款缴纳给国库的行为。

注意：在纳税申报过程中，企业不仅是作为纳税人来进行申报，也可能是以扣缴义务人的身份进行纳税申报。对于前者，比较容易理解。企业本身就是纳税人，它所进行的申报，就是对其应该缴纳的税金进行申报，通俗地说，就是企业向主管税务机关申报自己应当负担的税金。企业以扣缴义务人的身份进行纳税申报，是指企业对于一部分税含有责任进行纳税申报，根据我国税收法律法规的规定，企业负有代为扣缴的义务。也就是说，当企业以扣缴义务人的身份进行纳税申报时，它所申报缴纳的税金，并不是企业负担的税金，而是其他纳税人应当缴纳的税金，企业只是履行了代为申报的责任。

1.5.2　纳税申报的流程与时间节点

在我国，纳税申报是一般企业财务工作流程的重要组成部分，因此，了解纳税申报的流程时，应当与企业财务工作的流程相结合。

通常情况下，企业的财务工作应当于每月的月初，完成上一个月的结账工作。完成结账工作后，就知道当月应当申报及缴纳多少税款了。纳税申报成功后，企业就需要缴纳税款。缴纳税款的方式将在后文中阐述，这里我们需要了解的是，当企业纳税申报成功并且及时缴纳了税款后，税款所属月度的纳税申报工作就完成了，纳税任务也就完成了。

在纳税申报工作中，纳税申报的时间节点是很重要的。因为在实际工作中，我国的税收法律法规规定了各税种的申报期限。

一般来说，增值税、消费税等税种的纳税申报，以 1 个月或 1 个季度为一个纳税期间，应当在纳税期间后 15 日内进行纳税申报；以 1 天、3 天、5 天等不满 1 个月为纳税期间的，应当在纳税期间后 5 日内预缴，并于次月的 15 日内进行纳税申报。

注意：预缴并不等于实缴。预缴只是将预估需要缴纳的税款，预先缴纳进国库，当正式进行纳税申报时，再行结算。在实务中，企业经常会遇到的需要预缴增值税的情形，主要是当企业刚获得一般纳税人资格的时候。一般来说，由于一般纳税人的税务操作较为烦琐，而且一般纳税人的税务监管较为严格，因此，企业在刚获得一般纳税人资格时，将有 6 个月的一般纳税人辅导期。辅导期内，企业在使用一般纳税人资格时，会有一些限制。较为典型的，就是增值税发票使用数量的限制。在辅导期内，如果企业在一个申报期限内的增值税专用发票使用完了，需要购买新的增值税专用发票时，就需要根据已经使用完的增值税专用发票计算并预缴增值税，只有这样，税务主管机关才允许企业购买新的增值税专用发票。

另外，纳税人进口货物的，应当自海关签发海关进口增值税专用缴款书之日起，15 日内缴纳税款。而在消费税方面，纳税人如果进口应税消费品的，应当自海关签发进口消费税专用缴款书之日起 15 日内缴纳税款。

附加税费，即附加在主要流转税之上需要一并缴纳的税费，其申报和缴纳，都应与流转税的申报与缴纳同步。

所得税的规定与流转税是不同的。一般来说，企业所得税的纳税人，应当在季度终了后 15 日内申报季度的企业所得税，并根据申报结果预缴税款。在年度终了后的 5 个月内，以汇算清缴的方式，向税务主管机关结转所得税的应纳税额，从而完成企业所得税的纳税申报。

一般来说，如果遇到法定节假日，以上纳税申报的期限根据法定节假日的放假天数相应往后延长。当企业确实在规定的日期前无法完成申报的，必须向主管税务机关进行申请，批准后方可延后。当企业未经主管税务机关批准，而在纳税申报的期限内未能完成申报的，应当联系企业的税务专管员询问补申报事宜。

1.5.3 柜台申报与电子申报

在我国，纳税申报的方式主要有两种，柜台申报和网络申报。顾名思义，柜台申报，就是到柜台进行申报。这里说的柜台，是指税务主管机关办理企业纳税申报事宜的受理窗口。

在实践中，随着改革开放的不断深入，商品经济的不断发展，新开办的企业如雨后春笋，纷纷涌现。而税务主管机关办理纳税申报事宜的受理窗口数量，虽然有所增加，但仍然满足不了需求。企业如果在申报纳税的时间段内到相关税务主管机关办理纳税申报事宜的窗口进行柜台申报，往往耗时许久，极为不便。因此，随着网络技术的不断发展，目前，很多地方已经普及了网络申报。

网络申报就是电子申报，即企业在网络上，通过企业纳税申报客户端来进行纳税申报，并且税款扣缴的工作自动完成。

在进行柜台申报时，申报完成后，企业将会拿到税务主管机关受理窗口打印的税单。税单就是纳税的凭证，企业拿到税单后，需要到能够受理企业纳税业务的银行，携带现金或者支票，根据税单的内容，将税金自行缴纳进国库。在电子申报中，企业要在税务主管机关的网络申报电子后台登记用于扣缴税款的账户，电子申报完成后，税款扣缴工作会自动完成。

如今，使用电子申报的方式来进行纳税申报，是非常方便快捷的，能够大大提高纳税申报的工作效率，节约企业的人力资源成本。

1.5.4 如何办理电子申报

电子申报有诸多好处，但是，企业要使用电子申报的方式来进行纳税申报，需要向税务主管机关申请，没有申请的企业，只能采用柜台申报的方式进行纳税申报。

企业办理电子申报并不难，只需要携带规定的资料到主管税务机关办理即可：

- 组织机构统一代码证复印件一份；
- 办理人身份证复印件一份；
- 企业营业执照（副本）复印件一份（企业用户须提交）；
- 《网上电子报税申请审批表》；
- 《单位证书申请（更新）表》；
- 提供网上电子申报税款扣缴银行及银行账号；
- CA 数字证书材料费用（人民币 80 元整）；
- 税务机关规定应当报送的其他有关证件、资料。

将这些材料提交给受理窗口后，一般来说，20 个工作日内就可以办理成功。当纳税人办理电子申报成功后，会收到税务主管机关发放给纳税人的《网上电子申报申请审批表》及 CA 证书和电子申报企业客户端。

《网上电子申报申请审批表》表明税务主管机关已经同意企业办理电子申报。CA 证书是一个类似于 U 盘的东西，作用相当于银行网银的 KEY，它是一个在网络上证明企业身份的密钥。CA 证书的盒子里还会有一张密码单，是企业使用 CA 证书，在网上电子申报时需要使用的。电子申报企业客户端，是一个软件。软件安装完成后，计算机中就有了电子申报的程序。

注意：由于客户端是一个通用软件，第一次使用电子申报客户端时，需要新建一个用户。一个电子申报客户端，可以同时由许多企业共同使用。一般来说，税务主管机关都会为新办电子申报的企业提供具体使用方法的培训，只要认真参加培训，一般都能顺利使用。

1.5.5　什么是申报表

不论是柜台申报，还是电子申报，都只是申报的手段。纳税申报的关键，是要向税务主管机关自主申报企业的应纳税金。因此，我们必须要认识申报表。

一般纳税人所使用的增值税申报表，如表 1-2 所示。

表 1-2 一般纳税人增值税纳税申报表

增值税纳税申报表

（适用于增值税一般纳税人）

根据《中华人民共和纳税期限按期填报本表，并于次月一日起十五日内，向当地税务机关申报。国增值税暂行条例》第二十二条和第二十三条的规定制定本表。纳税人不论有无销售额，均应按主管税务机关核定的

税款所属时间：自　年　月　日至　年　月　日　　填表日期：　年　月　日　　金额单位：元至角分

纳税人识别号			所属行业：			
纳税人名称	（公章）	法定代表人姓名		注册地址	营业地址	
开户银行及账号		企业登记注册类型			电话号码	

项目		栏次	一般货物及劳务		即征即退货物及劳务	
			本月数	本年累计	本月数	本年累计
销售额	（一）按适用税率征税货物及劳务销售额	1				
	其中：应税货物销售额	2				
	应税劳务销售额	3				
	纳税检查调整的销售额	4				
	（二）按简易征收办法征税货物销售额	5				
	其中：纳税检查调整的销售额	6				
	（三）免、抵、退办法出口货物销售额	7			——	——
	（四）免税货物及劳务销售额	8			——	——
	其中：免税货物销售额	9			——	——
	免税劳务销售额	10			——	——
税款计算	销项税额	11				
	进项税额	12				
	上期留抵税额	13		——		——
	进项税额转出	14				
	免抵退货物应退税额	15			——	——
	按适用税率计算的纳税检查应补缴税额	16			——	——
	应抵扣税额合计	17=12+13-14-15+16		——		——
	实际抵扣税额	18（如17<11，则为17，否则为11）				
	应纳税额	19=11-18				
	期末留抵税额	20=17-18		——		——
	简易征收办法计算的应纳税额	21				
	按简易征收办法计算的纳税检查应补缴税额	22			——	——
	应纳税额减征额	23				
	应纳税额合计	24=19+21-23				
税款缴纳	期初未缴税额（多缴为负数）	25				
	实收出口开具专用缴款书退税额	26			——	——
	本期已缴税额	27=28+29+30+31				
	①分次预缴税额	28		——		——
	②出口开具专用缴款书预缴税额	29		——	——	——
	③本期缴纳上期应纳税额	30				
	④本期缴纳欠缴税额	31				
	期末未缴税额（多缴为负数）	32=24+25+26-27				
	其中：欠缴税额（≥0）	33=25+26-27		——		——
	本期应补（退）税额	34=24-28-29		——		——
	即征即退实际退税额	35	——	——		
	期初未缴查补税额	36			——	——
	本期入库查补税额	37			——	——
	期末未缴查补税额	38=16+22+36-37			——	——

授权声明	如果你已委托代理人申报，请填写下列资料： 为代理一切税务事宜，现授权 （地址）　　为本纳税人的代理申报人， 任何与本申报表有关的往来文件，都可寄予此人。 授权人签字：	申报人声明	此纳税申报表是根据《中华人民共和国增值税暂行条例》的规定填报的，我相信它是真实的、可靠的、完整的。 声明人签字：

以下由税务机关填写：

收到日期：　　　　接收人：　　　　主管税务机关盖章：

申报表，是企业进行纳税申报所使用的表格的总称。根据不同的税种，所使用的申报表也是不一样的。所以，在实际工作中，企业是根据其自身需要纳税的税种来选择使用申报表的。采用柜台申报的企业，需要自行根据应纳税的税种来选择填报申报表，采用电子申报的企业，一般来说，税务主管机关会事先在后台系统中将企业所需使用的申报表事先进行核定，企业只需要根据系统的提示来填写申报表就可以了。

比如，如果企业是增值税的一般纳税人，在申报增值税时就需要填写《增值税纳税申报表（适用于增值税一般纳税人）》，该表由 3 张表组成，另外的两张表是《增值税纳税申报表附列资料（表一）》和《增值税纳税申报表附列资料（表二）》，表一和表二是作为附表的形式存在的，内容主要是增值税销项和进项的详细内容。

如果企业是小规模纳税人，同样是申报增值税，应该使用《增值税纳税申报表（适用于小规模纳税人）》来进行申报。由于小规模纳税人的税务操作较为简单，因此，相比于增值税一般纳税人所使用的申报表的填写要简单很多。

核定税种为营业税的纳税人，在申报营业税时，需要填写《营业税纳税申报表（适用于查账征收的营业税纳税人）》。显然，这张表注明了适用于查账征收的纳税人，如果是核定征收的纳税人，就不能够使用这张表来进行纳税申报。

从以上的例子中可以看到，申报表的选择，需要根据企业的实际情况做出。我国的税法体系中，这方面的规定是细致、严谨的，而这些申报表的填报，也是必须符合纳税申报要求的。

注意：在实际工作中，虽然企业可以就纳税申报表的填报咨询其所属的税务主管机关，但是由于税务主管机关并不会就如何填写纳税申报表进行统一培训，因此，企业应当聘请有经验的涉税工作人员来处理企业的纳税申报事宜，以免出现不必要的问题，使企业蒙受本可以避免的损失。

在实际工作中，还值得注意的是，附加税费申报表的使用，柜台申报和电子申报的处理方式在有些地方是不同的。

注意：申报表中，有专门用于申报附加税费的报表。在进行柜台申报时，一般来说，需要单独填写附加税费的申报表进行申报，有些地方的税务主管机关已经免去了此报表的递送，只需要将主税种的申报表申报就行了，其原因在于，附加税费是通过主税种的纳税额为基础来进行计算的，因此，申报主税种后，也就相当于申报了企业应当缴纳的附加税费。

这一点在电子申报中体现得尤为明显。在电子申报中，附加税费没有单独的申报表。当企业在电子申报客户端填写完成主税种的申报表后，只需要按下显示其附加税费的按钮，就会显示出根据主税种的纳税额计算出来的附加税费的缴纳额了。

第 2 章　有收入就要交税：营业税

开篇点心

刘明是一家广告公司的总经理。

销售经理："××集团要做一个品牌宣传，总预算在 30 万元左右。不过他们需要开 100 万元的发票。"

刘明转头问策划总监："像这样一个项目，咱们要花费多少？"

策划总监："这个项目要在多家平台上发布，加上咱们的设计成本、人员成本，总体算下来要 20 多万元。"

刘明："这样算下来有 10 万元的利润，还不错！"

正好财务总监路过："等一下，他们要求开 100 万元的发票，咱们的税率是 8.5%，100×8.5%=8.5 万元，已经没什么赚头了。"

刘明："我再考虑一下……"

【本章导读】

公司的应税劳务、转让无形资产或销售不动产，只要涉及收入，开具发票，都需要缴纳营业税（个别特殊行业除外），这是我国的一个普征税种。另外，针对不同的行业，有不同的营业税税率。2012 年 7 月 31 日，国家财政部和国家税务总局联合颁布了《财政部 国家税务总局关于在北京等 8 省市开展交通运输业和部分现代服务业营业税改征增值税试点的通知》，不过目前大部分城市还是采用营业税管理办法，营改增的全面实施还需要一段时间，因此本章主要讲解各类营业税的计算和账务处理方法。

2.1 外行看门道

营业税是对在我国境内提供应税劳务、转让无形资产或销售不动产的单位和个人所取得的营业额征收的一种税。它按行业设计科目，一般全额计征，是价内税。对于一项业务，增值税和营业税一般只征收一种。

2.1.1 营业税的纳税义务人和扣缴义务人

营业税的纳税义务人为在中华人民共和国境内提供应税劳务、转让无形资产或者销售不动产的单位和个人。其中的“单位”是指企业、行政事业单位、社会团体和其他单位；“个人”指个体工商户和其他有经营行为的个人。

对于营业税的纳税人还有一些特殊规定，这些特殊企业的纳税义务人如表 2-1 所示。

表 2-1 特殊企业营业税的纳税义务人

企业类型	经营业务	纳税义务人
铁路运输	中央铁路运营业务	铁道部
	合资铁路运营业务	合资铁路公司
	地方铁路运营业务	地方铁路管理机构
	铁路专用线运营业务	企业或指定的管理机构
	基建临管线铁路运营业务	基建临管线管理机构
其他运输	水路运输业务	从事运输业务并计算盈亏的单位
	航空运输业务	
	管道运输业务	
	其他陆路运输业务	
承包/承租/挂靠经营	——	发包人或承包人
建筑安装	建筑安装业分包或转包	分包或转包人
金融保险业	——	银行
		信用合作社
		证券公司
		金融租赁公司、证券基金管理公司
		保险公司
		其他金融机构

营业税的扣缴义务人是指在纳税人难以确定的情况下，承担营业税代扣（代收）、代缴义务的单位或个人，一般有以下几种：

1．委托金融机构发放贷款的，以受托发放贷款的金融机构为应纳税款的扣缴义务人。

2．提供建筑业应税劳务的纳税人按下列规定确定扣缴义务人上交营业税。

（1）建筑业工程实行总包后转包、分包方式的，以总承包人为扣缴义务人。

（2）纳税人提供建筑业应税劳务，符合后述情形：纳税人从事跨地区（包括省、市、县）工程提供建筑业应税劳务、纳税人在劳务发生地未办理税务登记或临时税务登记的，不论工程是否实行分包，税务机关可以建设单位和个人作为营业税的扣缴义务人。

3．境外单位或个人在境内没有机构而又在境内发生应税行为的，以代理人、受让人或是购买者为扣缴义务人。

4．单位或个人进行演出，由他人售票的，以售票者为扣缴义务人。

5．分保险业务，以初保人为扣缴义务人。

6．个人转让专利权、商标权、著作权、商誉及非专利技术的，以受让者为扣缴义务人。

7．由财政部规定的其他扣缴义务人。

2.1.2　营业税的作用

营业税在历届的税制改革中，其部分征税范围被增值税所取代，但它目前仍是我国商品劳务税制体系和地方税制体系中的主体税种，对我国的财政和经济具有重要的作用。

1. 营业税的征收范围广泛，一切有营业收入的单位和个人只要发生应税行为，并取得营业收入就要纳税。在我国第三产业不断发展的情况下，营业税的收入逐步增长。作为地方税的主体税种，营业税在促进地方经济发展、筹集财政资金方面发挥着越来越重要的作用。

2．营业税根据不同行业的经营业务和盈利水平划分税目，设计差别税率，对有利于社会稳定和发展的行业实行低税率或免税，对营业收入较高的行业实行高税率，体现了国家通过税收调节第三产业的发展，促进各行业平等竞争、协调发展的政策。

3．同一行业中，不同企业的营业税的税率是相同的，因此，只要企业改善经营管理，降低成本费用，企业的利润就会增加。

2.1.3 营业税的纳税范围

营业税的纳税范围为在我国境内提供应税劳务、转让无形资产或者销售不动产的行为。其中“我国境内”是指满足下列条件之一的，才属于营业税的税收行政管辖区域：

1．所提供或是接受的应税劳务的单位或个人在境内；

2．转让的无形资产其接受单位和个人在境内；

3．转让或者出租土地使用权的土地在境内；

4．销售或者出租的不动产在境内。

应税劳务则是指属于营业税征税范围的劳务，包括交通运输业、建筑业、金融保险业、邮电通信业、文化体育业、娱乐业、服务业等税目征收范围的劳务。其中金融保险业的应税劳务是指境内保险机构为境内标的物提供的保险，不包含境内保险机构为出口货物提供的保险，也指境外保险机构以在境内的物品为标的物所提供的保险。另外，缴纳营业税的应税劳务、转让无形资产或销售不动产必须都是有偿的，即这些行为能取得货币、货物或者其他经济利益。

2.1.4 不同行业营业税的税率

营业税的税目是按照行业、类别不同设置的，共设置了 9 个税目，包括：交通运输业、建筑业、金融保险业、邮电通信业、文化体育业、娱乐业、服务业、转让无形资产和销售不动产。

营业税的税率也根据不同行业、类别分设不同的比例税率，各行业的税率如下：

1．交通运输业、建筑业、邮电通信业、文化体育业实行 3%的税率；

2．服务业、金融保险业、销售不动产、转让无形资产的税率为 5%；

3．娱乐业则执行 5%～20%的幅度税率，由各省、自治区、直辖市根据当地实际情况确定具体适用税率。

除上述税率外，营业税还有一些其他的规定：

夜总会、歌厅、舞厅、射击、狩猎、游戏、高尔夫球、跑马、电子游戏厅等娱乐行业从 2001 年 5 月 1 日起一律按 20%的税率征税。

农村信用社从 2001 年 10 月 1 日起，减按 5%征收营业税。

娱乐业中的保龄球、台球自 2004 年 7 月 1 日起减按 5%征收营业税。

将上述营业税的税目和税率综合，如表2-2所示。

表2-2 营业税的税目税率表

序 号	税 目	征 税 范 围	税 率
1	交通运输业	陆路/水路/航空/管道运输、装卸搬运、远洋运输（程租、期租业务）、航空运输企业（湿租业务）及公路经营	3%
2	建筑业	建筑、安装、修缮、装饰及其他工程作业 管道煤气集资费（初装费）业务，按建筑业征收营业税	3%
3	金融保险业	贷款、融资租赁、金融商品转让、金融经纪业和其他金融业务	5%
4	邮电通信业	传递函件或包件（含快递业务）、邮汇、报刊发行、邮务物品销售、邮政储蓄及其他邮政业务，包括邮政、电信	3%
5	文化体育业	表演、播映、经营游览场所和各种展览、培训活动，举办文学、艺术、科技讲座、讲演、报告会，图书馆的图书和资料的借阅业务等，包括文化业和体育业	3%
6	娱乐业	歌厅、舞厅、卡拉OK舞厅、音乐茶座、台球、高尔夫球、保龄球、游艺等娱乐场所提供的服务及为顾客提供的饮食服务和其他服务	5%～20%台球、保龄球税率为5%
7	服务业	（1）代理业、旅店业、餐饮业、旅游业、仓储业、租赁业、广告业及其他服务业 （2）远洋运输企业光租业务、航空运输企业干租业务 （3）对福利彩票机构以外的代销单位销售福利彩票取得的手续费收入 （4）对社保基金投资管理人、社保基金托管人从事社保基金管理活动取得的收入 （5）单位和个人在旅游景点经营索道取得的收入 （6）交通部门有偿转让高速公路收费权行为 （7）无船承运业务 （8）酒店产权式经营主在约定的时间内提供房产使用权与酒店进行合作经营，如房产产权并未归属新的经济实体，业主应将按照约定取得的固定收入和分红收入均应视为租金收入征收营业税 （9）对港口设施经营人收取的港口设施保安费 （10）单位和个人所受托种植植物、饲养动物的行为所取得的收入	5%
8	转让无形资产	转让土地使用权、专利权、非专利技术、商标权、著作权、商誉	5%
9	销售不动产	销售建筑物及其他土地附着物 单位或者个人将不动产或者土地使用权无偿赠送其他单位或者个人 单位或者个人自己新建（以下简称自建）建筑物后销售	5%

2.2 不同行业纳税数额的计算

营业税税款的计算相对比较简单，按照应税劳务、转让无形资产或销售不动产的营业额乘以适用税率即可。

营业税的计税依据为营业额，包括应税劳务、转让无形资产或销售不动产的所有价款和价外费用都属于营业额的范畴。因此，要想准确计算营业税，营业额的确定是关键。

2.2.1 交通运输业的营业税计算

交通运输业是指使用运输工具或者人力、畜力将货物或旅客送达目的地，使其空间位置得到转移的业务活动，包括陆路运输、水路运输、航空运输、管道运输和装卸搬运五大类。

1. 纳税人将运输业务分给其他单位或个人的，计税营业额=纳税人取得的全部价款和价外费用-支付给其他单位或个人的运输费用。

注意：价外费用包括收取的手续费、补贴、基金、返还利润、奖励款等，其所包含的内容与增值税中的价外费用相似。

2. 运输企业从我国境内运输旅客或货物出境，再在境外改由其他运输企业承运的，计税营业额=全程运费-支付给其他运输企业的运费。

3. 从事联运业务的运输企业，以取得的实际营业额为计税依据。

4. 在中国国际航空股份有限公司（以下简称“国航”）与中国国际货运航空有限公司（以下简称“货航”）之间的客运飞机腹舱联运业务中，国航以收到的腹舱收入作为计税依据，货航以收到的货运收入扣除国航开具的“航空货运单”中的腹舱收入后的余额作为计税依据。

实例 2.1

某汽车运输公司 2012 年 12 月取得客运收入 68000 元，价外费用 15000 元，同时取得货运收入 48000 元，价外费用 10000 元，请计算该运输公司当月应缴纳的营业税。

分析：提供劳务的营业额包括向对方收取的全部价款和价外费用，价外费用包括收取的手续费、服务费及其他各种性质的价外费用。汽车运输业的营业税率为 3%。

应纳营业税=（68000+15000+48000+10000）×3%=4230（元）

实例 2.2

某物流公司，2012 年 12 月承运某企业货物自境内运往国外，全程运费为 68 万元，到境外后转由国外的运输公司承运至目的地，物流公司向国外承运企业支付运输费 16 万元，请计算该物流公司本月应纳营业税。

分析：运输企业自境内运送货物出境，在境外改由其他运输单位继续承运的，计税营业额为所收取的全程运费扣减支付给国外承运单位费用的余额。

应纳营业税=（68−16）×3%=1.56（万元）

2.2.2 建筑业的营业税计算

建筑业是指建筑安装工程作业等，包括建筑工程、安装工程、修缮工程、装饰工程和其他工程作业等项内容。

1. 建筑业的总承包人，若存在将工程分包或转包的，计税营业额=工程全部承包款−支付给分包或转包人的价款。

2. 建筑、修缮、装饰工程的计税营业额中应包含工程所用原料、设备及其他物资和动力价款，但不包含建设方提供设备的价款；安装工程中的安装设备作为安装工产值的，计税营业额中应包含设备的价款。

3. 自建房屋不缴纳营业税，但将自建房屋对外销售的，则应按建筑业缴纳营业税，并对销售行为以销售不动产征收营业税；自建对外销售和单位、个人将不动产无偿赠与他人时，其计税营业额由主管税务机关进行核定。

4. 由客户自行采购工程所需主要原料和设备装饰劳务，纳税人只收取人工费、管理费和辅助材料费的，其计税营业额为收取的各项人工费、管理费和辅助材料费收入。

实例 2.3

某建筑公司将承建的写字楼装饰工程转包给某工程队，协议支付对方工程转包款 682000 元，其他工程由自己施工完成，全套工程总价为 2486000 元，请计算该建筑公司应缴纳的营业税。

分析：建筑业的总承包人，将工程分包或转包他人的，应以工程的全部价款扣减支付给分包或转包人的价款后的余额为营业额。

应纳营业税=（2486000−682000）×3%=54120（元）

2.2.3 金融保险业的营业税计算

金融业是经营货币和信用融通的业务，包括贷款、融资租赁、金融商品转让、信托业和其他金融业务。保险业是指将通过契约形式集中起来的资金，用于补偿被保险人的经济利益的业务。

1．金融保险业的一般贷款业务以贷款利息收入（包含加息、罚息）为计税营业额。

2．经营融资租赁业务的单位（经中国人民银行、商务部批准），其融资租赁的计税营业额为向承租人收取的全部价款和价外费用扣减本单位出租货物的实际成本后的余额，按直接法折算的本期营业额。

3．外汇、有价证券、期货等金融商品转让业务，计税营业税=卖出价–买入价。

4．金融经纪业务和其他金融业务，计税营业额=手续费（佣金）的全部收入。

5．保险业务中各项具体业务的计税营业额如表 2-3 所示。

表 2-3 保险业务计税营业额

具体业务	营业额
初保业务	全部保费收入
储金业务	储金的利息
无赔偿奖励业务	向投保人实际收取的保费
境内保险人以境内标的物向境外再保险人办理分保业务	以全部保费收入减去分保保费后的余额为营业额

6．外币折合人民币，金融业按其收到外汇当天或当季季末中国人民银行公布的基准价计算营业额，保险业则按其收到外汇当天或当月最后一天中国人民银行公布的基准价折算营业额。

实例 2.4

某银行 2012 年第四季度购买企业债券共支付 640 万元，其中包括各种税费 5 万元，第四季度转让企业债券取得的收入为 980 万元，其中支付各种税费 10 万元，请计算该银行第四季度应缴纳的营业税。

分析：金融保险业从事金融商品转让业务，如股票、债券买卖业务的，以买入价扣减卖出价为营业税的计算依据，买入价与卖出价均不包括买入或卖出过程中支付的各种费用和税金。

应纳营业税=［（980–10）–（640–5）］×5%=16.75（万元）

2.2.4　服务业的营业税计算

服务业是指利用设备、工具、场所、信息或技能为社会提供服务的业务，包括代理业、旅店业、饮食业、旅游业、仓储业、租赁业、广告业和其他服务业。

1．代理业以代理者向委托方实际收取的报酬为计税营业额。

2．福利彩票的投注点所收到的代销福利彩票的任何手续费收入都应计征营业税。

3．广告代理业的计税营业额为其向委托方收取的所有价款和价外费用扣减广告发布费后的余额。

4．拍卖行以向委托方收取的手续费为计税依据。

5．旅游企业组团境外游，在境外改由其他旅游企业接团的，其营业额为全程旅游费扣减支付给接团企业旅游费后的余额。

6．旅游企业组团境内游，其取得的全部价款和价外费用扣除替旅游者支付的住宿费、餐费等相关费用后的余额为营业额。

7．旅游景区经营旅游游船、观光电梯、观光电车、景区游览车取得的收入按服务业中的旅游业计征营业税。

8．经国家版权局注册登记，在销售时一同转让著作权或所有权的计算机软件应征收营业税。

9．国内企业外派员工在境外从事劳务所取得的各项收入不征营业税。

10．物业管理单位，计税营业额为收取的与物业管理有关的全部收入扣减代业主或承租者支付的水、电、燃气、租金后的余额。

11．纳税人从事无船承运业务，以委托人向其支付的全部价款和价外费用扣减纳税人支付的海运费、报关、港杂、装卸费后的余额计征营业税。

实例 2.5

某旅行社组织旅游团前往日本境外游，到境外后改由当地旅行团接团，该次旅行收取旅客费用共计 46 万元，支付给当地旅行团费用 14 万元，请计算该旅行社应缴纳的营业税。

分析：旅游企业组织旅游团到境外旅游，在境外改由其他旅游企业接团的，以全程旅游费减去付给该接团企业的旅游费后的余额为计算营业税的依据。

应纳营业税=（46−14）×5%=1.6（万元）

2.2.5 邮电通信业的营业税计算

邮电通信业是专门办理信息传递业务活动的总称，包括邮政、电信及与邮政、电信相关的业务。

1. 以集中受理方式提供出租电路业务，由受理部门按取得的全部价款减去支付给其他合作的电信部门的价款后的余额计算营业税，参与合作的其他电信部门按各自的收入计算营业税。

2. 邮政电信企业与其他单位合作为用户提供服务统一收款的，以所收款项扣减支付给合作方价款后的余额计算营业税。

实例 2.6

某邮政所与其他单位合作，共同为当地用户提供邮政电信服务，2012 年 12 月共收取营业额 26 万元，其中应支付给合作方 10 万元，请计算该邮政所当月应缴纳的营业税。

分析：邮政电信单位与其他单位合作提供邮政电信业务及其他服务的，并且由邮政单位统一收取价款的，其计税营业额应为全部收入减去支付给合作方价款后的余额。

应纳营业税=（26−10）×3%=0.48（万元）

2.2.6 文化体育业的营业税计算

文化业指从事文化活动的业务，包括表演、播映和其他文化业。体育业指举办各种体育比赛和为体育比赛或体育活动提供场所的业务。

单位或个人演出，其计税营业额为全部票价或包场收入减去支付给演出公司、经纪人及场所租用费用后的余额。

实例 2.7

某歌舞团由经纪人安排，前往某剧院进行演出，支付该剧院场地租金 5.6 万元，经纪人费用 2.4 万元，本次演出共取得票价收入 18 万元，计算该歌舞团应缴纳的营业税。

分析：该歌舞团的营业额为全部票价扣减支付给剧院的场地租金及经纪人的费用后的余额。

应纳营业税=（18−5.6−2.4）×3%=0.3（万元）

2.2.7 娱乐业的营业税计算

娱乐业是指为娱乐活动提供场所和服务的业务，包括经营歌厅、舞厅、卡拉OK 歌舞厅、音乐茶座、台球厅、高尔夫球场、保龄球馆、网吧、游艺场等娱乐场所，以及娱乐场所为顾客进行娱乐活动提供服务的业务。

娱乐业以收取的全部价款和价外费用为营业额计税依据。

实例 2.8

某卡拉 OK 歌舞厅 2012 年 12 月取得门票收入 32.8 万元，台位费 13.4 万元，相关烟酒饮料费收入 26 万元，其他小吃收入 12.2 万元，适用营业税税率为 20%，请计算该歌厅当月应缴纳的营业税。

分析：娱乐业以向顾客收取的各项费用为营业额，包括门票费、台位费、烟酒饮料及其他各类收费，适用税率从 5%～20%不等。

应纳营业税=（32.8+13.4+26+12.2）×20%=16.88（万元）

2.2.8 销售不动产或受让土地使用权的营业税计算

销售不动产是指有偿转让不动产所有权的行为，包括销售建筑物或构建物和其他土地附着物。

1. 单位将购置的不动产或受让的土地使用权进行销售或转让的，以其所得全部收入扣减不动产或土地使用权的购置/受让原价后的余额计税。

2. 单位将抵债所得的不动产或土地使用权销售或转让的，以全部收入扣减抵债时的作价后的余额计算营业税。

3. 个人住房的转让，不足 5 年的全额征收营业税；超过 5 年（含）的非普通住房，按销售收入扣减房屋购买价款后的余额征税；超过 5 年（含）的普通住房，则免征营业税。

实例 2.9

某工厂转让一块土地使用权，取得收入 720 万元。年初取得该土地使用权时支付金额 480 万元，转让时发生相关费用 9 万元。请计算该工厂应缴纳的营业税。

分析：单位或个人销售土地使用权的，应以全部收入减去不动产或土地使用权的原价后的余额为营业额。

应纳营业税=（720−480）×5%=12（万元）

2.2.9 无营业额或价格明显偏低的营业税计算

纳税人提供劳务、转让无形资产或销售不动产无营业额或价格明显偏低的，应由税务机关按纳税人或其他纳税人最近时期发生同类应税行为的平均价格进行营业额的核定，或按组成计税价格进行征税。

组成计税价格= 计税营业成本或工程成本×（1+成本利润率）/（1−营业税税率）

实例 2.10

某广告公司 2012 年 12 月取得广告业务收入 98 万元，营业成本 86 万元，支付给某电视台的广告发布费 38 万元，支付给某报社的广告发布费 24 万元。经主管税务机关审核，认为其广告收费明显偏低，且无正当理由，又无同类广告可比价格，于是决定重新审核其计税价格（核定的成本利润率为 15%），请计算该广告公司应缴纳的营业税。

分析：纳税营业额明显偏低的，应由主管税务机关核定，无同类广告可比价格则按照组成计税价格进行计税：组成计税价格 = 计税营业成本或工程成本×（1+成本利润率）/（1−营业税税率）。

组成计税价格=86×（1+15%）/（1−5%）=104.11（万元）

应纳营业税=（104.11−38−24）×5%=2.11（万元）

2.3 几种经营行为营业税的计算

在前面的内容对营业税和增值税的征收范围进行了阐述，同一项经济业务只会按营业税或增值税中的一种进行征收。但在实际的经营活动中，纳税人往往可以同时从事多项应税活动，对于经营行为应征收增值税还是营业税并不如理论上那么好划分。因此，熟悉营业税中特殊经营行为的税务处理也是非常重要的。

2.3.1 兼营不同税目的应税行为

税法对纳税人兼营不同应税行为有明确规定，应将不同税目的营业额、转让额或销售额分别核算，并分别计算应纳税额，未分别核算的，从高适用税率进行计算。

实例 2.11

某市人民公园 2012 年 12 月共取得营业收入 64000 元，其中门票收入 30000 元，内设卡拉 OK 歌舞厅收入为 34000 元，请计算该公园当月应缴的营业税。

分析：兼营不同应税行为的营业税纳税人应分别核算不同税目的营业额，然后按各自的税率计算应纳税额，本题中公园的门票收入属于文化体育业，按 3%征税，而卡拉 OK 厅从属于娱乐业，按 20%的税率征税。

应纳营业税=30000×3%+34000×20%=7700（元）

2.3.2 混合销售的应税行为

某项销售行为既涉及增值税的应税劳务又涉及营业税的应税项目的为混合销售行为。按税法规定，混合销售行为应按纳税人的营业主业来进行判断，如果主业为从事货物的生产、批发或零售的纳税人的混合销售行为，应征收增值税；如果以经营营业税应税劳务为主的纳税人，则应缴纳营业税。

实例 2.12

某酒店承办筵席的同时销售烟、酒、饮料等商品，2012 年 12 月该酒店取得承办筵席收入 24 万元，同时获得销售烟酒、饮料收入 10 万元，请问该企业应交何种税，缴纳多少？

分析：酒店的主业为服务业，其混合销售行为应按营业税来确认。

应纳营业税=（24+10）×5%=1.7（万元）

2.3.3 兼营非应税项目的应税行为

纳税人兼营营业税应税行为和货物销售或者非营业税应税劳务的，其税款的征收应依纳税人的核算情况而定，分别核算的，分别缴纳增值税和营业税；未分别核算的，则由主管税务机关核定其应税行为的营业额。

注意：纳税人兼营免税、减税项目的，应单独进行免税、减税项目的营业额核算，否则不得给予减免税。

实例 2.13

某宾馆分设有餐饮部和商品买卖部，2012 年 12 月餐饮部取得业务收入 14 万元，商品部取得销售收入（含税）8 万元，该宾馆按不同业务分别进行核算，请计算该宾馆当月应缴纳的税费各为多少。

分析：纳税人兼营非应税项目的应税行为，应分别进行核算，按各自的收入分别缴纳增值税或营业税。

应纳营业税=14×5%=0.7（万元）

应纳增值税=8/（1+3%）×3%=0.23（万元）

当月应纳税合计=0.7+0.23=0.93（万元）

2.3.4 特殊业务混合销售的应税行为

不是所有的混合销售行为均按照纳税人主业区分为只交营业税或是只交增值税的，对于某些特定业务应当分别核算应税劳务的营业额和货物的销售额，并分别征收营业税和增值税，未分别核算的，由主管税务机关核定应税劳务的营业额。

1．建筑业务

从事建筑安装业务的企业和基本建设单位附设生产水泥预制构件、其他构件或建筑材料的工厂或车间，并将上述产品用于本单位或企业建筑工程的，应当在商品移送时缴纳增值税，但在建筑现场制造上类商品直接用于本单位或企业建筑工程的，则缴纳营业税。

2．邮电业务

（1）生产集邮商品应征收增值税。对销售集邮商品则区分销售部门，如果是邮政部门销售征收营业税，若是邮政部门以外的其他单位或个人销售则征收增值税。

（2）邮政部门发行报刊属于营业税征税范围，而其他单位和个人发行报刊的，则属于增值税的征税范围。

（3）电信单位销售电信物品并为客户提供相关电信服务的，计征营业税；单纯销售电信物品而不提供服务的，则征收增值税。

3．服务业务

（1）对符合代购货物行为的，受托方收取的手续费计征营业税；不符合代购货物行为的，则将受托方收取的手续费作为增值税的价外费用，征收增值税。

代购货物行为应同时具备三个条件：

- 销售货物所开具的发票的抬头为委托方；
- 受托方按代购货物的实际价格和增值税税额与委托方进行结算，并另外收取手续费；
- 受托方不垫付资金。

（2）代销货物行为，所销售货物的销售额征收增值税，受托方所收取的代理手续费，则征收营业税。

（3）燃气公司及生产、销售货物或提供增值税应税劳务的单位，在销售货物或提供增值税应税劳务时向购买方代为收取的费用，属于增值税价外费用，应征收增值税。

（4）汽车销售单位随销售业务一并提供的汽车按揭服务和其他代办服务业务属于征收增值税的范围，单独办理按揭服务或其他服务而不进行汽车销售的，则应属于营业税的征税范围。

4．销售自产货物、提供增值税应税劳务并同时提供建筑业劳务的业务

对具备建设行政部门批准的建筑业施工（安装）资质的纳税人所签订的建设工程施工总包或分包合同中单独注明建筑业劳务价款的，其销售自产货物、提供增值税应税劳务取得的收入应征收增值税，与此同时提供的建筑业劳务所取得的收入应征收营业税。

5．商业企业向货物供应方收取部分费用的业务

商业企业向供货方提供一定劳务并向供货方收取的与商品销量、销售额无关的费用，如进场费、上架费、展示费、管理费等，应作为征收营业税的营业额，按 5%计征。

2.4　营业税申报流程详解

由于第三产业基本上都属于营业税的纳税范围，因此营业税涵盖了许多的行业。俗话说，“隔行如隔山”，由于行业与行业间的生产经营有着巨大的差异，因此营业税的纳税申报在不同的行业间是不同的，这从营业税的税率表中就可以看出来。

2.4.1　运输业的营业税纳税申报

运输业包括陆路运输、水路运输、航空运输、管道运输和装卸搬运类业务及其附属业务，如打捞、地勤等。

运输业在计算营业税时，营业额是指企业提供交通劳务后所收取的全部收入，包括全部价款和价外费用。比如，航空运输中收取的运输价款中包含的保险费，价外收取的各种基金、附加费等；水路运输中收取的打捞、理货、引航等费用都属于营业额的征收范围。

在运输业的营业税计算中，有如下的行业性规定：

- 运输企业从我国境内运输旅客或货物出境的，并且在境外需要改由其他运输企业承运的，其计算营业税时，以全程收取的运费减去支付给境外承运人后的余额作为计征的营业额。
- 运输企业从事联合运输的，以实际取得的营业额作为计算营业税的依据。
- 运输企业将运输业务外包的，其营业税的计税依据是其取得的全部价款和价外费用减去支付给承包方的运输费用后的余额。本条规定主要是避免运输业务中的重复征税，从而避免我国物流成本过高。

由于运输企业的特殊性，我国税法还对运输企业的纳税地点做了详细的规定。铁路和航空运输一般企业在实务中是遇不到的，在此不做介绍。我们主要需要了解普通运输企业的规定：从事货物运输的承包人或者挂靠人，应当在其承包或者挂靠的企业所在地税务主管机关申报缴纳营业税。

实例 2.14

南方高翔公司是一家从事货物运输的企业，2012 年 12 月该公司当月货运收入 142 万元，当月支付给承包方的货运费用 98 万元，该企业为交通运输企业，适用营业税税率为 3%，请问当月该企业应当缴纳多少营业税？

该企业应当缴纳的营业税=（142−98）×3%=1.32（万元）

2.4.2 建筑业的营业税纳税申报

建筑业，主要包括从事土木建筑的企业，如从事建设铁路、道路、桥梁、房屋，包括设备铺设、安装；从事设备安装的企业，如管道、线路铺设；从事装修的企业，如室内装潢；从事土地平整、建筑物爆破、钻井等与建筑作业相关的企业。

在确定建筑业的营业税计税依据时，既要计入建筑业业务收取的工程造价，又要计入在工程造价之外收取的各种费用，还需要注意如下几项内容：

- 企业提供建筑业劳务（不含装饰劳务）的，其营业额应当包括工程所用原材料、设备及其他物资和动力价款在内，但不包括建设方提供的设备的价款。

注意：当企业是提供装饰劳务，也就是从事装潢业务的，在确定其营业额时，不论其承接的装潢业务属于清包还是混包，都不能包括装潢所使用的材料、物资和能源，而应当包括实际收取的管理费、人工费和辅助材料的费用。

- 如果建筑业的从业企业，将其工程以总承包人的身份分包给其他企业，在计算其营业额时，以扣除了支付给其他分包单位的分包款项后的余额作为其营业额。

- 企业自行建造房屋，如果是企业自行使用的，不需要缴纳营业税；如果是对外销售的，那么其自行建造房屋的业务，应当先按照建筑房屋的建筑行为缴纳营业税，再按照销售房屋的销售行为缴纳营业税。
- 企业将持有的不动产无偿捐赠应当由税务主管机关对其捐赠行为进行核定营业额。

企业就其建筑业务进行纳税申报时，应当在其业务发生地申报营业税。

2.4.3　文化业与娱乐业的营业税纳税申报

企业从事表演业务、出版图书、举办讲座、公映电影、经营游乐园及举办体育赛事等，都属于文化业的经营范围。

注意：这里的经营游乐园是指以出售门票的方式来经营，如果是以出租场地的方式则属于服务业；同样的道理，这里所说的举办体育赛事不包括企业将场地出租举办体育赛事，这种情况下企业的经营也属于服务业。

文化娱乐常常作为一个名词出现在各种场合，但是在营业税的申报纳税中，文化业与娱乐业的适用税率是不同的。因此，在实务中，企业纳税时必须分清楚自己经营的业务是属于文化业还是娱乐业。娱乐业的经营主要包括歌厅、舞厅、茶座、桌球、高尔夫、保龄球、茶馆、游艺（射箭、游戏机、射击等类型）、网吧等。

可见，娱乐业的经营业务更偏重于顾客参与其中，而文化业的经营业务更偏重于顾客观看、思考。

在实务中，企业常常对文化业与娱乐业的经营行为进行兼营，如电影院既能够公映电影，又可以提供桌球等。在这种情况下，根据税法的规定：纳税人兼有不同税目的应税劳务、转让无形资产或者销售不动产，应当分别核算不同税目的营业额、转让额和销售额（以下统称“营业额”）；未分别核算营业额的，从高适用税率。

注意：《中华人民共和国营业税暂行条例》规定，娱乐业的营业税征收税率在5%～20%之间，其具体的税率由各地的税务主管机关自行决定。因此，企业从事娱乐业的，应当咨询其税务主管机关来了解所经营的娱乐业的业务的营业税税率。

2.4.4　转让无形资产和销售不动产的营业税纳税申报

企业转让无形资产的，其计税营业额是转让无形资产所取得的全部价款，如果企业所取得的是非货币性经济利益，那么其计税营业额应当由当地的税务主管机关核定。

企业销售不动产的营业税应税行为（包括营业税的视同销售行为），不仅包括销售不动产本身，还包括销售土地附着物（如附着在土地上的植物等）。销售不动产的计税营业额就是销售不动产取得的全部价款和价外费用。

注意：在实务中，由于无形资产与不动产的销售一般来说涉及的金额较大，税费较多，而其交易又具有可谈判性与可选择性，因此交易双方常常采用“做低售价”的方法来逃避税收。对此，《中华人民共和国营业税暂行条例》规定，纳税人提供应税劳务、转让无形资产或者销售不动产的价格明显偏低并无正当理由的，由主管税务机关核定其营业额。因此，企业在实务中应当加以注意。

2.5 营业税的账务处理及示范

营业税会计处理按其步骤来看，往往可以分为三个部分：首先按企业的营业额和适用税率计算应缴纳的营业税税额，再根据计算出的营业税税额上缴税款，最后将计提的税金转入当期损益科目，并核算企业的利润。根据以上步骤，营业税会计处理涉及“应交税费——应交营业税”、“营业税金及附加”、“银行存款”、“固定资产清理”、“其他业务成本”等多个科目。

2.5.1 建筑业的营业税会计处理

从事建筑业的纳税人在收取工程结算收入时借记“银行存款”，贷记“主营业务收入”，同时对应缴纳的营业税借记“营业税金及附加”，贷记“应交税费——应交营业税”科目；若工程实行转包或分包形式，总承包人负责代扣代缴营业税，总承包人收到承包款时，借记“银行存款”，按已扣除支付给分包人或转包人的款项余额贷记“主营业务收入”，对应付给分包人或转包人的款项贷记“应付账款”科目，对应代扣的营业税借记“应付账款”，贷记“应交税费——应交营业税”科目。缴纳营业税时，借记“应交税费——应交营业税”，贷记“银行存款”科目。

实例 2.15

某建筑公司 2012 年 12 月获得承包收入 460 万元，其中支付给某工程队分包工程价款 120 万元，取得机械作业收入 60 万元，请计算该建筑公司应缴纳的营业税。

分析：工程实行分包或转包的，营业税应由总承包人负责代扣代缴，总承包人以总工程款扣减支付给分包人或转包人工程价款后的余额作为收入，计算应缴纳的营业税。

（1）确认收入时，借：银行存款　　4600000

贷：主营业务收入　　2800000

其他业务收入　　600000

应付账款　　1200000

（2）计算本公司应交营业税，借：营业税金及附加　　84000（280×3%）

其他业务成本　　18000（60×3%）

贷：应交税费——应交营业税　　102000

（3）代分包人扣缴营业税，借：应付账款　　36000

贷：应交税费——应交营业税　　36000

（4）支付工程队分包款，借：应付账款　　1164000

贷：银行存款　　1164000

（5）上交营业税，借：应交税费——应交营业税　　138000

贷：银行存款　　138000

2.5.2　金融保险业的营业税会计处理

金融保险业按企业提供劳务的营业额及适用税率进行营业税计税。

应纳营业税额=营业额×营业税税率

1．自有资金贷款：金融保险企业以自有资金贷款的，以自有资金贷款业务应收贷款利息收入全额（包括按基准利率计算的利息及加息）计算应缴营业税。

应收已收利息的收讫日为营业税的计征日，应收未收利息的纳税义务时间分两种情况，自贷款发放后，贷款利息自结息之日起，逾期未满 90 天（含）的，应将纳税义务发生时间定为取得利息收入权利的当天；应收未收贷款利息超期 90 天（不含）的，无论本金是否逾期，均以实际收到利息的当天为纳税义务发生时间；前期已缴纳营业税的应收未收利息，若在 90 天（不含）后仍未收回的，可将已缴纳的营业税在以后的营业额中减除。

2．转贷业务：转贷业务的营业额为转贷业务贷款利息减去借款利息后的余额。

3．委托发放贷款：金融保险企业按企事业单位委托代为发放贷款的，该受托的金融机构为营业税的扣缴义务人，按收到的贷款利息减去委托贷款的手续费计算代扣营业税，按收到的委托贷款手续费计算金融企业自身应缴纳的营业税。

实例 2.16

某银行分理处 2012 年第四季度结息时核对当期贷款利息收入资料如下：前期已缴营业税的应收未收利息 6000 元，90 天后仍未收回；本期按时收到的贷款利息收入 18000 元；逾期未满 90 天（含）的应收未收利息 11000 元；逾期 90 天以上的应收未收利息 10000 元；本期实际收到逾期 90 天以上的贷款利息 6800 元。同期，发生金融机构拆借资金业务收入 30000 元，转贷款外汇业务利息收入 100000 元，转贷款外汇业务利息支出 58000 元，手续费收入 50000 元。请计算该银行分理处应缴纳的营业税。

分析：自有资金贷款业务应计算营业税的利息收入包含应收已收利息 18000 元，逾期未满 90 天（含）的应收未收利息 11000 元，逾期 90 天以上当期实际收到的利息 6800 元，同时对逾期 90 天后仍未收回前期已缴纳营业税的应收未收利息 6000 元可予以扣除；转贷业务按其利息收入扣减利息支付进行营业额的计算。

应纳营业税的计算如下：

自有资金贷款业务计税营业额=18000+11000+6800−6000=29800（元）

转贷业务计税营业额=100000−58000=42000（元）

应纳营业税=（29800+42000+50000）×5%=6090（元）

会计处理如下：

（1）贷款利息已收和应收的记录。

对逾期 90 天仍未收回的应收未收利息做备查登记（表外核算），不做正式的会计处理，对本期按时收到的贷款利息收入，做会计分录：

借：活期存款　　　　18000

　贷：利息收入　　　　18000

超过 90 天的应收未收利息 10000 元，冲减利息收入，并做备查登记，会计分录如下：

借：应收利息　　　　10000

　贷：利息收入　　　　10000

逾期未满 90 天的应收未收利息，做会计分录：

借：应收利息　　　　11000

　贷：利息收入　　　　11000

本期实际收到的逾期 90 天以上的贷款利息，会计分录：

借：活期存款　　　　6800

　贷：利息收入　　　　6800

（2）拆借资金业务收入、转贷业务利息收支、手续费收入会计处理。

借：银行存款等　　　　30000

　贷：金融企业往来收入　　30000

借：活期存款　　　　100000

　贷：利息收入　　　　100000

借：利息支出　　　　58000

　贷：应付账款等　　　　58000

借：银行存款等　　　　50000

　贷：手续费收入　　　　50000

（3）本期应缴纳的营业税会计分录。

借：营业税金及附加　　　　　　　　6090

　贷：应交税费——应交营业税　　　　6090

2.5.3　交通运输业的营业税会计处理

交通运输企业以收取的全部价款和价外费用作为营业税的计税依据，在收取价款和价外费用时借记“银行存款”等科目，贷记“主营业务收入”，对计算的应交营业税通过“营业税金及附加”及“应交税费——应交营业税”科目核算，应支付给其他单位或个人的承运费通过“其他应付款”科目进行反映。

实例 2.17

某运输公司 2012 年 12 月共取得运输收入 48 万元，其中应支付给分担运输的其他单位运输费用 12 万元，计算应交营业税并做会计分录。

（1）收到运输款时，借：银行存款　　　　480000

　　　　　　　　　　　贷：主营业务收入　　360000

　　　　　　　　　　　　　其他应付款　　　120000

（2）计算应纳营业税，借：营业税金及附加　　　10800（36×3%）

　　　　　　　　　　　　贷：应交税费——应交营业税　　10800

（3）缴纳营业税，借：应交税费——应交营业税　　10800

　　　　　　　　　　贷：银行存款　　　　　　10800

其他行业的营业税计税处理可参考上述举例进行，因篇幅原因，在此不再一一列举。

2.5.4 转让无形资产的营业税会计处理

无形资产的转让不论是现金转让还是非现金转让，都应按转让收入计征营业税。

1．转让无形资产使用权：无形资产使用权转让后，其所有权还是归出让方保留，因此不需要注销无形资产的账面价值，转让取得的收入计入出让方的“其他业务收入”，发生的与转让相关的各种费用计入“其他业务支出”，其转让应缴纳的营业税也通过“其他业务支出”科目进行核算。

实例 2.18

某公司与一企业达成协议，同意该企业使用其公司商标，并协议于每月月初收取商标使用费 48000 元，请计算该公司的应交营业税并做会计处理。

（1）收到商标使用费时，借：银行存款　　　48000

贷：其他业务收入　　48000

（2）计算应缴纳的营业税，借：其他业务支出　　　2400

贷：应交税费——应交营业税　2400

2．出售或转让无形资产所有权：出售、转让无形资产所有权的，其出售人不再拥有无形资产的使用、收益和处置的权利，应当注销无形资产的账面价值，其出售取得的转让收入与无形资产的账面价值差额计入“营业外收入”或“营业外支出”，应缴纳的营业税作为“营业外收入”的减少或“营业外支出”的增加。

实例 2.19

某公司将其拥有的某项专利权进行所有权转让，取得转让收入 46.2 万元，该专利权账面余额为 28 万元，计算该公司应缴纳的营业税并做会计分录。

分析：转让无形资产按其转让收入计算缴纳营业税，其适用税率为 5%。无形资产转让收入减去相关的税费和账面价值的差额为企业的利得。

借：银行存款　　　462000

贷：无形资产　　　280000

应交税费——应交营业税　　23100

营业外收入　　158900

3．用无形资产抵偿债务：债务人用无形资产（非现金资产）抵偿债务属于债务重组的一种方式，应将无形资产的账面价值进行注销，并结转相关债务的账面价值。其无形资产账面价值与相关税费总计大于应付债务账面价值的，通过“营业外支出”核算，应付债务账面价值大于无形资产账面价值和相关税费总计的，则通过“资本公积”科目进行核算。

实例 2.20

某公司因资金周转困难无法偿还前期欠款 68 万元，经与对方协商，以该公司一项专利权清偿其债务，该专利权账面价值 50 万元，未计提减值准备，请计算该笔业务应缴纳的营业税并做相关账务处理。

借：应付账款　　　　68000

　贷：无形资产　　　　50000

　　应交税费——应交营业税　　34000

　　资本公积　　　　146000

4. 用无形资产进行非货币性交易：企业应以换出无形资产的账面价值加上相关税费作为换入资产的入账价值，若存在补价的情况，其换入资产的入账价值还应加上补价，收到补价的企业，按换出资产账面价值减去补价加上应确认的收益和相关税费，作为换入资产的入账价值。

注意：非货币性交易是指双方以非货币性资产进行的交换，这种交换不涉及或只涉及少量的货币资产（补价）。

2.5.5　销售不动产的营业税会计处理

企业销售不动产的，应当按税法规定申报缴纳营业税，其固定资产销售时通过“固定资产清理”科目进行应交营业税金的反映和核算。

实例 2.21

某工业企业 2012 年 12 月出售其购置的一栋厂房，厂房原价 48 万元，已经计提折旧 12 万元，出售所得收入 62 万元，用银行存款支付清理费用 9 万元。厂房已清理完毕，已知销售不动产的营业税税率为 5%，请计算该企业应缴纳的营业税并做会计处理。

分析：单位或个人销售其购置的不动产，以全部收入减去该不动产购置价格后的余额计算应交营业税。

（1）将厂房出售时，其原价和已提折旧转入固定资产清理。

借：固定资产清理　　　　360000

　　累计折旧　　　　120000

贷：固定资产　　　480000

（2）支付清理费用，借：固定资产清理　　　90000

贷：银行存款　　　90000

（3）收到出售收入，借：银行存款　　　620000

贷：固定资产清理　　　620000

（4）计算应交营业税，借：固定资产清理　　7000［（62–48）×5%］

贷：应交税费——应交营业税　　7000

（5）结转清理收入，借：固定资产清理　　163000（62–36–9–0.7）

贷：营业外收入　　163000

2.6 全面掌握优惠政策

营业税的优惠政策和增值税的优惠政策相比较少。营业税的优惠政策主要体现在在政策规定允许的范围内，应税业务根据营业收入与营业支出的差额计算缴纳营业税。

2.6.1 营业税免税项目

营业税法定免税项目主要包括如下几项：

- 非营利性医疗机构按照国家规定的价格取得的医疗服务收入免征营业税。营利性医疗机构取得的直接用于改善医疗卫生条件的医疗服务收入，自取得营业执照之日起 3 年内免征营业税。疾病控制机构和妇幼保健机构等卫生机构按照国家规定的价格取得的卫生服务收入免征营业税。这里主要体现了我国对于医疗体系建设的政策支持。
- 自谋职业的城镇退役士兵从事个体经营(除建筑业、娱乐业广告业及桑拿、按摩、网吧、氧吧外）取得的收入，自领取税务登记证之日起，3 年内免征营业税。安置自谋职业的城镇退役士兵就业而新办的服务型企业（除广告业、桑拿、按摩、网吧、氧吧外）取得的收入，对新安置自谋职业的城镇退役士兵须达到职工总数的 30%以上，并与其签订 1 年以上期限劳动合同的，3 年内免征营业税。这一条主要体现了我国对于退役士兵自谋出路的政策照顾。

- 单位和个人（包括外商投资企业、外商投资设立的研究开发中心、外国企业和外籍个人）从事技术转让、技术开发和与之相关的技术咨询、技术服务业务取得的收入免征营业税。这主要是鼓励我国科技企业的发展，支持我国科技产业。
- 对从事学历教育的学校提供教育劳务取得的收入，免征营业税。这一条是为了鼓励我国学历教育的学校的发展，达到提高我国整体教育水平的目的。
- 对政府举办的职业学校设立的主要为在校学生提供实习场所，并由学校出资自办、由学校负责经营管理、经营收入归学校所有的企业，具体从事营业税暂行条例中“服务业”税目规定的服务项目（广告业、桑拿、按摩、氧吧等除外）所取得的收入免征营业税。
- 对政府举办的高等、中等和初等学校（不含下属单位）举办进修班、培训班取得的全部归学校所有的收入免征营业税。

2.6.2 进行差额征收的项目

营业税是按照企业的营业税应税销售额，根据适用的营业税税率，全额计算并且缴纳的。由于全额计算与缴纳，营业税的实际税负负担较重。因此，国家为了鼓励和支持相关行业的发展，规定其可以按照差额缴纳营业税。企业应当了解这些具体的行业，评估自己的业务是否属于差额缴纳营业税的范围，尽量减少企业的纳税负担。具体的行业如下：

- 对劳务公司接受用工单位的委托，为其安排劳动力，凡用工单位将其应支付给劳动力的工资和为劳动力上交的社会保险（包括养老保险、医疗保险、失业保险、工伤保险等）及住房公积金统一交给劳务公司代为发放或办理的，以劳务公司从用工单位收取的全部价款和价外费用减去代收转付给劳动力的工资和为劳动力办理社会保险及住房公积金后的余额为营业额。

注意：这里所说的劳务公司必须同时符合四个条件：一是其营业执照中经营范围必须允许其从事劳务派遣或劳务中介业务，同时必须取得劳动部门核发的职业介绍许可证；二是劳务公司与用工单位双方应签订劳动力派遣或中介合同；三是劳务公司与用工单位在结算价款时应分别核算具体用工人员的实际工资（包括为劳动力上交的社会保险及住房公积金）及中介费（管理费）。实际工资应全额发放给劳动力，其他社会保险按规定缴纳，劳务公司只取得中介费（管理费）；四是其派遣的劳动力提供的劳务必须是本单位经营范围之外的业务。

- 服务性单位从事餐饮中介服务的营业额为向委托方和餐饮企业实际收取的中介服务费，不包括其代委托方转付的就餐费用。
- 对航空运输包机公司向旅客或货主收取的营业收入，应按照“服务业——代理业”项目征收营业税，其营业额为向旅客或货主收取的全部价款减除支付给航空运输企业的包机费后的余额。
- 纳税人从事代理报关业务，以其向委托人收取的全部价款和价外费用扣除以下项目金额后的余额为计税营业额：支付给海关的税金、签证费、滞报费、滞纳金、查验费、打单费、电子报关平台费、仓储费；支付给检验检疫单位的三检费、熏蒸费、消毒费、电子保险平台费；支付给预录入单位的预录费；国家税务总局规定的其他费用。
- 外事服务单位为外国常驻机构、三资企业和其他企业提供人力资源服务的，其营业额为从委托方取得的全部收入减除代委托方支付给聘用人员的工资及福利费和缴纳的社会统筹、住房公积金后的余额。职工福利费主要用于职工的医药费（包括企业参加职工医疗保险缴纳的医疗保险费），医护人员的工资、医务经费，职工因公负伤赴外地就医路费，职工生活困难补助，职工浴室、理发室、幼儿园、托儿所人员的工资及按国家规定开支的其他职工福利支出。
- 纳税人从事无船承运业务，以其向委托人收取的全部价款和价外费用扣除其支付的海运费及报关、港杂、装卸费用后的余额为计税营业额。
- 物流企业开展物流业务应按其收入性质分别核算。企业将承揽的运输业务分给其他单位并由其统一收取价款的，应以该企业取得的全部收入减去付给其他运输企业的运费后的余额为营业额计算征收营业税。企业将承揽的仓储业务分给其他单位并由其统一收取价款的，应以该企业取得的全部收入减去付给其他仓储合作方的仓储费后的余额为营业额计算征收营业税。
- 纳税人将承揽的运输业务分给其他单位或者个人的，以其取得的全部价款和价外费用扣除其支付给其他单位或者个人的运输费用后的余额为营业额。
- 公路、内河联合货物运输业务，是指其一项货物运输业务由两个或两个以上的运输单位（或个人）共同完成的货物运输业务。运输单位（或个人）应以收取的全部价款向付款人开具货运发票，合作运输单位（或个人）

以向运输单位（或个人）收取的全部价款向该运输单位（或个人）开具货运发票，运输单位（或个人）应以合作运输单位（或个人）向其开具的货运发票作为差额缴纳营业税的扣除凭证。

注意：上述货物运输业务，是指签订单次运输合同，明确单次结算金额，起运地和到达地均唯一的运输业务。对只签订长期运输合同，不签订单次运输合同，不明确单次运输结算金额的运输业务，其接受的其他承运者的运输发票不得抵扣营业额。

第 3 章　份额最大的税种：增值税

开篇点心

会计："咱们公司本月增值税销项税为 17 万元，认证抵扣发票进项税为 13.5 万元，因此这个月要交 3.5 万元的增值税。"

总经理正好路过："税款这么多，能想想办法吗？"

会计："本月还剩余进项发票 20 万元未认证抵扣，不知道能不能把这部分处理一下。"

总经理："能不能把这 20 万元直接抵扣了呢？"

财务总监："这可不行，增值税是企业最大的一个税种，它的计税要求自然十分严谨，不按规定计税是要坐牢的！"

总经理："这么严重？"

财务总监："增值税是对销售中的增值部分进行纳税的一种形式，如果我们当月没有进入生产或是使用的购进物资，其进项发票是不予认证抵扣的，这是税法中明文规定的，我们不能为了少交或是不交税而随意认证抵扣进项发票。"

总经理："原来如此！那就按照规定去办吧。"

【本章导读】

增值税纳税人分为小规模纳税人和一般纳税人两种，小规模纳税人的增值税业务比较简单，没有进项税额抵扣的问题，一般纳税人企业目前可以分为几个税率，其中最常见的税率为 17%，营改增的新税率有 11%和 6%。本章主要讲解增值税的计税方法（包含进出口增值税计算）和增值税的账务处理方法。

3.1 外行看门道

在所有税种中，增值税是最重要的税种，也是流转税中最复杂、内容最多的税种。下面从发票种类、账务处理、税款缴纳等方面一一介绍。

增值税属于流转税的一种，它是以商品生产和流通、劳务服务等流转环节中所产生的增值额作为计税依据而征收的一种税收。我国税法规定，增值税是对在我国境内销售货物或提供加工、修理修配劳务及进口货物的企业单位和个人，就其货物销售或提供劳务的增值额，以及货物进口金额为计税依据而课征的一种流转税。

3.1.1 增值税涉及的业务范围

企业在进行增值税的纳税申报前，必须要先明确，什么样的业务才需要缴纳增值税，判断自己企业的生产经营行为是否归属于增值税的征税范围。

根据《中华人民共和国增值税暂行条例》的规定，在我国境内销售货物或者提供加工、修理修配劳务及进口货物的单位和个人都是增值税的纳税人。企业从事此类业务的营业收入，就属于增值税的征税范畴。

增值税概念中的货物，指的是有形动产，包括电力、热力和气体在内。加工指的是受托加工货物，即由委托方委托企业进行加工，并且由委托方提供加工所需要的主要材料，受托方只是收取一定的加工费。修理修配是指受托方接受委托方的委托对损坏和丧失功能的货物进行修复，使其恢复原状和功能的业务。

注意：企业聘用员工为本单位提供劳务，不属于增值税应税劳务。在我国，增值税与营业税的征税范围是不重叠的，而它们两者又几乎涵盖了所有的征税范围。因此，如果企业发现自己的经营业务不属于增值税的征收范围，那么就必然属于营业税的征税范围了。

在实务中，区分企业的经营业务属于增值税的征税范围还是营业税的征税范围有时候是比较困难的，因为相同的商业行为具有不同的商业逻辑，在这种情况下，拨开迷雾看本质才能够发现一种经营行为是属于何种税种的业务范畴。

较为典型的是平销返利与进场费等额外收费的区别。所谓平销返利，是指供货方以购货方的销售价或高于销售价的价格将货物销售给购货方，购货方再以进货成本甚至低于进货成本的价格进行销售，供货方以返还利润等方式弥补购货方的进销差价损失。返还利润的金额是由购货方的销售额来确定的。也就是说，购货方要通过向供应商收取一定的，与商品销售量挂钩的经济利益返还作为补偿。平销返利与进场费等额外收费相比，商业企业的商业运作是一样的，都是向生产企业也就是供货方收取一定的费用，但其内在逻辑是显著不同的。

商业世界千变万化，如果单单依靠相关人员的专业判断来解决显然会产生差异，从而导致税收征收的不公平。因此，对于此类问题，税务主管机关一般会单独发布相关的操作细节供企业使用。比如上述问题，税务主管机关就专门发布《国家税务总局关于商业企业向货物供应方收取的部分费用征收流转税问题的通知》进行详细的规定：

- 对商业企业向供货方收取的与商品销售量、销售额无必然联系，且商业企业向供货方提供一定劳务的收入，例如进场费、广告促销费、上架费、展示费、管理费等，不属于平销返利，不冲减当期增值税进项税金，应按营业税的适用税目税率征收营业税；
- 对商业企业向供货方收取的与商品销售量、销售额挂钩（如以一定比例、金额、数量计算）的各种返还收入，均应按照平销返利行为的有关规定冲减当期增值税进项税金，不征收营业税。

商业企业向供货方收取的各种收入，一律不得开具增值税专用发票。

应冲减进项税金的计算公式调整为：

当期应冲减进项税金=当期取得的返还资金/（1+所购货物适用增值税税率）×所购货物适用增值税税率

实例 3.1

南方高翔超市是一家综合性大型超市，系增值税一般纳税人，由于其在当地零售业有较大的影响，因此南方高翔超市对于在其超市中摆放商品的供应商收取进场费、广告促销费、上架费、展示费、管理费等费用，并根据供应商在其超市的产品的销售情况，按照含税销售额收取 10%的返利费。2012 年 12 月，南方高翔超市当月含税营业额 1200 万元，当月向供应商收取的进场费、广告促销费、上架费、展示费、管理费等费用 100 万元，2012 年 12 月取得增值税进项税额 132.5 万元，2012 年 12 月月初增值税进项税余额 21.4 万元。请分析南方高翔超市 2012 年 12 月的纳税业务。

分析：本题中，南方高翔超市 2012 年 12 月的收入由三部分组成，分别是常规的商品销售收入、收取的销售额返利费和向供应商收取的进场费、广告促销费、上架费、展示费、管理费等。根据相关法律法规的规定，第一部分商品销售收入，应当缴纳增值税；第二部分收取的销售额返利费，应当作为进项税冲减应缴增值税；第三部分向供应商收取的进场费、广告促销费、上架费、展示费、管理费等费用应当缴纳营业税。

南方高翔超市 2012 年 12 月增值税销项税=1200/（1+17%）×17%=174.36（万元）

2012 年 12 月冲减的增值税进项税=1200×10%/（1+17%）×17%=17.44（万元）

2012 年 12 月应当缴纳的增值税=当期销项税−（当期购入的进项税−当期冲减的进项税）−当期月初的进项税余额=174.36−（132.5−17.44）−21.4=37.9（万元）

2012 年 12 月应当缴纳的营业税=100×5%=5（万元）

2012 年 12 月南方高翔超市应当缴纳增值税 37.9 万元，营业税 5 万元，合计需要缴纳税款 42.9 万元。

在我国的税法体系中，诸如此类的操作指南是很多的，因此，如果企业无法确定自己的经营行为是否属于增值税的征税范围，应当查询相关的规定，或者咨询税务专管员。

3.1.2 增值税的特殊性

增值税作为我国的重要税种之一，具有如下特殊性：

1. 普遍征收：其征税范围面向商品增值的各个生产流通环节，对在我国从事商品生产经营和提供劳务的所有单位和个人进行征收。

2. 保持税收中性：同种产品只要最终的增值额相同，那么它们的税负与其流转环节的多少没有关系，最终税负也相同。

实例 3.2

有 A、B 两种商品经过的流转环节如表 3-1 所示，假定增值税的税率均为 17%，计算两种商品的总体税负。

表 3-1 税负对比

产品 A				产品 B			
流转环节	销售额	增值额	增值税额	流转环节	销售额	增值额	增值税额
1. 生产原材料	200	200	34	1. 生产原材料	200	200	34
2. 生产半成品	400	200	34	2. 生产半成品	400	200	34
3. 生产产成品	700	300	51	3. 生产产成品	700	300	51
4. 批发	900	200	34	4. 批发	900	200	34
5. 零售	1200	300	51	5. 代理零售	1000	100	17
—	—	—	—	6. 最终零售	1200	200	34
合　计		1200	204			1200	204

从表 3-1 中可以看出，两种产品虽然经过的流转环节不同，但因为两者的最终增值额都为 1200 元，所以，它们的税负都为 204 元。

3．实行税款抵扣制度：商品的新增价值或商品附加值在商品生产和流通过程中往往难以准确计算，因此，在计算企业应纳税款时，采取扣除商品在以前生产环节已负担的税款的方法，避免重复征税。

4．价外税及比例税率：增值税计算依据中的销售额是不包含增值税税额的，同时为了贯彻征收简便易行的原则，普遍实行比例税制。

5．税收负担最终的承担者是商品消费者：增值税属于间接税，具有转嫁的性质，企业在销售商品时通过价格将税负转嫁给下一流通环节，最后由最终消费者承担。

3.1.3　增值税的类型

按照增值税的定义，理论上的增值税的计税依据应是商品、劳务的增值额，但在实际执行中，各国法定增值额与理论增值额往往不一致，主要的区别就在于对购入固定资产的增值税是否允许抵扣的处理上。

按照扣除项目中对外购固定资产的处理方式不同，将增值税分为生产型增值税、收入型增值税和消费型增值税三种类型，它们各自的特点与法定增值额的内容如表 3-2 所示。

表 3-2　增值税的类型

类　型	特　点	法定增值额
1．生产型增值税	不扣除购入固定资产价值中所含的增值税款，生产经营过程中固定资产磨损的那部分转移价值（折旧）也不考虑	等于工资+租金+利息+利润+折扣
2．收入型增值税	可以按照磨损程度相应地扣除购入固定资产价值中所含的增值税款	类似国民收入
3．消费型增值税	允许在购置当期全部一次性扣除购置物质资料的价值和用于生产、经营的固定资产价值中所含的增值税款	课税对象仅限于当期生产销售的所有消费品，不包括生产资料部分

注意：我国在 1994 年至 2008 年这一阶段中，实行的是生产型增值税，从 2009 年 1 月 1 日起转型实施消费型增值税，允许将购置物质资料的价值和用于生产、经营的固定资产价值中所含的税款，在购置当期全部一次性扣除。

3.1.4 增值税的纳税范围

增值税的纳税范围是对我国境内销售货物或提供加工、修理修配劳务及进口货物的单位和个人进行征税，但这仅仅是增值税纳税范围的一部分。

根据《中华人民共和国增值税暂行条例》的规定，可以将增值税的征税范围分为一般规定和特殊规定。

1. 纳税范围的一般规定

根据增值税含义可知，增值税征税范围的一般规定包括：销售或进口的货物；提供的加工、修理修配劳务两项。

其中的货物是指有形动产，如会计中的流动资产及固定资产（除房屋、建筑物等不动产以外）。

加工指受托加工货物，由委托方提供原料及主要材料，受托方按照委托方的要求制造货物并收取加工费的业务。

修理修配是指受托方对委托方的损坏和丧失功能的货物进行修复，使其恢复原状和功能的业务。

2. 纳税范围的特殊规定

增值税征税范围的特殊规定分为征收范围的特殊项目和特殊行为。

（1）纳税范围的特殊项目

- ❑ 货物期货，在期货的实物交割环节征收增值税；
- ❑ 银行销售金银的业务，应当征收增值税；
- ❑ 典当业的死当物品销售业务和寄售业代委托人销售寄售物品的业务，应按规定征收增值税；
- ❑ 集邮商品的生产，以及邮政部门以外的其他单位和个人进行集邮商品销售的，均征收增值税；
- ❑ 除邮政部门以外的其他单位和个人发行报刊，缴纳增值税。

（2）纳税范围的特殊行为

① 视同销售行为：

- ❑ 将货物交付其他单位或个人代销，指代销货物的委托方；
- ❑ 销售供销货物，指代销货物的受托方；
- ❑ 设有两个以上机构并实行统一核算的纳税人，且相关机构不在同一县（市）的，将货物从一个机构移送至其他机构用于销售的；

- 将自产或委托加工的货物用于非增值税应税项目（用于企业内部）；
- 将自产或委托加工的货物用于企业内部如集体福利或个人消费（用于企业内部）；
- 将自产或委托加工或购买的货物作为投资，提供给其他单位或个体经营者（对企业外部提供）；
- 将自产或委托加工或购买的货物分配给股东或投资者（对企业外部提供）；
- 将自产或委托加工或购买的货物无偿赠送其他单位或者个人（对企业外部提供）。

② 混合销售行为：指一项销售行为既涉及货物又涉及非增值税应税劳务。非增值税应税劳务是指应交营业税的劳务，如建筑业、交通运输业等。按照税法的规定：从事货物的生产、批发或零售的企业、企业性单位及个体经营者的混合销售行为，视为销售货物，应当征收增值税；其他单位和个人的混合销售行为，视为销售非应税劳务，不征收增值税。

③ 兼营非增值税应税劳务行为：纳税人兼营非增值税应税项目的，应分别核算货物或者应税劳务的销售额和非增值税应税项目的营业额，如果未分别核算的，由主管税务机关核定货物或者应税劳务的销售额。

将上述内容归纳总结，如表 3-3 所示。

表 3-3 增值税的征税范围

规定性质	具体内容
一般规定	1．销售或进口的货物（有形动产）
	2．提供的加工、修理修配劳务（应税劳务与非应税劳务划分）
特殊规定	1．特殊项目
	2．特殊行为
	（1）视同销售货物行为
	（2）混合销售行为
	（3）兼营非增值税应税劳务行为

3.1.5 增值税的纳税义务人

凡在中华人民共和国境内销售货物或者提供加工、修理修配劳务，以及进口货物的单位和个人，为增值税的纳税义务人。

注意：单位是指企业（国有企业、集体企业、私有企业、股份制企业、外商投资企业、外国企业、其他企业等)、行政单位、事业单位、军事单位、社会团体和其他单位。

个人指个体工商户和其他个人。

为了便于增值税的征收管理并简化计税，我国将增值税纳税人划分为小规模纳税人与一般纳税人，这也是我国增值税的特点之一。两者按会计核算水平和经营规模的不同进行划分，分别采取不同的增值税计税方法，它们各自的认定标准可以概括如表 3-4 所示。

符合一般纳税人标准的纳税人，根据有关规定，需向主管税务机关办理认定手续，提交书面报告及税务局要求的营业执照、银行账号等资料、证件，填写《增值税一般纳税人申请认定表》，经县级以上的税务机关在收到 30 日内审核完毕，对于符合条件的，在《税务登记证》副本首页上加盖“增值税一般纳税人”确认专用章，作为领购增值税专用发票的证件。

表 3-4　纳税人认定标准

纳税人	认定标准	
	小规模纳税人	一般纳税人
1. 从事货物生产或者提供应税劳务的纳税人，以及以从事货物生产或者提供应税劳务为主，并兼营货物批发或者零售的纳税人	年度应纳税销售额在 50 万元以下	年度应纳税销售额在 50 万元以上
2. 批发或零售货物的纳税人	年度应纳税销售额在 80 万元以下	年度应纳税销售额在 80 万元以上
3. 年应税销售额超过小规模纳税人标准的其他个人	按小规模纳税人纳税	—
4. 非企业性单位、不经常发生应税行为的企业	可选择按小规模纳税人纳税	—

增值税一般纳税人申请认定表表样，由国家税务局统一制定，其格式如表 3-5 所示。

新办小型商贸企业自税务登记之日起，一年内实际销售额达到 80 万元，方可申请一般纳税人资格认定，在认定一般纳税人之前一律按小规模纳税人管理。

注意：2009 年我国税法对小规模纳税人的判定标准进行了调整，从事货物生产、提供应税劳务及从事货物生产或者提供应税劳务为主，并兼营货物批发或者零售的纳税人，其判定标准由之前的年应纳增值税销售额 100 万元调整至 50 万元；

批发或零售货物的纳税人，判定标准由之前的 180 万元调整至 80 万元。

表 3-5 增值税一般纳税人申请认定表

纳税人名称	×××有限责任公司		纳税人识别号	441900××××××	
法定代表人（负责人、业主）	刘××	证件名称及号码	430××××××××××××	联系电话	
财务负责人	何××	证件名称及号码	510××××××××××××	联系电话	
办税人员	李××	证件名称及号码	420××××××××××××	联系电话	
生产经营地址	广东省广州市×××××××				
核算地址	广东省广州市×××××××				
纳税人类别：企业、企业性单位☑ 非企业性单位□ 个体工商户□ 其他□					
纳税人主业：工业☑ 商业□ 其他□					
认定前累计应税销售额（连续不超过 12 个月的经营期内）			2010 年 01 月至 2010 年 12 月共 1033652 元。		
纳税人声明	上述各项内容真实、可靠、完整。如有虚假，本纳税人愿意承担相关法律责任。 （签章）： 2011 年 1 月 12 日				
税务机关					
受理意见	受理人签名： 年 月 日				
查验意见	查验人签名： 年 月 日				
主管税务机关意见	（签章） 年 月 日				
认定机关意见	（签章） 年 月 日				

3.1.6 增值税的税率及征收率

增值税采用比例税率计税，它具有税收中性，对不同的行业和不同的企业都实行统一税率，但我国将增值税纳税人分为一般纳税人和小规模纳税人，对这两类不同的纳税人采用不同的税率。同时为了照顾一些比较特殊的行业或产品，又在原有单一税率（基本税率）的基础上实行低税率和零税率的政策。

一、基本税率

增值税的基本税率为17%，它是针对增值税一般纳税人销售或者进口货物，提供加工、修理修配劳务除低税率适用范围以外所采用的税率。

注意：我国在2009年1月1日，将部分金属矿、非金属矿采选产品的增值税税率由原来的13%恢复到17%。

二、低税率

国家对下列货物的销售或者进口实行按低税率计征增值税，低税率为13%：

1．粮食、食用植物油、鲜奶；

2．自来水、暖气、冷气、热水、煤气、石油液化气、天然气、沼气、居民用煤炭制品；

3．图书、报纸、杂志；

4．饲料、化肥、农药、农机、农膜；

5．国务院及其有关部门规定的其他货物，包括如下几种：

- （初级）农产品
- 音像制品
- 电子出版物
- 二甲醚

三、零税率

除国务院另有规定的以外，我国纳税人出口货物实行零税率。

有些读者在理解零税率时往往会与“免税”等同起来，其实两者是有区别的：出口货物免税是指不征收出口环节的增值税；而零税率是指除了出口环节不征税外，还需要将货物出口前已经缴纳的增值税退税，使产品在出口时完全不含增值税。

注意：在我国，不是所有出口产品都实行零税率，如国家禁止出口的货物和纳税人出口的原油、援外出口货物等就应按规定缴纳增值税。

四、征收率

我国对小规模纳税人采用简易征收办法，它所适用的税率称为征收率。

小规模纳税人征收率的一般规定为商业与工业统一征收率为3%。

注意：我国小规模纳税人征收率从2009年1月1日起由过去的商业4%、工业6%统一调整为3%。

但对于下列货物采用特定的征收率：

1．纳税人销售自己使用过的物品：

（1）一般纳税人销售自己使用过的属于 2008 年 12 月 31 日以前未抵扣进项税额的固定资产，按简易办法依 4%征收率减半征收增值税；

（2）一般纳税人销售自己使用过的 2009 年 1 月 1 日以后购进或自制的固定资产，按照适用税率征收增值税；

（3）一般纳税人销售自己使用过的除固定资产以外的物品，按适用税率进行增值税的征收；

（4）小规模纳税人销售自己使用过的除固定资产以外的物品，按 3%的征收率征收增值税。

注意：对于一般纳税人销售自己使用过的固定资产，要分清时间段（转型前或转型后）来考虑计税，一般纳税人销售 2009 年以前购进固定资产售价高于原入账价值的才交税，转型后无论售价是否超过原值均需按适用税率征收增值税。

为方便阅读，本书将上述内容概括如表 3-6 所示。

表 3-6 特定货物销售征收率

纳税人	销售情形	税务处理	税额计算	备注
一般纳税人	销售自己使用过的 2009 年 1 月 1 日以前购进、自制的固定资产	根据简易办法：按照 4%征收率减半征收增值税	增值税=售价/（1+4%）×4%/2	进项税未抵扣
	销售自己使用过的 2009 年 1 月 1 日以后购进、自制的固定资产	按正常销售货物的售价及相对应的税率征收增值税	增值税=售价/（1+17%）×17%	进项税已抵扣
	销售自己使用过的物品（非固定资产）			
小规模纳税人（除其他个人外）	销售自己使用过的固定资产	将售价按 2% 征收率征收增值税	增值税=售价/（1+2%）×2%	—
	销售自己使用过的物品（非固定资产）	按售价与 3% 的征收率征收增值税	增值税=售价/（1+3%）×3%	—

2．纳税人销售旧货，按照简易办法依照 4%征收率减半征收增值税。

注意：这里的旧货与第 1 点中的自己使用过的物品不同，它是指进入二次流通的具有部分使用价值的货物，如旧汽车、旧游艇等，不包含自己使用过的物品。

3．一般纳税人销售自产的如下货物，按简易办法依照 6%征收率计税：

（1）小型水力发电单位（县级及县级以下）生产的电力；

（2）建筑用和生产建筑材料用的沙、土、石料；

（3）以自己采掘的沙、土、石料或其他矿物连续生产的砖、瓦、石灰；

（4）用微生物、微生物代谢产物、动物毒素、人或动物的血液或组织制成的生物制品；

（5）自来水；

（6）商品混凝土。

4．一般纳税人销售下列货物的，暂按简易办法依照 4%征收率计算缴纳增值税：

（1）寄售商店代销寄售物品（包括居民个人寄售的物品在内）；

（2）典当业销售死当物品；

（3）经国务院或国务院授权机关批准的免税商店零售的免税品。

3.1.7 增值税的计税方法

增值税的增值额因为计算方法的不同可以分为直接计税法和间接计税法。直接计税法是按照规定直接计算出应税货物或劳务的增值额，再据以计算应纳税额的方法，其在实际运用中很少采用，因此，本书不做详细介绍。

间接计税法是目前大多数国家采用的计税方法，它按照法定增值额的计算方法不同分为间接税加法和间接税减法。

1．间接税加法

间接税加法是将各项增值项目分别乘以适用税率，相加求出应纳税增值额。这种方法在实际运用中比较复杂，因此也极少采用，它的计算公式为：

应纳增值税额=工资×增值税税率+利息×增值税税率+租金×增值税税率+利润×增值税税率+其他增值项目×增值税税率

2．间接税减法

间接税减法简便易行，它先由纳税人用纳税期内销售应税货物（或劳务）的销售额乘以适用税率，求出销项税额，然后扣除购进货物或劳务的进项税额，其余额作为纳税人应纳增值税额。它的计算公式为：

应纳增值税额=销项税额−进项税额

我国实际征收中采用以票抵扣法，即采用增值税专用发票或其他合法扣税凭证注明税款进行抵扣计算应纳增值税额。增值税专用发票的格式如表 3-7 所示。

表 3-7 增值税专用发票格式

××增值税专用发票

全国统一发票监制章 ×× 国家税务总局监制

发票联

№：××××××××

开票日期：2012 年 12 月 20 日

购货单位	名　　称：×××有限公司 纳税人识别号：441900××××××××× 地址、电话：广州市白云区××××××× 开户行及帐号：建行白云支行 23500×××××××××××	密码区	

货物或应税劳务名称	规格型号	单位	数量	单价	金额	税率	税额
材料	A	Kg	3000	5	15000.00	17%	2550.00
价税合计（大写）	壹万柒仟伍佰伍拾元整						（小写）￥17550.00

销货单位	名　　称：××××××公司 纳税人识别号：4635××××××××× 地址、电话：深圳市福田区××××××× 开户行及帐号：建行福田支行 53200×××××××××××	备注	××××××有限公司 XXXXXXXXXXXXXX 发票专用章

收款人：　　复核：　　开票人：　　销货单位：（章）

国税函〔2009〕1164号海南华森实业公司

第二联：发票联　购货方记账凭

注意：关于增值税专用发票的使用及管理在本书中不做介绍，读者可以参考相关书籍进行了解。

由上述公式可知，纳税人要先计算销项税额和进项税额，两者进行扣减后才能得出准确的应纳增值税税额，下面将介绍公式中各个项目的计算方法。

3.2 销项税额的计算

销项税额是纳税人销售货物或者提供应税劳务，按照销售额和规定的税率计算并向购买方收取的增值税额。纳税人因销货退回或折让而退还给购买方的增值税额，应从已发生的销货税额中冲减。销项税额的计算公式如下：

销项税额=销售额×适用税率

3.2.1 销售额的确认

我国增值税税率基本实行单一税率，因此在销项税额的计算中税率不难确定，而另一个因素“销售额”则是销项税计算的关键。企业货物的销售方式多种多样，对于不同的销售方式其销售额又应如何确认呢？

1. 一般销售方式下的销售额

销售额是指纳税人因销售货物或提供应税劳务而向购买方收取的全部价款和价外费用。价外费用是指销货方在售价外向购买方收取的手续费、违约金、滞纳金、延期付款利息、赔偿金、包装费、包装物租金、运输装卸费、代收代垫款项及其他各种性质的价外收费。

但销售额中不包括以下项目：

（1）应征消费税的消费品中所包含的受托加工代收代缴的消费税。

（2）同时满足下列条件的代垫运费：

❑ 承担运输方的运费发票开具给购货方的；

❑ 纳税人将该项发票转交给购货方的。

（3）符合条件代为收取的政府性基金或者行政事业性收费。

（4）销售货物的同时代买方办理保险等而向购买方收取的保险费，以及代买方办理相关手续而向购买方收取的车辆购置税、车辆牌照费。

注意：增值税一般纳税人向购买方收取的价外费用应视为含税收入，在计算税金时应换算成不含税收入再并入销售额。

2. 特殊销售方式下的销售额

在企事业单位实际的销售活动中，往往采用多种销售方式来吸引买家，其销售额的取得也各有不同，针对这些特殊销售方式的销售额确认，税法上有明确的规定：

（1）折扣方式销售：销货方给予购货方的相应的价格优惠或补偿等折扣、折让可以从销售额中扣除，但如果销售者将自产、委托加工和购买的货物用于实物折扣的，应按视同销售中的“无偿赠送”进行处理，不得在销售额中扣除实物款项。

（2）销售折扣（现金折扣）：销售折扣是企业的一种融资行为，它所发生的折扣额不得从销售额中减除。

（3）销售折让：销售折让是销售方因产品品种、质量等问题给予购货方的一种价格折让或补偿，其折让额可以从销售额中减除。

注意：在学习上述三种特殊销售方式时，应从三种折扣折让方式的概念上进行理解。

折扣销售又可以叫作商业折扣，是销货方在销售货物或应税劳务时，因购货方购货数量较大等原因而给予购货方的价格优惠，如买够10件商品，销售价格9

折优惠。

销售折扣又称为现金折扣，是销货方在销售货物或应税劳务后，为了鼓励购货方早日付款而给予购货方的一种折扣优待，如 10 天内付款，货款折扣 2%，这相当于企业的一种融资理财行为。

销售折让是指货物销售后，由于产品品种、质量等原因购货方未退货，由销货方给予一定价格折让的方式。

（4）以旧换新销售：应按新货物（金银首饰除外）的同期销售价格确定销售额，不得扣减旧货物的收购价格。

实例 3.3

百货超市为一般纳税人，采取以旧换新方式向消费者销售电视 120 台，新电视每台零售价 4500 元，旧电视每台作价 1000 元，每台电视取得差价款 3500 元。请计算该家超市以旧换新销售电视的销项增值税。

分析：按照税法规定，以旧换新销售应按新货物的销售价格确定销售额，不得扣减旧货物的收购价格，因此，应按每台电视 4500 元的售价进行计税：

销售税额=销售额×适用税率

=120×4500/（1+17%）×17%=78461.54（元）

注意：金银首饰的以旧换新业务，可以按销售方实际收取的不含增值税的全部价款征收增值税。

（5）还本销售：这种销售方式是以货物换取资金的使用价值，到期还本不付息的一种筹资方式，它是指纳税人在销售货物后，在一定期限内由销售方一次或分次退还给购货方全部或部分价款。还本销售的销售额就是货物的销售价格，不得从销售额中减除还本支出。

（6）以物易物销售：是购销双方以同等价款的货物进行结算，实现货物购销的一种方式，双方均做购销处理，以各自发出的货物核算销售额并计算销项税额，以各自收到的货物核算购货额并计算进项税额。

（7）包装物押金：

- 销售货物收取的包装物押金，如果单独记账核算，且时间在 1 年以内，又未过期的，在会计处理上不作为销售额征税（酒类产品应区别对待：啤酒、黄酒按前述根据是否逾期处理，除啤酒、黄酒以外的其他酒类产品收取的押金，无论是否逾期一律并入销售额征税）；
- 因逾期（以 1 年为限）未收回且不再退还的押金，应并入销售额征税。包装物押金视为含税，将其换算成不含税销售额后乘以包装物适用税率计税。

实例 3.4

酒厂为一般纳税人，在 2011 年 11 月销售黄酒收取包装物押金 4.6 万元，销售白酒收取包装物押金 4.8 万元，本月（2012 年 12 月）均已逾期，请计算本题中本月的包装物销项税额。

分析：黄酒、啤酒销售所收取的包装物押金根据一般押金的规定按是否逾期处理，而除此以外的其他酒类销售时收取的包装物押金不论是否返还、会计上如何处理，均应并入当期销售额征税。可见，白酒包装物押金 4.8 万元于当时（2011 年 11 月）就已计算销项税，2012 年 12 月应计算的包装物销项税额为啤酒包装物的逾期押金 4.6 万元。

包装物押金销项税额=4.6/（1+17%）×17%=0.67（万元）

（8）视同销售货物行为的销售额确定，应按正常销售价格来确定，如果存在无销售额的按下列顺序确定销售额：

- 按纳税人最近时期同类货物平均售价；
- 按其他纳税人最近时期同类货物平均售价；
- 按组成计税价格。

组成计税价格=成本×（1+成本利润率）

注意：如果纳税人销售货物或应税劳务的价格明显偏低，又无正当理由，也可以由主管税务机关按以上次序核定其销售额。

3.2.2 含税销售额的换算

增值税实行的是价外税，以不含增值税的销售额作为计税销售额，因此，为了避免重复计税，在计算增值税税额时应分清楚销售额是否含税，对于含税的销售额应换算为不含税销售额再进行计税，避免出现增值税销售额本身的重复征税现象。

一般纳税人销售额换算公式：

（不含税）销售额=含税销售额/（1+增值税税率）

小规模纳税人销售额换算公式：

（不含税）销售额=含税销售额/（1+增值税征收率）

在实际工作中，如果出现价格是否含税不明确的情况，可以通过以下几点来判断：

- 通过看发票：普通发票要换算；
- 分析行业：零售行业的售价含税要换算；
- 分析业务：价外费用、建筑业总承包额中的自产货物要换算。

实例 3.5

某企业为一般纳税人，2012 年 12 月向小规模纳税人销售商品一批，开具普通发票。发票上注明交易额为 260 万元，请计算该笔交易中企业的销项税项。

分析：一般纳税人向小规模纳税人销售产品开具的普通发票，其销售额为含税销售额，在计算应纳税额时，应进行换算。

不含税销售额=260/（1+17%）=222.22（万元）

销项税额=222.22×17%=37.78（万元）

=260−222.22=37.78（万元）

3.3 进项税额的计算

进项税额是纳税人购进货物或接受应税劳务所支付或负担的增值税额。它由销售方收取和缴纳，由购买方支付。销售方的销项税额就是购买方支付的进项税额，一般情况下不需要另外计算。在计算增值税时，纳税人可以将已支付的进项税额冲抵已发生的销项税额，但不是所有的进项税额都可以抵扣。增值税是以纳税人收取的已发生的销项税额扣减收取的准予抵扣的进项税额之后的余额作为实际应缴纳的增值税税额。

3.3.1 准予抵扣的进项税额的确认

按规定，准予抵扣的进项税额具体如下：

1．从销售方取得的增值税专用发票上注明的增值税额；

2．从海关取得的海关进口增值税专用缴款书上注明的增值税额；

3．购进或销售货物发生运费，取得运输发票的，按运输费用金额和 7%的扣除率计算的可抵扣的进项税额，计算公式为：

进项税额=运输费用金额×扣除率 7%

注意：运输发票中可以计算抵扣的进项税额是指运费单据上注明的运输费用和建设基金，不包括装卸费、保险费等其他杂费，而且一般纳税人取得的国际货物运输代理业发票和国际货物运输发票，不得计算抵扣进项税。

4．一般纳税人购进的免税农产品，可以按收购发票或销售发票上注明的买价乘以13%计算抵扣税款，其中所指的农产品是指直接从事植物种植、收割和动物饲养、捕捞的单位和个人销售自产的并且是免征增值税的农业产品。计算公式为：

进项税额=买价×扣除率13%

免税农产品中的烟叶有特殊规定，它的买价包含烟叶收购价格，且纳税人按规定缴纳的烟叶税准予并入买价计算抵扣进项税计算公式如下：

烟叶收购金额=收购价款×（1+10%）（10%为价外补贴）

应纳烟叶税税额=收购金额×20%

烟叶进项税额=（收购金额+烟叶税）×13%

以上准予从销项税额中抵扣的进项税可以总结为如表3-8所示。

表3-8　准予抵扣的进项税额

分　类	扣税方法	备　注
以票抵税	从销售方取得的增值税专用发票上注明的增值税额	—
	从海关取得的进口增值税专用缴款书上注明的增值税额	—
计算抵税	外购免税农产品：进项税额=买价×13%	买价包含纳税人购进免税农产品时支付的价款和按规定代收代缴的农业特产税
	外购运输劳务：进项税额=运输费用×7%	买价包含单据上注明的运费和建设基金，不包括装卸费、保险费等

实例3.6

企业为一般纳税人，2012年12月从农业生产者手中购进免税农产品一批，收购凭证上注明的金额是34万元，另支付1万元运费，取得货运发票，请计算该笔业务中可抵扣的进项税额。

分析：外购免税农产品及外购运输劳务都属于计算抵税的范围，上述例题中的进项税额计算如下。

进项税=34×13%+1×7%=4.49（万元）

应计入采购的成本=34×87%+1×93%=30.51（万元）

3.3.2　不得从销项税额中抵扣的进项税额

纳税人取得的增值税专用发票、海关进口增值税专用缴款书、农产品收购发票及运费发票不符合规定的不得从销项税额中抵扣。另外，国家对一些项目的进项税也做了不予抵扣的规定：

1．用于非增值税应税项目、免征增值税项目、集体福利或者个人消费的购进货物或者应税劳务；

2．因管理不善造成被盗、丢失、损毁等非正常损失购进的货物及相关应税劳务，以及非正常损失的在产品、产成品所耗用的购进货物或应税劳务；

3．国务院财政、税务主管部门规定的纳税人自用消费品；

4．前述各项中规定的货物的运输费用和销售免税货物的运输费用；

5．一般纳税人兼营免税项目或非增值税应税劳务的，应分开核算各自的进项税，无法划分的，可按照下面的公式进行不得抵扣进项税的计算：

不得抵扣的进项税额=无法划分的全部进项税额×免税或非应税收入/全部收入

实例 3.7

企业于 2012 年 12 月月末盘点时发现，上月从农民手中购进的粮食（库存账面成本为 124000 元，已申报抵扣进项税额）发生霉烂，使账面成本减少 83200 元（包括运费成本 4800 元），计算因此造成的不得抵扣进项税额。

分析：题中粮食霉烂属于因管理不善而发生的非正常损失，其购进货物及货物的运输费都不得从销项税额中抵扣。

不得抵扣的进项税额（进项税转出）=（83200−4800）/（1−13%）×13%+4800/（1−7%）×7%=12076.23（元）

3.4　应纳税额的计算

计算出销项税额和进项税额后，根据销项减进项的公式即可得出纳税人的应纳税额。但在确定应纳税额之前，需要掌握几个时间限定，这样才能准确计算当期纳税人应缴纳的增值税额。税法规定，只有在纳税期限内实际发生的销项税额和进项税额才是法定的当期销项税额和当期进项税额，因此“当期”的时间限定就显得极为重要。

3.4.1 销项税额的时间限定

销项税额的确定与销售额的确定关系极为紧密，企业应遵循税法规定的纳税义务发生时间确认销售额。销售货物或应税劳务的纳税义务发生时间可以分为一般规定和具体规定，如表 3-9 所示。

表 3-9 销售额纳税义务发生时间确认表

类　别	税 法 规 定
一般规定	1. 纳税人销售货物或应税劳务，收讫销售款项或者取得索取销售款项凭证的当天为纳税义务发生时间，先开具发票的，为开具发票的当天
	2. 纳税人进口货物，以报关进口的当天为其纳税义务发生时间
	3. 增值税纳税义务发生的当天为扣缴义务发生时间
具体规定	1. 采取直接收款方式销售货物，均以收到销售款或者取得索取销售款凭据的当天为纳税义务发生时间而不论货物是否发出
	2. 采取托收承付和委托银行收款方式销售货物，以发出货物并办妥托收手续的当天为纳税义务发生时间
具体规定	3. 采取赊销和分期收款方式销售货物，其纳税义务发生时间为书面合同约定的收款日期的当天，无书面合同的或者书面合同没有约定收款日期的，纳税义务发生时间为货物发出的当天
	4. 采取预收货款方式销售货物的纳税义务发生时间，为货物发出的当天；生产销售生产工期超过 12 个月的大型机械设备、船舶、飞机等货物，纳税义务发生时间为收到预收款或者书面合同约定的收款日期的当天
	5. 委托其他纳税人代销货物，其纳税义务发生时间为收到代销单位的代销清单或者收到全部或者部分货款的当天；未收到代销清单及货款的，为发出代销货物满 180 天的当天
	6. 销售应税劳务，提供劳务同时收讫销售款或者取得索取销售款的凭证的当天作为纳税义务发生时间
	7. 纳税人发生视同销售行为的（详见本章 3.1.5），纳税义务发生时间为货物移送的当天

对销项税额的时间限定，总体来说即为纳税义务发生时间，不得延后。

3.4.2 进项税额的时间限定

增值税实行购进扣税法，对于扣减的进项税额实行认证抵扣的方式，其时间限定如表 3-10 所示。

表 3-10 进项税额抵扣时间限定

票据类别	税法规定
专用发票	开具之日起 180 日内到税务机关认证，否则不予抵扣进项税额；认证通过的当月申报抵扣，否则不予抵扣进项税额
海关完税凭证	开具之日起 180 天后的第一个纳税申报期结束以前向主管税务机关申报抵扣，逾期不得抵扣进项税额
运费发票	纳税人取得的运费发票，在开票之日起 180 天内向主管税务机关申报抵扣，逾期不得抵扣进项税额

注意：进项税票的认证抵扣时间在 2012 年 12 月 1 日起实行更改，更改前期限为 90 天，更改后为 180 天。

3.4.3 应纳税额计算的其他规定

除上述两点外，纳税人在计算应纳税额时还应注意以下规定：

1．纳税人当期销项税额小于进项税额不足抵扣时，当期进项税额未抵扣的部分可以结转至下期继续抵扣；

2．纳税人销售货物或应税劳务，开具增值税专用发票后发生销售退回、折让等情形的，应按规定开具红字增值税专用发票，依据红字增值税专用发票销货方冲减销项税额，购货方冲减进项税额；

3．商业企业纳税人向供货方收取的与商品销售量、销售额挂钩的各种返还收入，均需按平销返利行为的有关规定冲减当期进项税金，公式如下：

当期应冲减进项税金=当期取得的返还资金/（1+所购货物适用增值税税率）×所购货物适用增值税税率

注意：平销返利是指生产企业以商业企业经销价或高于商业企业经销价的价格将货物销售给商业企业，商业企业再以进货成本甚至低于进货成本的价格进行销售，生产企业则以返还利润等方式弥补商业企业的进销差价损失的行为。

实例 3.8

某商业企业与某厂家达成平销返利的协议，从厂家购买冰箱 35 台，每台 4600 元（不含税），该商业企业以进货价 4600 元/台卖给消费者，厂家每台返利 800 元，计算商业企业该笔业务应缴纳的增值税金（假定当月全部销售完毕）。

分析：按照国家税法的有关规定，商业企业向供货方收取的与商品销售量、销售额挂钩（如以一定比例、金额、数量计算）的各种返还收入，均应按照平销返利行为的有关规定冲减当期增值税进项税金，不征收增值税。因此，该商业企业收取的返利 800 元/台应从当期的进项税中扣减。

增值税销项税=4600×17%×35=27370（元）

应冲减的进项税额=800/（1+17%）×17%×35=4068（元）

应纳增值税=27370+4068=31438（元）

4．一般纳税人注销或被取消一般纳税人资格，转为小规模纳税人时，其存货不能作为进项税额转出处理，企业的留抵税额也不予退税。

结合上述各知识点，在准确计算应纳税额各项目的前提下，应纳税额的计算公式如下：

一般纳税人：应纳税额=当期销项税额−同期准予抵扣的进项税额

小规模纳税人：应纳税额=不含税销售额×征收率

实例 3.9

企业为增值税一般纳税人，2012 年 12 月发生下列生产经营业务，请针对每一笔经济业务计算相关的税金。

（1）购进原材料一批取得增值税专用发票，注明价款 100 万元，增值税率 17%，进项税额 17 万元，另支付运输公司运费 12 万元，取得运输公司开具的发票。

外购货物可抵扣的进项税额=17+12×7%=17.84（万元）

（2）销售产品一批给小规模纳税人，开具普通发票，取得含税收入 124 万元。

销售产品销项税额=124/（1+17%）×17%=18.02（万元）

（3）将本企业一批产品用于员工福利，该批产品成本价为 45 万元，市场销售价（不含税）为 56 万元。

视同销售产品销项税额=56×17%=9.52（万元）

（4）销售 2012 年 10 月购买的机器设备一台，开具普通发票，取得含税销售额 15 万元，该设备原价 9.8 万元。

销售使用过的固定资产销项税额=15/（1+17%）×17%=2.18（万元）

（5）销售产品一批给某一般纳税人，开具增值税专用发票，取得不含税销售收入 110.5 万元，另开具普通发票，取得销售产品的送货运输费收入 34.6 万元。

销售产品的销项税额=110.5×17%+34.6/（1+17%）×17%=23.82（万元）

（6）向农业生产者购进免税农产品一批，支付收购价 43.52 万元，支付运费 6.8 万元，在本月中将其中的 10%用于职工福利。

外购免税农产品应抵扣的进项税额=（43.52×13%+6.8×7%）×（1−10%）=5.52

（万元）

（7）请计算该企业 12 月份应缴纳的增值税额。

应缴纳的增值税额=18.02+9.52+2.18+23.82−17.84−5.52=30.18（万元）

实例 3.10

某商店为增值税小规模纳税人，2012 年 12 月取得销售收入总额（含税）38 万元，请计算该商店 12 月应缴纳的增值税税额。

分析：小规模纳税人的应纳税额=不含税销售额×征收率

该商店 12 月取得的不含税销售额=38/（1+3%）=36.89（万元）

12 月应缴纳的应纳增值税额=36.89×3%=1.11（万元）

3.5 进出口货物的纳税和退税计算

纳税是指纳税人根据国家各种税法的规定，按照一定的比率，把集体或个人收入的一部分缴纳给国家的过程。出口货物退税是指退还出口产品在国内生产和流通环节实际缴纳的产品税、增值税、营业税和特别消费税。出口产品退税制度是一个国家税收的重要组成部分。

3.5.1 进口货物应纳增值税的计算

税法规定，凡在我国海关申报进口的应税货物，不论是国外生产制造还是我国已出口转销国内的货物，是进口者自行采购还是国外捐赠的货物，是进口者自用还是用作贸易或其他用途等，均应按照规定缴纳进口环节的增值税，其所适用的增值税税率与前述知识点相同。

注意：我国对某些进口货物也制定了减免税或不征税的规定，如“来料加工、进料加工”贸易方式进口的原料在我国国内加工复出口的，对进口的料、件给予免税或减税。

进口货物的收货人或办理报关手续的单位和个人是进口货物增值税的纳税义务人。

纳税人进口货物应按照组成计税价格和规定的税率计算应纳税额。计算增值税组成计税价格和应纳税额的计算公式如下：

组成计税价格=关税完税价格+关税+消费税

应纳进口货物增值税=组成计税价格×税率

注意：关税完税价格是以海关审定的成交价格为基础的到岸价格。成交价是指一般贸易项下进口货物的买方为购买货物向卖方实际支付或者应当支付的价格。到岸价格是指包括货价、货物运到我国关境内输入地点前的包装费、运输费、保险费和其他劳务费等构成的价格。

实例 3.11

某企业 2012 年 12 月进口货物一批，该批货物的国外买价是 150 万元，另该批货物运抵我国海关前发生的运费、保险费等共计 50 万元，委托运输公司将进口货物从海关运回本单位，支付运输公司运输费用 16 万元，取得了运输公司开具的货运发票。当月该批货物全部销售，取得不含税销售额 260 万元，请计算该企业当月应纳增值税（进口关税税率为 10%）。

（1）关税的组成计税价格=150+50=200（万元）

（2）应缴纳的进口关税=200×10%=20（万元）

（3）进口环节应纳增值税的组成计税价格=200+20=220（万元）

（4）进口环节应缴纳的增值税=220×17%=37.4（万元）

（5）当月可以抵扣的进项税额=37.4+16×7%=38.52（万元）

（6）当月销项税额=260×17%=44.2（万元）

（7）当月应纳增值税额=44.2−38.52=5.68（万元）

进口货物应当在报关进口的当天，由进口人或代理人向报关地海关纳税申报，并自海关填发海关进口增值税专用缴款书之日起 15 日内缴纳税款。

3.5.2 出口货物退（免）税的形式及适用范围

为鼓励出口货物公平竞争，我国实行出口货物退（免）税的惯例，避免货物的双重征税和价格扭曲。我国的出口货物退（免）税是国家对报关出口的货物退还或免征其在国内各生产和流转环节已缴纳的增值税和消费税，对增值税出口货物实行零税率，对消费税出口货物实行免税。

各国根据自身出口体制的不同，对出口货物实行不同的税收优惠政策，有的国家实行出口退税，有的国家实行在出口前免税。我国结合本国的出口体制及出口货物的类别实行“出口免税但不退税、出口免税并退税和出口不免税也不退税”的出口货物税收政策，三种形式的意义及其适用范围如表 3-11 所示。

表 3-11　出口货物退（免）税的形式及适用范围

形　式	概　念	适用范围
出口免税并退税	出口免税：对货物在出口销售环节不征增值税、消费税 出品退税：对货物在出口前实际承担的税收负担，按规定的退税率计算后予以退还	1．生产企业自营出口或委托外贸企业代理出口的自产货物
		2．有出口经营权的外贸企业收购后直接出口或委托其他外贸企业代理出口的货物
		3．特定出口的货物 （1）对外承包工程公司运出境外用于对外承包项目的货物 （2）对外承接修理修配业务的企业用于对外修理修配的货物 （3）外轮供应公司、远洋运输供应公司销售给外轮、远洋国轮而收取外汇的货物 （4）企业在国内采购并运往境外作为在国外投资的货物
出口免税但不退税	出口免税：同上 出口不退税：因适用此政策的出口货物在前一环节（生产、销售、进口）免税，因此，出口时无须退税	1．来料加工复出口的货物
		2．避孕药品和用具、古旧图书
		3．出口卷烟：有出口卷烟权的企业出口国家出口卷烟计划内的卷烟，其他非计划内出口的卷烟照章征收增值税和消费税，出口一律不退税
		4．军品及军队系统企业出口军需工厂生产或军需部门调拨的货物免税
		5．国家规定的其他免税货物
出口不免税也不退税	对国家限制或禁止出口的货物在出口环节视同内销征税，同时也不予退还这些货物出口前所负担的税款	1．出口的原油
		2．援外出口货物
		3．国家禁止出口的货物

除上述规定外，还有一些特殊的规定：

1．下列企业出口的货物，除另有规定外，给予免税但不予退税：

- 属于生产企业的小规模纳税人自己经营出口或是委托外贸企业代理其出口的自产货物；
- 外贸企业从小规模纳税人购进的货物开具普通发票的，免税但不予退税；
- 外贸企业直接购进属于国家规定的免税货物出口的，免税但不予退税。

2．对生产企业出口的下列四类产品，视同自产产品给予退（免）税，具体内容如表 3-12 所示。

表 3-12　视同自产产品给予退（免）税的产品

产品类别	应符合条件	备注
生产企业出口外购的产品	1．与本企业生产的产品名称、性能相同	同时符合
	2．使用本企业注册商标或外商提供给本企业使用的商标	
	3．出口给进口本企业自产产品的外商	
生产企业外购的与本企业所生产的产品配套出口的产品，若出口给进口本企业自产产品的外商	1．用于维修本企业出口的自产产品的工具、零部件、配件	满足条件之一
	2．不经过本企业加工或组装，出口后能直接与本企业自产产品组合成成套产品的	
被税务机关认定的集团成员，集团公司收购成员企业的产品	1．经县级以上政府主管部门批准为集团公司成员的企业，或由集团公司控股的生产企业	同时符合
	2．集团公司及其成员企业均实行生产企业财务会计制度	
	3．集团公司必须将有关成员企业的证明材料报送给主管出口退税的税务机关	
生产企业委托加工收回的产品	1．必须与本企业生产的产品名称、性能相同，或者是用本企业生产的产品再委托深加工收回的产品	同时符合
	2．出口给进口本企业自产产品的外商	
	3．委托方执行的是生产企业财务会计制度	
	4．委托方与受托方必须签订委托加工协议	

3.5.3　出口货物的退税率

我国的出口货物退（免）税是对我国报关出口的货物退还或免征其在国内各生产和流转环节已缴纳的增值税和消费税。企业办理退税时计算出口商品的退税比率，就是出口退税率。

出口退税率是出口货物实际退税额与退税计税依据的比例。根据所退税种的不同，也分为消费税的出口退税率和增值税的出口退税率。

1．消费税的出口退税率

出口货物消费税的退税率与征税率相同，出口货物的消费税能够实现完全退税。但不同税率的出口应税消费品在会计上应该分开核算和申报，如果未能分开核算而不能分清适用税率的，一律从低适用税率计算退税税额。

2．增值税的出口退税率

考虑税收减免及国家经济政策等原因，增值税的退税率与征税率不一致，我国现行出口货物的增值税退税率根据不同的货物分为 17%、15%、14%、13%、11%、

9%、8%、6%、5%几档，各自适用不同的产品。另外，根据国际贸易环境的变化，我国每年都会对出口货物的退税率进行调整。

3.5.4　出口货物应退税额的计算

我国出口退税计算方法根据出口企业会计核算的不同分为两种：一种是“免、抵、退”税计算方法，主要适用于自营和委托出口自产货物的生产企业；另一种是“先征后退”办法，目前主要用于收购货物出口的外（工）贸企业。

1.“免、抵、退”税的计算方法

按照规定，生产企业自营或委托外贸企业代理出口自产货物，除另有规定外，增值税一律实行“免、抵、退”税管理办法。

“免、抵、退”税到底应该怎样理解呢？“免”税是针对出口的货物，生产企业出口的自产货物，在出口时免征本企业生产销售环节的增值税；“抵”税是指的内销部分，生产企业出口自产货物所耗用的原材料、零部件、燃料、动力等所含应予退还的进项税额，抵扣内销货物的应纳税额；而“退”税则是指生产企业出口的自产货物在当月内应抵扣的进项税额大于应纳税额时，对未抵扣完的部分予以退税。

在学习计算实行“免、抵、退”税办法的生产企业当期应纳税额前，读者应先了解以下计算公式，再以实例形式逐步了解整个应纳税额的计算过程。

- 应纳税额的计算：

当期应纳税额=当期内销货物的销项税额–（当期进项税额–当期免抵退税不得免征和抵扣税额）–上期留抵税额

其中：

当期免抵退税不得免征和抵扣税额=出口货物离岸价×外汇人民币牌价×（出口货物征税率–出口货物退税率）–免抵退税不得免征和抵扣税额抵减额

免抵退税不得免征和抵扣税额抵减额=免税购进原材料价格×（出口货物征税率–出口货物退税率）

- 免抵退税额的计算：

免抵退税额=出口货物离岸价×外汇人民币牌价×出口货物退税率–免抵退税额抵减额

其中：

免抵退税额抵减额=免税购进原材料价格×出口货物退税率

- 当期应退税额和免抵税额的计算：

如当期期末留抵税额≤当期免抵退税额，则：

当期应退税额=当期期末留抵税额

当期免抵税额=当期免抵退税额-当期应退税额

如果当期期末留抵税额>当期免抵退税额，则：

当期应退税额=当期免抵退税额

当期免抵税额=0

实例 3.12

某自营出口生产企业是增值税一般纳税人，出口货物的征税税率为 17%，退税税率为 13%。2012 年 12 月有关经营业务为：购原材料一批，取得的增值税专用发票注明的价款 140 万元，外购货物准予抵扣进项税额 20 万元通过认证。当月进料加工免税进口料件的组成计税价格 140 万元。上期末留抵税款 8 万元。本月内销货物不含税销售额 100 万元。收款 98 万元存入银行。本月出口货物销售额折合人民币 180 万元。计算该企业当期的“免、抵、退”税额。

（1）第一步：计算免抵退税不得免征和抵扣税额抵减额

当期免抵退税不得免征和抵扣税额抵减额=免税进口料件的组成计税价格×（出口货物征税税率-出口货物退税税率）=140×（17%-13%）=5.6（万元）

（2）第二步：计算不得免征和抵扣税额

免抵退税不得免征和抵扣税额=当期出口货物离岸价×外汇人民币牌价×（出口货物征税税率-出口货物退税税率）-免抵退税不得免征和抵扣税额抵减额=180×（17%-13%）-5.6=1.6（万元）

（3）第三步：计算当期应纳增值税额

当期应纳税额=内销货物的销项税额-（进项税额-免抵退税不得免抵税额）-上期末留抵税额=100×17%-（20-1.6）-8=-9.4（万元）

（4）第四步：计算免抵退税额抵减额

免抵退税额抵减额=免税购进原材料×材料出口的退税税率=140×13%=18.2（万元）

（5）第五步：计算免抵退税额

免抵退税额=出口货物离岸价×外汇人民币牌价×出口货物的退税率-免抵退税额抵减额=180×13%-18.2=5.2（万元）

（6）第六步：进行期末留抵税额与当期免抵退税额的比较，确定应退税额。

当期期末留抵税额>当期免抵退税额时，当期应退税额=当期免抵退税额

企业当期应退税额=5.2（万元）

（7）第七步：确定免抵税额

当期免抵税额=当期免抵退税额−当期应退税额=5.2−5.2=0（万元）

2．“先征后退”计算方法

“先征后退”计算方法适用于外贸企业及实行外贸企业财务制度收购货物出口的工贸企业。

外贸企业出口货物增值税的计算以购进出口货物增值税专用发票上所注明的进项金额为计算依据，乘以相应的退税税率计算。

应退税额=外贸收购不含增值税购进金额×退税率

外贸企业委托生产企业加工收回后报关出口的货物，按购进国内原辅材料的增值税专用发票上注明的进项金额、依原辅材料的退税税率计算原辅材料退税额。支付的加工费，凭受托方开具货物的退税税率，计算加工费的应退税额。

实例 3.13

某进出口公司 2012 年 12 月购进布料一批委托加工成服装出口，取得布料增值税发票一张，注明计税金额 38 万元（退税税率 13%）；取得服装加工费计税金额 12 万元（退税税率 17%），计算该企业的应退税额。

应退税额=外贸收购不含增值税购进金额×退税率

=38×13%+12×17%=4.94+2.04=6.98（万元）

3.6 重要的增值税专用发票

增值税专用发票是由国家税务总局监制设计印制的，只限于增值税一般纳税人领购使用，它既是纳税人反映经济活动的重要会计凭证又是销货方纳税义务和购货方进项税额的合法证明，是增值税计算和管理中合法的、重要的、决定性的专用发票。

3.6.1 什么是增值税专用发票

增值税专用发票是相对于普通发票而言的，只有增值税一般纳税人才能够使用增值税专用发票。增值税专用发票，就是一般纳税人在增值税涉税业务中使用的仅应用于增值税应税项目的发票。它是增值税一般纳税人销售货物或者提供应税劳务开具的发票，是购买方支付增值税额后可按照有关规定作为增值税进项税额抵扣的唯一凭证。因此，要实现增值税的层层转嫁的税负制度，增值税专用发票是其中的关键。增值税发票的样式全国统一，如图 3-1 所示。

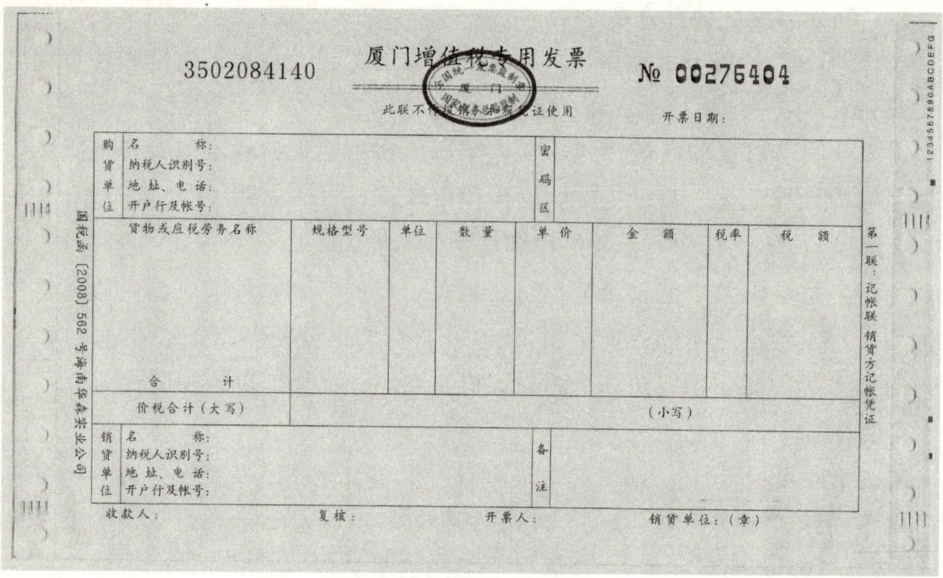
3502084140 厦门增值税专用发票 № 00276404

此联不作报销、扣税凭证使用 开票日期：

购货单位 名 称： 纳税人识别号： 地址、电话： 开户行及帐号： 密码区

货物或应税劳务名称 规格型号 单位 数量 单价 金额 税率 税额

合 计

价税合计（大写） （小写）

销货单位 名 称： 纳税人识别号： 地址、电话： 开户行及帐号： 备注

收款人： 复核： 开票人： 销货单位：（章）

第一联：记帐联 销货方记帐凭证

国税函〔2008〕562号海南华森实业公司

图 3-1 增值税专用发票

3.6.2 如何使用和管理增值税专用发票

增值税专用发票是如此重要，因此，企业应当遵守《增值税专用发票使用规定》的要求，妥善使用和管理增值税专用发票。

- 一般纳税人应通过增值税防伪税控系统使用专用发票。使用，包括领购、开具、缴销、认证纸质专用发票及其相应的数据电文。防伪税控系统是增值税专用发票使用的专用设备，运用数字密码和电子存储技术管理专用发票的计算机管理系统。
- 企业应当按照增值税专用发票不同联次的使用规定来使用。增值税专用发票由基本联次或者基本联次附加其他联次构成，基本联次为三联：发票联、抵扣联和记账联。发票联，作为购买方核算采购成本和增值税进项税额的记账凭证；抵扣联，作为购买方报送主管税务机关认证和留存备查的凭证；记账联，作为销售方核算销售收入和增值税销项税额的记账凭证。其他联次用途，由一般纳税人自行确定。

- ❑ 专用发票实行最高开票限额管理。最高开票限额，是指单份专用发票开具的销售额合计数不得达到的上限额度。最高开票限额由一般纳税人申请，税务机关依法审批。最高开票限额为十万元及以下的，由区县级税务机关审批；最高开票限额为一百万元的，由地市级税务机关审批；最高开票限额为一千万元及以上的，由省级税务机关审批。防伪税控系统的具体发行工作由区县级税务机关负责。

注意：根据有关规定，一般纳税人有下列情形之一的，不得领购、开具专用发票。

1. 会计核算不健全，不能向税务机关准确提供增值税销项税额、进项税额、应纳税额数据及其他有关增值税税务资料的。上列其他有关增值税税务资料的内容，由省、自治区、直辖市和计划单列市国家税务局确定。

2. 有《税收征管法》规定的税收违法行为，拒不接受税务机关处理的。

3. 有下列行为之一，经税务机关责令限期改正而仍未改正的：

（1）虚开增值税专用发票；

（2）私自印制专用发票；

（3）向税务机关以外的单位和个人买取专用发票；

（4）借用他人专用发票；

（5）未按本规定第十一条开具专用发票；

（6）未按规定保管专用发票和专用设备；

（7）未按规定申请办理防伪税控系统变更发行；

（8）未按规定接受税务机关检查。

有上列情形的，如已领购专用发票，主管税务机关应暂扣其结存的专用发票和 IC 卡。

- ❑ 企业零售的烟、酒、食品、服装、鞋帽（不包括劳保专用部分）、化妆品等消费品不得开具专用发票。企业如果是增值税小规模纳税人（以下简称“小规模纳税人”）需要开具专用发票的，可向主管税务机关申请代开。销售免税货物不得开具专用发票，法律、法规及国家税务总局另有规定的除外。
- ❑ 一般纳税人取得专用发票后，发生销货退回、开票有误等情形但不符合作废条件的，或者因销货部分退回及发生销售折让的，购买方应向主管税务机关填报申请开具红字发票。

3.6.3 增值税专用发票认证抵扣的规定

企业取得增值税专用发票后，并不意味着企业自动获得了可以抵扣的进项税额。要想进项税额可以抵扣，企业必须对获得的增值税专用发票进行认证。而这种发票认证，自发票开出之日起，是有时限规定的，一旦超过了规定的认证时限，企业就无法通过发票认证抵扣了。因此，了解增值税专用发票认证抵扣的时限是很重要的。

1．增值税一般纳税人取得的增值税专用发票、公路内河货物运输业统一发票和机动车销售统一发票，应在开具之日起 180 日内到税务机关办理认证，并在认证通过的次月申报期内，向主管税务机关申报抵扣进项税额。

2．实行海关进口增值税专用缴款书（以下简称“海关缴款书”）“先比对后抵扣”管理办法的增值税一般纳税人，应在海关缴款书开具之日起 180 日内向主管税务机关报送《海关完税凭证抵扣清单》（包括纸质资料和电子数据）申请稽核比对。

未实行海关缴款书“先比对后抵扣”管理办法的增值税一般纳税人，应在海关缴款书开具之日起 180 日后的第一个纳税申报期结束以前，向主管税务机关申报抵扣进项税额。

注意：由于海关增值税也是作为进口企业的进项税抵扣的，但是进口企业取得的不是增值税发票，而是海关进口增值税的专用缴款书，因此，根据增值税一般纳税人管理的规范要求，对此类缴款书的处理也与普通增值税专用发票一样，只有认证之后，企业才可以将海关增值税作为进项税进行抵扣。

3．增值税一般纳税人取得的增值税专用发票、公路内河货物运输业统一发票、机动车销售统一发票及海关缴款书，未在规定期限内到税务机关办理认证、申报抵扣或者申请稽核比对的，不得作为合法的增值税扣税凭证，不得计算进项税额抵扣。

注意：企业取得的可以用于抵扣一般纳税人增值税的有效、合法的凭证，必须及时在有效期内进行认证，一旦超过有效期，会给企业带来重大的经济损失。

4．增值税一般纳税人丢失已开具的增值税专用发票，应在 180 日内，根据相关法律法规的规定及时办理补救手续。

增值税一般纳税人丢失海关缴款书，应在 180 天内，凭报关地海关出具的相关已完税证明，向主管税务机关提出抵扣申请。主管税务机关受理申请后，应当进行审核，并将纳税人提供的海关缴款书电子数据纳入稽核系统进行比对。稽核比对无误后，方可允许计算进项税额抵扣。

可见，增值税专用发票不论是企业自用开具的，还是外购取得的，其管理都是非常严格的。如果管理不当，很可能给企业造成经济损失。因此企业应当建立适当的发票管理和使用的制度，妥善管理增值税专用发票。

3.7 纳税申报流程详解

纳税人办理纳税申报时，需填写相应的纳税申报表，并根据不同的情况报送相关材料，在税法规定的申报期内办理各税种的纳税申报。

3.7.1 一般纳税人的纳税申报

一般纳税人的增值税纳税申报需要使用特定的申报表。由于增值税专用发票管理的特殊性，其申报过程必须与其发票管理流程相结合。

由于增值税专用发票需要认证，一般纳税人的申报流程是非常规范严谨的。因此，根据国务院印发的《增值税一般纳税人纳税申报“一窗式”管理操作规程》、《增值税一般纳税人纳税申报办法》、《中华人民共和国税收征收管理法》及其实施细则和《中华人民共和国发票管理办法》等指导性的文件，各地区的税务主管机关对于一般纳税人的增值税纳税申报都做了适合于各地情况的严格流程和纳税安排。

虽然各地区的一般纳税人的增值税纳税申报流程各有不同，但都是根据国家增值税管理的相关文件制定的，因此其本质要素是一样的。一般纳税人的增值税纳税申报业务的重要流程环节主要包括以下 4 个环节。

1．申报环节

申报环节就是根据企业的增值税的发生情况，如本期的销售额、本期认证的增值税进项税额，本期的销项税等情况，填写一般纳税人的增值税申报表。在申报环节，如果是电子申报的，一般纳税人的增值税申报表就在电子申报系统中填写，电脑会自动计算出本期需要缴纳的增值税额或者本期结余留底下期的进项税额；如果是纸质的，就需要根据申报表的栏目及申报表填写说明的规则，仔细填制申报表，并计算出相应的结果。有的地方需要企业电子申报后再报送纸质报表，有的地方则不需要，因此企业应当就详细的流程咨询其税务主管机关。

2．抄税环节

抄税环节就是企业使用IC卡将企业当期的增值税专用发票的开票情况记录下来的环节。

3．报税环节

报税环节就是将IC卡内的资料报送税务主管机关，使他们掌握企业的开票情况的环节。

4．清卡环节

清卡环节就是将IC卡内的资料报送税务主管机关后，将IC卡内的资料清除的环节。

这4个环节都很重要，只有完成了这4个环节，才算完成了一个纳税期间的增值税纳税申报工作。

注意：由于各地的规定各有不同，因此这4个环节执行的先后顺序有所不同，具体的执行形式也各不相同。

就上海来说，一般纳税人的申报流程为：先进行申报，申报成功后，再依次进行抄税—报税—清卡，才算完成。在长沙，流程则是先抄税，然后进行报税与申报，最后清卡。而深圳则抄税、报税、申报等同时进行，生成一张报税盘，一并报送成功后再清卡。如果企业还在增值税一般纳税人辅导期，那么流程可能又有所不同。

总的来说，一般纳税人在进行增值税的申报时，应当根据当地税务主管的规定来进行这4个环节的工作。

3.7.2 小规模纳税人的纳税申报

小规模纳税人的增值税申报工作相对于一般纳税人而言简单许多。由于小规模纳税人不能够抵扣进项税，因此其销项税就是小规模纳税人在纳税申报时需要缴纳的增值税税额。

小规模纳税人一般是适用3%征收率来计算其应当缴纳的增值税的。其计算销售额所使用的统计口径与一般纳税人是一致的，即小规模纳税人的销售额也是不包含增值税的。如果小规模纳税人对外的销售价格包含了增值税，其在计算增值税时，应当还原为不含税的销售额。

当小规模纳税人确定了销售额与增值税后，只需要申报就可以。但是随着普通发票税控器的推广，在已经使用了税控器的地区，小规模纳税人还需要进行抄报税的工作。小规模纳税人的抄报税，与一般纳税人的抄报税的意义是一样的，即将本企业当期的开票情况告知税务主管机关。在具体的申报与抄报税的前后顺序上，各地区企业应当根据各地区税务主管机关的有关规定执行。

3.8　增值税的账务处理及示范

增值税是对从事销售货物或提供加工、修理修配劳务及从事进口货物的单位和个人取得的增值额为课税对象征收的一种税。按照企业规模大小和会计核算是否健全，增值税纳税人可以分为一般纳税人和小规模纳税人。

税务会计应认真计算和申报各项税收，下面我们将一一介绍增值税会计账户的设置及各项增值税涉税业务的会计处理。

3.8.1　会计科目的设置

纳税人按照税法规定计算缴纳的增值税，主要通过“应交税费——应交增值税”科目来进行核算，其借方发生额反映企业购进货物、接受应税劳务所支付的进项税和已上交的增值税税额；贷方反映企业销售货物、提供应税劳务应缴纳的销项税、出口货物退税、转出已支付或应分摊的增值税，期末借方余额，反映未抵扣的增值税，贷方余额反映尚未缴纳的增值税额。

增值税的会计核算，还应通过“应交增值税”下设置明细账户来进行，其主要明细科目如表 3-13 所示。

表 3-13　应交增值税明细科目

应交税费——应交增值税	
借　　方	贷　　方
进项税额	销项税额
已交税金	出口退税
减免税款	进项税额转出
出口抵减内销产品应纳税额	转出多交增值税
转出未交增值税	

注意：上述明细科目的设置针对的是一般纳税人，小规模纳税人只需设置“应交增值税”二级科目，不用再设明细科目。

（1）进项税额：记录企业购进货物或接受应税劳务而支付的准予从销项税额中抵扣的增值税，退货或折让应冲销的进项税额，用红字登记。

（2）已交税金：核算企业当月预缴，或当月上缴本月应交增值税额，收到退回的多交增值税额时，以红字记入。

（3）减免税款：反映企业按规定直接减免的增值税额，借记本科目，贷记“补贴收入”等科目。实际收到即征即退、先征后退或先征后返的增值税不通过本科目核算。

（4）出口抵减内销产品应纳税额：记录企业销售出口货物后，向税务机关办理免、抵、退申报，税务机关审核确认的应免抵税额，会计处理时借记本科目，贷记“应交税费——应交增值税（出口退税）”科目。

（5）转出未交增值税：核算企业月终转出应交未交的增值税，月末应交增值税明细账出现贷方余额时，表示企业当期未交的增值税，应根据余额借记本科目，贷记“应交税费——未交增值税”。

（6）销项税额：记载企业销售货物或提供应税劳务收取的增值税税额，在发生销售退回或折让的情况时，以红字记入冲减销项税额。

（7）出口退税：记载企业向税务机关申报办理出口退税后，应收的出口退税款及应免抵税款。出口货物应退回的增值税额，用蓝字登记，出口货物办理退税后发生的退货或退关情况的，应根据税务局核定的应补交已退的税款，用红字登记。企业应退税额和应免抵税额，借记“其他应收款——应收出口退税”、“应交税费——应交增值税（出口抵减内销产品应纳税额）”，贷记本科目。

（8）进项税转出：核算企业的原材料、在产品、产成品发生非正常损失，以及按规定的免税货物和出口货物免税等不应从销项税额中抵扣的进项税额。

（9）转出多交增值税：核算企业月末转出多交的增值税。

3.8.2 会计账簿的设置

“应交税费——应交增值税”的账页通常采用多栏式明细账的格式，将“进项税额”、“销项税额”等明细项目在“应交税费”账户下分借贷方分别进行核算，其账页格式如图 3-2 所示。

应交税费—应交增值

会计科目及编号：ACCOUNT NO: 应交增值税

2011 月 MTH	年 YEAR 日 DATE	凭证 字 VOUCHER	凭证 号 NO	摘要 DESCRIPTION	借方 合计	借方 进项税额	借方 已交税金	借方 转出未交增值税	借方
1				期初余额					
7	3	转	*	采购原材料进项税金	1700000	1700000			
7	9	转	*	销售产品销项税					
7	10	转	*	购材料采购运费进项税金	140000	140000			
7	15	转	*	销售产品销项税					
7	27	转	*	购材料进项税金	850000	850000			
				……					
				……					
				本月合计	15332000				

税明细账

第 ** 页

会计科目及编号：ACCOUNT NO: 应交增值税

2011 月 MTH	年 YEAR 日 DATE	凭证 字 VOUCHER	凭证 号 NO	摘要 DESCRIPTION	贷方 合计	贷方 销项税额	贷方 进项税转出	贷方 出口退税	贷方	借或贷	余额
1				期初余额						贷	10102000
7	3	转	*	采购原材料进项税金						贷	
7	9	转	*	销售产品销项税	34000000	34000000				贷	
7	10	转	*	购材料采购运费进项税金						贷	
7	15	转	*	销售产品销项税	51000000	51000000				贷	
7	27	转	*	购材料进项税金							
				……							
				……						贷	
				本月合计	17510321					贷	12280321

图 3-2 应交税费账页格式

小规模纳税人采用简易计税方法，其会计账簿的可使用借、贷、余三栏式明细账页。

注意：本书中所举例题均以工业企业为依据，商业企业的会计处理方法本书不做详细介绍。

3.8.3 进项税额的处理

我国增值税采用税款抵扣制度，采购货物或接受应税劳务所发生的进项税额有些可以从同期销项税中抵扣、有些进项税不能抵扣、有些在事先抵扣后又因为发生非正常损失或用于非生产用途等情况需要进行转出……同时，由于纳税人性质不同、发生的纳税事项不同等原因，各类进项税额的会计处理也有所不同。

注意：对不准抵扣的进项税额，应将专用发票上注明的增值税额计入采购货物的成本，借记“工程物资”、“在建工程”等，贷记“银行存款”、“应付账款”等。

1．国内采购进项税额的处理

企业在国内购买材料或接受应税劳务时，应根据支付给供货方或提供给劳务方的实际采购价借记“原材料”、“材料采购”、“库存商品”及相关费用科目，按增值税专用发票注明或计算的进项税额借记“应交税费——应交增值税（进项税额）”，按借方科目之和贷记“银行存款”、“应付账款”等科目。

实例 3.14

南方高翔工厂 2012 年 12 月购进生产用原料 4500 公斤，12 元/公斤，供货方开具的增值税专用发票注明进项税额 9180 元，另支付材料运输费 3200 元（已开具发票），材料已验收入库，货款已通过银行存款支付，会计处理如下所示。

分析：原材料采购成本由买价和采购过程中发生的运费、装卸费、保险费和运输途中的合理损耗组成。

借：原材料　　　56976（4500×12+3200×93%）

　　应交税费——应交增值税（进项税额）　　　9404（9180+3200×7%）

　贷：银行存款　　　66380

在实际工作中，当月收到的进项税发票不一定全部认证，企业会计人员往往会根据销项及本会计期间的税负情况进行考虑，进项税票如果没到主管税务机关进行认证前，是不可以从销项税额中抵扣的，因此，为区分已认证与未认证的进项税额，企业可通过“应交税费——待抵扣进项税额”明细科目来进行过渡，有些企业也通过“其他应收款”科目来入账。

实例 3.15

承实例 3.14，假设当月该笔业务的进项税额未到税务局进行认证，则入账时的会计处理如下所示。

（1）材料验收入库，进项税额未做认证时：

借：原材料　　　56976

　　应交税费——待抵扣进项税额　　　9404

　贷：银行存款　　　66380

（2）企业在规定认证期内（开票后 180 天）到税务局认证并通过认证后：

借：应交税费——应交增值税（进项税额）　　　9404

　贷：应交税费——待抵扣进项税额　　　9404

企业经营发生的水电费，如果包括生产经营用电和职工生活用电，其职工生活用电属于职工福利，是不能够抵扣销项税的，因此在取得进项税票或计算抵扣时，应将用于职工福利部分的进项税区别计入相关费用。

实例 3.16

南方高翔工厂 12 月支付电费 187200 元，电力公司开具增值税专用发票注明电费 160000 元，税额 27200 元。工厂将生产用电与生活用电分开计量，其中生产用电电费 120000 元，生活用电电费 40000 元（在发工资时扣回），进行相应的会计处理。

分析：企业生产用电相关费用在发生时应计入“制造费用”，其进项税额可以抵扣，用于职员生活的电费属于职工福利范畴，其进项税额不得抵扣，应合并计入“应付职工薪酬”科目。

借：制造费用——电费　　　　120000

　　应交税费——应交增值税（进项税额）　20400（27200/160000×120000）

　　应付职工薪酬　　　　46800（40000+27200−20400）

　贷：银行存款　　　　187200

注意：进项发票认证往往是整张通过认证系统认证，因此对于一张税票中部分不予抵扣的进项税额，也可以通过“进项税额转出”明细科目进行核算。

2．委外加工进项税额的处理

企业委托外单位进行产品加工，支付加工费收取的专用发票进项税额，依照税法规定可予以抵扣。委托方应按发出材料的实际成本和支付的加工费、运费等的合计计入委托加工物资成本，可抵扣的税金借记“应交税费——应交增值税（进项税额）”。

实例 3.17

南方高翔工厂委托外单位加工一批产品，发出材料 300 万元，支付加工费 12 万元，取得对方开具的增值税专用发票注明加工费 12 万元，增值税税额 2.04 万元。加工费已通过银行存款支付，会计处理如下所示。

（1）发出材料：

借：委托加工物资　　　　3000000

　贷：原材料　　　　3000000

（2）支付加工费：

借：委托加工物资　　　　120000

应交税费——应交增值税（进项税额）　　20400

贷：银行存款　　140400

（3）加工产品收回，验收入库：

借：库存商品　　3120000

贷：委托加工物资　　3120000

3. 国外购进原料进项税的处理

纳税人进口货物，应按照组成计税价格和规定的税率计算缴纳增值税额，并根据海关开具的完税凭证作为进项税额抵扣的依据。进口货物增值税组成计税价格和应纳税额的计算公式如下：

组成计税价格=关税完税价格+关税+消费税

应纳进口货物增值税=组成计税价格×税率

实例 3.18

南方高翔工厂 12 月从国外购进一批材料（材料已验收入库），海关完税价格 120 万元，应交关税 20.4 元，另支付国内从海关至工厂的运费 4 万元，开具运输发票。款项已通过银行存款支付；税款计算和会计处理如下所示。

（1）计算增值税进项税额及材料成本：

增值税进项税额=（120+20.4）×17%+4×7%=23.87+0.28=24.15（万元）

材料采购价格=120+20.4+4×93%=144.12（万元）

（2）会计处理：

借：原材料　　1441200

应交税费——应交增值税（进项税额）　　241500

贷：银行存款　　1682700

4. 购进发生退货、折让等进项税额的处理

企业购买材料后发生退货现象的，在未认证前，应将对方开具的增值税专用发票抵扣联和发票联退还销货方进行作废处理；如果是在发票已认证并做账务处理的情况下，则不需将发票退回，而应由供货方填写《开具红字增值税专用发票申请单》经主管税务机关审核后出具《开具红字增值税专用发票通知单》，交由销货方作为开具红字发票的证明，以开具后的红字发票进行冲减。《开具红字增值税专用发票申请单》格式如图 3-3 所示，《开具红字增值税专用发票通知单》格式如图 3-4 所示。

开具红字增值税专用发票申请单

NO.001

销售方	名　称	××材料有限公司	购买方	名　称	南方高翔工厂
	税务登记代码	410×××××××××		税务登记代码	419××××××××
开具红字专用发票内容	货物（劳务）名称	单　价	数　量	金　额	税　额
	原材料	6.8 元	1000kg	6800 元	850 元
	合计	——	——	6800 元	850 元
说　明	对应蓝字专用发票抵扣增值税销项税额情况： 已抵扣☑ 未抵扣□ 纳税人识别号认证不符□ 专用发票代码、号码认证不符□ 对应蓝字专用发票密码区内打印的代码：××××××××××× 号码：××××××××××× 开具红字专用发票理由：材料质量不符，全部退货				

图 3-3　开具红字增值税专用发票申请单

开具红字增值税专用发票通知单

填开日期：2012年12月09日　　**NO.0001**

销售方	名　称	××材料有限公司	购买方	名　称	南方高翔工厂
	税务登记代码	410×××××××		税务登记代码	419×××××××
开具红字发票内容	货物（劳务）名称	单价	数量	金额	税额
	合计	——	——	6800元	1156元
说明	需要作进项税额转出□ 不需要作进项税额转出□ 纳税人识别号认证不符□ 专用发票代码、号码认证不符□ 对应蓝字专用发票密码区内打印的代码：×××××××××××× 号码：×××××××× 开具红字专用发票理由：材料质量不符，全部退货				

图 3-4　开具红字增值税专用发票通知单

实例 3.19

南方高翔工厂6月23日收到材料公司转来的托收承付结算凭证及开具的增值税专用发票，注明材料价款6800元，税款1156元，委托银行付款，当月发票已认证并做会计分录入账。

借：在途材料　　　　6800

　　应交税费——应交增值税（进项税额）　　　1156

　贷：银行存款　　　　7956

7月5日对方将材料运到，南方高翔工厂在验收时发现材料质量不符而全部退货，并于7月9日取得当地税务局开具的《开具红字增值税专用发票通知单》交给供货方，当月22日收到对方开具的增值税红字专用发票，进行的相关账务处理如下所示。

（1）将《通知单》交给销货方：

借：应收账款——材料厂　　　6800

　贷：在途材料　　　6800

（2）收到对方款项及开具的增值税红字专用发票时：

借：银行存款　　　　7956

　　应交税费——应交增值税（进项税额）　　　[1156]

　贷：应收账款——材料厂　　　6800

注意：如果企业对购进的货物只是部分退货或是让销货方给予一定的折让的，其处理方法为：在发票未认证抵扣的情况下，将原发票退还给销货方作废后重新开具正确发票；在发票已认证处理的情况下，则应向税务局申请出具通知单给销货方开具所退部分或是折让部分的红字发票，进行冲账处理。

5．企业接受投资货物进项税额的处理

企业接受投资的货物，应按照双方确认的价格（不含税）入账，借记“原材料”、“固定资产”、“库存商品”等科目，按增值税专用发票上注明的税额进行抵扣，借记“应交税费——应交增值税（进项税额）”，按投资确认的货物价格与税额合计贷记“实收资本”，两者的差额记入“资本公积”科目。

实例 3.20

南方高翔工厂于2012年12月月底接受某企业以原材料及一台机器设备作为投资，开具增值税专用发票两张，其中原材料价款380万元，税额64.6万元；机器设备价款260万元，税额44.2万元，经确认该企业所占注册资本份额为680万元。当月会计人员进行的会计处理如下所示。

借：原材料 3800000

固定资产——机器设备 2600000

应交税费——应交增值税（进项税额） 1088000

贷：实收资本 6800000

资本公积——资本溢价 688000

6．接受捐赠货物进项税额的处理

企业接受捐赠货物的进项税额的会计处理与接受投资货物的进项税额的会计处理类似，都是依据增值税专用发票计入“应交税费——应交增值税（进项税额）”，按双方确认的公允价值计入相关资产的成本，贷记“营业外收入——捐赠利得”科目。

注意：关于接受捐赠所应缴纳的所得税会计处理将在所得税章节进行讲述。

实例 3.21

南方高翔工厂接受外部企业捐赠材料一批，增值税专用发票注明价款 140 万元，税额 23.8 元，材料已验收入库，会计账务处理如下所示。

借：原材料 1400000

应交税费——应交增值税（进项税额） 238000

贷：营业外收入——捐赠利得 1638000

7．小规模纳税人进项税额的会计处理

小规模纳税人实行简易扣税制度，它所购货物或接受劳务的进项税额不实行税款抵扣，而是直接计入货物的采购成本，因此，小规模纳税人也不用区分所收发票是普通发票还是增值税专用发票，按实际支付或应当支付的价款和进项税额合计，借记“原材料”、“库存商品”、“固定资产”及相关费用科目，贷记“应付账款”、“银行存款”等。

实例 3.22

南方高翔工厂属于小规模纳税人，2012 年 12 月购入原材料一批，对方提供的请款清单注明价款 200 万元，税款 34 万元，已开具发票。南方高翔工厂已付款并验收入库，会计账务处理如下所示。

借：原材料 2340000

贷：银行存款 2340000

3.8.4 进项税额转出的会计处理

在企业的实际运营中，对于购进的货物往往不能事先确定是否会用于非生产经营项目，因此，会计人员在进行账务处理时都会将相应的进项税额在销项税额中实行抵扣处理。但税法规定，当纳税人购进的货物或接受的应税劳务改变用途（用于集体福利、个人消费、免税项目、非应税项目）或是发生非正常损失时，其支付的进项税额不得从销项税额中抵扣。

因此，企业出现上述情况时，应将购进的货物或应税劳务的进项税额通过“应交税费——应交增值税（进项税额转出）”科目，从当期发生的进项税额中扣除，下面将针对各种具体情况的会计处理进行讲述。

1．用于非应税项目的进项税转出的处理

非应税项目是针对增值税而言的，如企业提供非增值税的应税劳务、转让无形资产、销售不动产和在建工程等都属于非应税项目的范围。在工业企业中，购进的货物用于非应税项目最主要现在将购进出货物或应税劳务用于企业房屋等不动产的新建、改建、扩建和修缮等方面，对于这些项目所购进材料或应税劳务的进项税额如何处理，我们通过例题来进行了解。

注意：企业购买材料或应税劳务时，已明确是为基本建设工程购买的，应将材料或应税劳务所包含的进项税额计入所对应的工程成本中。

实例 3.23

南方高翔工厂因需对厂房进行改建，从仓库中领用上月购入的生产用原材料一批，领用的原材料成本为 10 万元，此批材料购买总价格为 200 万元，税票上注明税款 34 万元，已于上月认证抵扣并做相关会计处理。会计人员在工程领料时应做的会计分录如下所示。

借：在建工程　　　　117000（10+10×17%）
　贷：原材料　　　　100000
　　　应交税费——应交增值税（进项税额转出）　　　17000

2．用于免税项目的进项税转出的处理

免税项目由于销售时不用缴纳销项税额，因此为生产免税项目购进的材料或应税劳务所包含的进项税是不予抵扣的，而应计入到免税项目的材料采购成本。对于企业购进的货物或应税劳务既用于免税项目又用于应税项目的，则应将用于免税项目的进项税区别开来，做“进项税额转出”的会计处理。

实例 3.24

某塑料制品厂生产农用薄膜（免税产品）和塑料餐具（应税产品）两种产品，2012 年 12 月购进生产用原料一批，专用发票注明价税合计 421.2 万元，当月生产农用薄膜领用该批原材料成本 24 万元，请进行相关的会计处理。

（1）计算进项税额：421.2/（1+17%）×17%=61.2（万元）

（2）计算当月不得抵扣的进项税额：24×17%=4.08（万元）

（3）会计处理：

借：基本生产成本　　　　280800

　贷：原材料　　　　　　240000

　　应交税费——应交增值税（进项税额转出）　40800

3．用于集体福利或个人消费的进项税转出的处理

企业将购买的货物或应税劳务用于集体福利或是个人消费的，相当于终止了增值税的税务链，由企业充当了最终的消费者，因此，这部分货物或是应税劳务的增值税金应由企业承担，而不能作为进项税额进行抵扣。对于已经抵扣的进项税额，应通过“进项税额转出”科目从当期发生的进项税额中扣除，其具体会计处理如例题所示。

实例 3.25

企业将上月外购一批备用的办公桌椅用于职工宿舍，该批办公桌椅价款 4800 元，税额 816 元，计入低值易耗品库存，其进项税额已于上月抵扣认证，本月领用时的会计处理如下所示。

借：应付职工薪酬　　　　5616

　贷：低值易耗品　　　　4800

　　应交税费——应交增值税（进项税额转出）　　816

4．非正常损失货物进项税额转出处理

企业发生自然灾害和人为管理不善等原因造成材料、产成品、半成品、固定资产损失的，属于非正常损失，相应的进项税额不得抵扣，如原进项税已进行抵扣的，应将已抵扣的进项税额进行转出，与遭受损失的存货成本一并计入待处理财产损失。

实例 3.26

企业于上月购进一批价值 28 万元（不含税）的原材料，进项税额 4.76 万元（已于当月认证抵扣），因露天堆放导致被雨淋坏毁损，已清理作价出售取得不含

税收入 8.4 万元，请做出该笔业务的会计处理。

（1）发生损失计入清理：

借：待处理财产损益　　280000

　贷：原材料　　280000

（2）进项税额转出：

借：待处理财产损益　　33300［（28-8.4）×17%］

　贷：应交税费——应交增值税（进项税额转出）　33300

（3）取得清理收入：

借：银行存款　　98300

　贷：待处理财产损益　　84000

　　应交税费——应交增值税（销项税额）　14300

（4）结转损失：

借：营业外支出——非正常损失　　229300（28+3.33-8.4）

　贷：待处理财产损益　　229300

注意：本题中，企业因销售毁损材料取得不含税收入 8.4 万元，并计征销项税额，因此，我们视该批材料未发生全部损失，需转出的进项税额扣减取得的清理变价收入后计算，即取得的清理变价收入不产生税收。

3.8.5　直接收款方式销项税额的会计处理

销售额的确认和销项税额的确认与销售方式的不同有着紧密的联系。直接收款方式销售货物的，其确认销售收入的纳税义务发生时间为收到销售款项或是取得销货款凭证的当天，而与货物是否发货没有关系。企业应根据所收货款或是相关的单据，借记“银行存款”、“应收账款”等科目，贷记“主营业务收入”、“应交税费——应交增值税（销项税额）”等科目。

实例 3.27

南方高翔工厂采用现销方式向某工厂销售产品一批，开具的增值税专用发票注明价款 12 万元，增值税额 2.04 万元，对方已开出转账支票，会计处理如下所示。

借：银行存款　　140400

　贷：主营业务收入　　120000

　　应交税费——应交增值税（销项税额）　　20400

3.8.6　销货退回及销售折让销项税额的会计处理

企业在货物销售过程中，因产品质量原因出现买方退回货物或是要求折让的情况下，不论退货与折让是当月销售的还是以前月份销售的，都应在当月的主营业务收入中进行冲减，并根据对方退回的增值税专用发票联、抵扣联或是收到《开具红字增值税专用发票通知单》后重新开具的红字增值税专用发票，对销项税额做不同的会计处理。

（1）销货全部退回

- 购买方将货物全部退回的，如果属于当月发生的销售退回，企业应将购买方退回的增值税专用发票的发票联和抵扣联进行作废处理，并同时对当月已做销售收入的记账凭证进行作废处理；
- 如果销货退回的是以前月份所发生的销售，则企业应根据对方转来的《开具红字增值税专用发票通知单》上注明的退货数量、价款和税额，开具红字增值税专用发票，并依此冲销当月的销售收入，红字借记“应收账款”、“银行存款”等科目，红字贷记“主营业务收入”、“应交税费——应交增值税（销项税额）”等科目。

实例 3.28

南方高翔工厂收到客户全部退回上月销售的产品一批（款项未收），该批产品价款 100000 元，税额 17000 元，根据对方转来的《开具红字增值税专用发票通知单》开具红字增值税专用发票，并做账务处理如下所示。

借：应收账款　　　　117000

　贷：主营业务收入　　　　100000

　　　应交税费——应交增值税（销项税额）　　　　17000

（2）销货部分退回

- 购买方将货物部分退回的，如果属于当月销售的货物，销货方应将购货方退回的增值税专用发票的发票联和抵扣联连同发票存根、记账联进行作废保存，同时按对方实际收货的数量、金额和税额重新开具发票，作为双方会计处理的凭据；
- 若所退回货物为以前月份发生的销售，其处理方式与全部退货的处理类似，根据对方转来的《开具红字增值税专用发票通知单》上的相关数量、金额等开具红字增值税专用发票，在进行会计处理时，只需对红字部分销售收入和销项税额进行冲销即可。

实例 3.29

假定实例 3.28 中客户退货 30000 元，已收到对方转来的《开具红字增值税专用发票通知单》并开具对应的红字增值税专用发票，则会计处理如下所示。

借：应收账款　　　　35100

　贷：主营业务收入　　　　30000

　　　应交税费——应交增值税（销项税额）　　　　5100

（3）销货折让

企业销货过程中发生销货折让的，其会计处理可以参考上述销货退回的方式进行，在此不再赘述。

3.8.7　销货折扣销项税额的会计处理

在企业实际经营过程中，销货折扣存在着两种形式，一种是商业折扣，是企业为实现促销而给予客户在达到一定购买数量时的价格优惠；另一种是现金折扣，是企业为了促使客户早日付款，而应允的一种减少支付货款的优惠，属于企业的一种融资行为。

对于企业实行的现金折扣，其所发生的现金折扣直接计入财务费用，销项税额的会计处理与正常销售相同；而对于商业折扣的，则应根据销货方开具发票的情况来进行不同的会计处理。

（1）销售额与商业折扣额开具在同一张发票上，企业应按实收货款，也就是折扣后的销售额作为销项税的计税依据。

实例 3.30

南方高翔工厂销售给某企业产品 2400 件，每件产品不含税价格为 150 元，由于对方购买的数量较多，因此南方高翔工厂按原价的 9 折销售，并开具在同一张发票。南方高翔工厂的会计处理如下所示。

借：应收账款　　　　379080［2400×150×90%×（1+17%）］

　贷：主营业务收入　　　　324000

　　　应交税费——应交增值税（销项税额）　　　　55080（324000×17%）

（2）销售额与商业折扣分为两张发票开具的，计税销售额应以未做折扣的销售额为依据。

实例 3.31

假定实例 3.30 中，南方高翔工厂所销售产品的发票是分别开具在两张发票上的，那么南方高翔工厂的会计处理如下所示。

借：应收账款　　　　379080

　　销售费用　　　　6120（2400×150×10%×17%）

　贷：主营业务收入　　　　324000

　　　应交税费——应交增值税（销项税额）　　　　61200（360000×17%）

3.8.8 价外费用销项税额的会计处理

在销售额的确认过程中，纳税人收取的价外费用不管会计上是否作为收入处理，在进行销项税额计算时都应合并到应税销售额中。在无特别说明时，一律将价外费用视为含税收入。

价外费用包括售货方在货物价格以外向购买方收取的手续费、包装物租金、补贴、奖励费、返还利润、违约金、赔偿金、基金、集资款、延期付款利息、包装费、运输费、代垫款项及代付款项等，这所有的价外费用在收取时如何进行会计处理呢？

（1）收取的手续费、包装物租金

企业向购买方收取的手续费是作为提供一定服务的补偿，而收取的包装物租金是因为转让了包装物的使用权而取得的收入，在会计准则上，这两项收入都应通过“其他业务收入”来进行核算，在收取时借记“银行存款”、“应收账款”等科目，按应计收入计算增值税销项税额，贷记“应交税费——应交增值税（销项税额）”科目。因价外费用属于含税收入，因此，在进行账务处理时，应事先将含税收入换算成不含税收入。

实例 3.32

南方高翔工厂向客户销售产品一批，发票上注明售价 142000 元，增值税额 24140 元，另向客户收取包装物租金 6800 元，已向银行办理托收承付手续。账务处理如下所示。

计算包装物租金的销项税额=6800/（1+17%）×17%=988.03（元）

借：应收账款　　　　172940

　贷：主营业务收入　　　　142000

　　　其他业务收入　　　　5811.97（6800−988.03）

　　　应交税费——应交增值税（销项税额）　　　　25128.03

（2）收取的违约金、赔偿金

企业因对方过错而收取的违约金、赔偿金等在会计上应作为营业外收入处理，通过“营业外收入”科目来进行核算。

实例 3.33

假定实例 3.32 中购货方退回包装物时发现有一部分已经毁损，按照协议约定，购买方需支付原包装物价款，并向企业支付赔偿金 3000 元，企业对收取的赔偿金做如下会计分录。

借：库存现金　　　　3000

　贷：营业外收入　　　　2564.10

　　应交税费——应交增值税（销项税额） 435.90［3000/（1+17%）×17%］

从上述两例可以看出，企业收取的价外费用，账务处理的基本形式为：

借：银行存款/应收账款

　贷：对应的贷方科目

　　应交税费——应交增值税（销项税额）

对于不同的价外费用销项税额的处理，如何确认对应的贷方科目是关键，结合各种名目的价外费用，其对应的贷方科目总结如表 3-14 所示。

表 3-14　价外费用对应贷方科目

序号	价外费用名目	解析	对应贷方科目
1	收取手续费、包装物租金	手续费是企业提供一定服务而收取的费用，包装物租金是企业转让了资产的使用权，属于主营业务收入外的其他收入	其他业务收入
2	收取补贴、奖励费、优质费、返还利润	企业销售商品同时收取的返还利润、补贴等，具有价上加价的性质，应计入主营业务收入	主营业务收入
3	收取违约金、赔偿金	企业收取的违约金、赔偿金等属于企业日常经营以外的利得，应计入营业外收入	营业外收入
4	收取基金、集资款	收取的基金、集资款，是企业按政策规定收取的，具有专款专用的性质，应通过“其他应付款”科目核算	其他应付款
5	收取购货方延期付款利息	收取购货方延期付款利息作为企业收取的利息冲减财务费用	财务费用
6	收取包装费、运输费、储备费	企业在销售过程中发生的包装费、运输费等是作为产品销售费用入账的，因此，收回的这些费用应冲减销售费用	销售费用
7	收取代垫款项	代垫款项是企业事先已经支付，但本不应由企业承担的费用，在支付时借记其他应收款增加，收取时冲减“其他应收款”科目	其他应收款
8	收取代收款项	代收款项是企业作为中间方，代第三方向他人收取的，不会导致企业经济利益的流入，在收取时计入“其他应付款”科目	其他应付款

3.8.9 包装物销售及收取押金销项税额的会计处理

包装物指在生产流通过程中，包装本企业的产品或商品，并随同它们一起出售、出借或出租给购货方的各种包装容器。根据现行增值税及消费税的有关规定，包装物押金收入应单独记账核算，时间在一年以内又未逾期的，不并入销售额征税，但对逾期未收回包装物不再退还的押金，应按规定计算征收增值税和消费税。

（1）企业销售产品，随同产品出售且单独计价的包装物，应按规定作为销售额计算应缴纳的销项税。

实例 3.34

南方高翔工厂销售给外部工厂带包装物的产品一批，包装物单独计价，开出的增值税专用发票上注明产品价款 68000 元，包装物销售款 8200 元，增值税税额 12954 元，货款尚未收到，会计分录如下所示。

借：应收账款　　　　89154

　贷：主营业务收入　　　　68000

　　　其他业务收入　　　　8200

　　　应交税费——应交增值税（销项税额）　　　　12954

（2）企业收取的包装物押金，因包装物逾期未退还而没收的，应按规定将包装物押金换算成不含税金额，计算应缴纳的销项税额。

实例 3.35

南方高翔厂 2011 年 12 月销售产品一批，价款 52000 元，税额 8840 元，随货的包装物收取押金 13400 元，双方约定一年后应予退回所附包装物。2012 年 12 月，企业仍未收到应该退还的该批包装物，做如下会计分录。

借：其他应付款　　　　13400

　贷：其他业务收入　　　　11453 ［13400/（1+17%）］

　　　应交税费——应交增值税（销项税额）　　　　1947

注意：包装物押金是否逾期，往往以一年为限，当收取的押金超过一年时，不管押金是否退回，在税法上都应作为销售额计税。

销售酒类商品收取的包装物押金应区分酒的种类进行账务处理，销售啤酒或黄酒的，其包装物按一般货物包装物的会计方式处理，销售其他酒类的，其包装物押金无论将来是否返还，均应计入当期销售额进行应纳销项税额的计算。

3.8.10 混合销售销项税额的会计处理

混合销售是指企业的一项销售行为既涉及增值税应税货物又同时涉及营业税劳务的行为。对于企业的混合销售行为，到底是征收增值税还是征收营业税，主要应根据企业所从事的经营性质来判断，如果企业的主要经营业务是从事生产、批发或零售的，也就是说是增值税业务的，则混合销售行为应缴纳增值税；如果企业的主要经营业务是营业税的业务，则企业的混合销售行为应缴纳营业税。

实例 3.36

南方高翔工厂向客户销售产品一批，售价为 38000 元，税额 6460 元，因产品需要安装，南方高翔工厂同时负责产品的安装，收取客户运输及安装费 3600 元，货款已通过银行收取，此项业务的会计处理如下所示。

借：银行存款　　　　48060

　贷：主营业务收入　　　41076.92［38000+3600/（1+17%）］

　　　应交税费——应交增值税（销项税额）

　　　　　　　　　　　　　　　　　6983.08［6460+3600/（1+17%）×17%］

3.8.11 视同销售行为销项税额的会计处理

在掌握企业视同销售行为的销售额如何确定等知识的基础上，本小节只对视同销售行为的应计销项税的行为进行讲述，对于购买货物用于非应税项目的进项税转出的处理请参考进项税额转出的会计处理。

1．将货物交付他人代销的销项税处理

企业将货物交付他人代销的，作为委托方应以收到代销清单或是货款中较早一项的时间作为纳税义务时间，若在发出代销商品后 180 天仍未收到代销清单或是货款，则也应视同销售的实现。受托方同样也应将代销商品作为应税商品销售，计算增值税销项税额。

代销商品因委托方与受托方双方协议销售产品的方式不同，其会计处理也略有不同。

❑ 向受托方支付手续费的销售方式

受托方按照委托方规定的价格进行产品销售，销售收入归委托方所有，受托方按双方协定收取一定的手续费。委托方应按受托单位转来的代销清单及开来的手续费发票进行账务处理。受托方将代销商品作为应税销售，计算销项税，以委托方开具的增值税专用发票作为进项税，收取的手续费通过“其他业务收入”核算，缴纳营业税。

实例 3.37

南方高翔工厂委托某企业（一般纳税人）销售商品 360 件，协议价不含税价为 480 元/件（产品成本价 300 元/件），并按售价的 5%支付给对方手续费（营业税率 5%）。该企业销售了全部商品，并向南方高翔工厂开具了代销清单。南方高翔工厂的会计处理如下所示。

委托方的税务及会计处理：

（1）将商品交付受托方时：

借：库存商品——委托代销商品 108000

贷：库存商品 108000

（2）收到对方企业转来的代销清单：

借：应收账款 202176

贷：主营业务收入 172800

应交税费——应交增值税（销项）29376

（3）结转销售成本：

借：主营业务成本 108000

贷：库存商品——委托代销商品 108000

（4）收到货款及手续费发票时：

借：银行存款 193536

销售费用 8640（172800×5%）

贷：应收账款 202176

受托方的税务及会计处理：

（1）收到代销商品：

借：受托代销商品 172800

贷：受托代销商品款 172800

（2）代销商品全部售出时：

借：银行存款 202176

贷：应付账款 172800

应交税费——应交增值税（销项） 29376

借：受托代销商品款　　172800

贷：受托代销商品　　172800

（3）取得委托方开具的专用发票时：

借：应交税费——应交增值税（进项）　29376

贷：应付账款　　29376

（4）支付委托方款项并计算代销手续费：

借：应付账款　　202176

贷：银行存款　　193536

其他业务收入　　8640

❑ 受托方自购自销的销售方式

受托方可自行调整商品的出售价格，与委托方按协议价进行结算，同时不再另外收取手续费。在这种情况下，委托方的税务和会计处理与前一收取手续费的会计处理基本相同，在此不再叙述。

受托方以委托方开具的增值税专用发票注明的税额确认进项税额，其销项税额按实际售价乘以相应的税率计算。在这种方式下，受托方相当于赊购商品销售，其销售商品的收益相当于商品的进销差价，账务处理按基本销售业务处理。

2．企业内部机构之间调拨商品的销项税处理

企业内部机构之间商品的调拨应满足：总、分机构统一核算且两个机构不在同一县市。两者之间商品转移属于商品存放地点的改变，对于企业来说不导致经济利益的流入或流出，但因为我国的税收是按地域进行划分的，因此，在货物移送时，调出方应当计算销项税，调入方应当计算进项税。

实例 3.38

某企业总公司设在 A 市，分公司设在 B 县，分公司的商品调拨至总公司销售，在总分公司之间，分公司自行核算生产经营成本和销售，利润及分配并入总公司核算。2012 年 12 月分公司调拨产品 120 件给总公司销售，产品市场销售价 168000 元（不含税），成本价 120000 元，开具的增值税专用发票已随货物送交总公司。会计分录如下所示。

分公司，借：应收账款——总公司　　196560

贷：主营业务收入（调拨至总公司）　　168000

应交税费——应交增值税（销项税额）　　28560

借：主营业务成本（调拨至总公司）　　120000

贷：库存商品　　120000

总公司，借：库存商品　　　　168000

　　　　应交税费——应交增值税（进项税额）　　　28560

　　　贷：应付账款——分公司　　　　196560

注意：总分公司统一核算的，在会计期末应编制合并报表，其内部商品移送并不产生实际的销售收入与利润，在计算所得税时，分公司的收入不计算应纳所得税额。

3．企业将自产、委托加工的货物用于非应税项目的销项税处理

按税法规定，此项行为应视同销售征收销项税，但按财务会计制度的规定，这项行为并不符合销售收入的确认条件，只是企业资产的转移，不作为收入进行会计处理，因此在货物移送时，按产品的成本加计应缴纳的增值税借记“在建工程”等，贷记“应交税费——应交增值税（销项税额）”、“库存商品”等科目。

实例 3.39

企业将自产的产品 160 件用于本企业不动产的基本建设工程，该产品单位成本 280 元/件，单位售价 640 元/台，企业在产品移送时做会计分录如下所示。

借：在建工程　　　　62208（160×280+160×640×17%）

　贷：库存商品　　　　44800

　　　应交税费——应交增值税（销项税额）　17408（160×640×17%）

注意：上述视同销售在财务会计上虽不做销售处理，但在税法应并入计算应税所得额，因此，在年末计算所得税时，应按售价与成本的差额调增应税所得额，后续不作为收入处理的视同销售做相同处理。

4．将自产、委托加工或购买的货物作为对外投资的销项税处理

将产品或货物对外投资时，企业应以投出货物的成本价加上应支付的销项税作为初始投资成本，并同时减少库存存货，按相应货物的售价或组成计税价格计算增值税销项税额。

注意：对于企业购买的货物，用于企业外部的如投资、分配、赠送等，应视同销售计算销项税额；而外购货物用于企业内部的如非应税项目、在建工程、集体福利等，则不做视同销售，而应将所购货物的进项税计入相关成本，不得抵扣，已抵扣的做进项税额转出处理。两种情况都是增加应纳增值税额，但其计算增值税的依据各不相同。

实例 3.40

企业将一批生产的产品对外投资，产品的账面价值为 168000 元，市场同类产品售价为 180000 元，该交换不具备商业性质，企业做会计分录如下所示。

借：长期股权投资　　　　198600

　贷：库存商品　　　　　　　168000

　　应交税费——应交增值税（销项税额）　　　　30600

5．企业将自产、委托加工、购买的货物进行分配的销项税额的处理

此类行为视同销售，企业应按分配货物的市场价格或是组成计税价格加计相应的增值税，借记“应付利润”、“应付股利”，贷记“主营业务收入”、“其他业务收入”、“应交税费——应交增值税（销项税额）”等科目。

实例 3.41

南方高翔工厂将本工厂自行生产的产品分配给投资者，产品市场售价 86000 元，企业做会计分录如下所示。

借：应付利润　　　　100620

　贷：主营业务收入　　　　86000

　　应交税费——应交增值税（销项税额）　　　　14620

6．将自产、委托加工的货物用于企业集体福利、个人消费的销项税的处理

企业将自产或委托加工的货物用于集体福利或是个人消费时，在财务会计上不做销售处理，但应按税法要求计算增值税销项税额，按商品成本及按售价或组成计税价格计算的销项税合计借记“应付职工薪酬”、“管理费用”等科目，贷记“库存商品”、“应交税费——应交增值税（销项税额）”科目。

实例 3.42

某企业将本厂生产的抽油烟机 50 台作为职工福利发放给员工，每台抽油烟机的成本 1600 元，同期市场售价为 2000 元/台。会计处理如下所示。

借：应付职工薪酬　　　　97000

　贷：库存商品　　　　　　80000

　　应交税费——应交增值税（销项税额）　17000（50×2000×17%）

7．将自产、委托加工或购买的货物无偿赠送他人的销项税的处理

无偿赠送的行为对企业来说并不产生经济利益的流入，但按税法规定应计算销项税。企业无偿赠送货物时，按货物成本加计销项税借记“营业外支出”科目，贷记“库存商品”、“应交税费——应交增值税（销项税额）”科目。

实例 3.43

南方高翔工厂将本厂自产的产品 160 件及原材料 50 千克无偿赠送给他人，产品生产成本为 36000 元，成本利润率 10%，原材料市场购买价（不含税）160 元/

千克。做会计分录如下所示。

库存商品应计销项税额=36000×（1+10%）×17%=6732（元）

原材料应计销项税额=50×160×17%=1360（元）

借：营业外支出　　124092

　贷：库存商品　　36000

　　原材料　　80000

　　应交税费——应交增值税（销项税额）　　8092

3.8.12　出口货物退（免）税的会计处理

根据企业出口货物的业务流程来看，生产企业免抵退税的会计核算主要包括：免税出口收入、不得免征和抵扣税额、应交税费、进料加工不予免征和抵扣税额抵减额、出口货物免抵税额及应退税额的计算等。

其所涉及的“应交税费”明细科目主要有“出口抵减内销产品应纳税额”、“出口退税”、“转出未交增值税”、“转出多交增值税”、“进项税额转出”等。

生产企业的出口业务可以分为一般贸易出口、加工贸易出口等多种方式，其会计核算按业务可分为以下几项：

1．出口销售收入实现时：

借：应收账款/银行存款

　贷：主营业务收入/其他业务收入

2．计算免抵退税不得免征和抵扣税额：

借：主营业务成本

　贷：应交税费——应交增值税（进项税额转出）

3．存在应退税额：

借：其他应收款——应收出口退税（增值税）

　贷：应交税费——应交增值税（出口退税）

4．计算免抵税额：

借：应交税费——应交增值税（出口抵减内销产品应纳税额）

　贷：应交税费——应交增值税（出口退税）

5．收到出口退税款：

借：银行存款

　贷：其他应收款——应收出口退税（增值税）

根据当期应退税额与期末留抵税额的对比，以下分三种情况的会计处理进行讲述。

1. 期末留抵税额=0，则当期应退税额=0，当期免抵税额=当期免抵退税额。

实例 3.44

某自营出口一般纳税人生产企业，增值税税率 17%，出口货物退税率 13%。2012 年 12 月取得增值税进项税额 82000 元，未发生免税购进原料，当期免税出口销售收入合计人民币 680000 元，内销收入（不含税）合计 410000 元，上期末无留抵税额。当月出口货物免抵退税的会计处理如下所示。

（1）出口销售：

借：应收账款　　680000

　贷：主营业务收入　　680000

借：主营业务成本　　27200［680000×（17%−13%）］

　贷：应交税费——应交增值税（进项税额转出）　　27200

（2）内销收入：

借：应收账款　　479700［410000×（1+17%）］

　贷：主营业务收入　　410000

　　应交税费——应交增值税（销项税额）　　69700

（3）申报出口免抵退税时：

当期应纳税额=69700−（82000−27200）−0=14900（元）

当期应退税额=0（元）

当期免抵税额=当期免抵退税额=680000×13%=88400（元）

借：应交税费——应交增值税（出口抵减内销产品应纳税额）　　88400

　贷：应交税费——应交增值税（出口退税）　　88400

2. 当期期末留抵税额≤当期免抵退税额，当期应退税额=当期期末应退税额，当期免抵税额=当期免抵退税额−当期应退税额。

实例 3.45

假定实例 3.44 中当月内销收入为 320000 元，其他相同。

（1）出口销售：

借：应收账款　　680000

　贷：主营业务收入　　680000

借：主营业务成本　　27200［680000×（17%−13%）］

贷：应交税费——应交增值税（进项税额转出） 27200

（2）内销收入：

借：应收账款 374400［320000×（1+17%）］

贷：主营业务收入 320000

应交税费——应交增值税（销项税额） 54400

（3）申报出口免抵退税时：

当期应纳税额=54400-（82000-27200）-0=-400（元）

当期免抵退税额=680000×13%=88400（元）

当期期末留抵税额≤当期免抵退税额时，当期应退税额=当期期末留抵税额=400（元）

当期免抵税额=当期免抵退税额-当期应退税额=88400-400=88000（元）

借：其他应收款 400

应交税费——应交增值税（出口抵减内销产品应纳税额） 88000

贷：应交税费——应交增值税（出口退税） 88400

3．当期期末留抵税额>当期免抵退税额时，当期应退税额=当期免抵退税额，当期免抵税额=0。

实例 3.46

假定实例 3.45 中，上期末留抵税额 89000 元，其他条件不变。

（1）出口销售：

借：应收账款 680000

贷：主营业务收入 680000

借：主营业务成本 27200［680000×（17%-13%）］

贷：应交税费——应交增值税（进项税额转出） 27200

（2）内销收入：

借：应收账款 374400［320000×（1+17%）］

贷：主营业务收入 320000

应交税费——应交增值税（销项税额） 54400

（3）申报出口免抵退税时：

当期应纳税额=54400-（82000-27200）-89000=-89400（元）

当期免抵退税额=680000×13%=88400（元）

当期期末留抵税额>当期免抵退税额时，当期应退税额=当期免抵退税额=

88400（元）

当期免抵税额=0（元）

期末结转下期抵扣税额=89400−88400=1000（元）

借：其他应收款　　88400

　贷：应交税费——应交增值税（出口退税）　　88400

3.8.13　企业上缴增值税的会计处理

企业上缴增值税时，应按财务会计的要求进行相应的会计处理，借记“应交税费——应交增值税（已交税金）”、“应交税费——未交增值税”，贷记“银行存款”科目。

注意：企业上交当月的增值税时，通过“应交税费——应交增值税（已交税金）”科目核算，而上交以前各月未交增值税时，则应通过“应交税费——未交增值税”科目核算。

实例 3.47

2012 年 12 月南方高翔工厂预缴本月应交增值税金 23000 元，通过银行存款代扣支付，会计处理如下所示。

借：应交税费——应交增值税（已交税金）　　23000

　贷：银行存款　　23000

实例 3.48

2012 年 12 月 10 日，南方高翔工厂进行增值税纳税申报，已知上月应交的增值税额为 46300 元，当天申报成功后即通过网上银行进行划扣，会计分录如下所示。

借：应交税费——未交增值税　　46300

　贷：银行存款　　46300

3.8.14　月末转出多交增值税和未交增值税的会计处理

为了对一般纳税人企业欠缴税金及待抵扣税金的情况进行区别反映，在“应交税费”科目下还设置了“未交增值税”明细科目，用来核算企业当月月末从“应交税费——应交增值税”科目转入的未交或者多交的增值税额。

与此相对应的，在“应交税费——应交增值税”科目下分别设置“转出多交增值税”及“转出未交增值税”明细科目反映企业当月多交的增值税和当月应交未交的增值税。

实例 3.49

承实例 3.48，企业会计人员在 12 月的账务处理时，已知当月应交增值税税金为 46300 元，但增值税纳税申报及扣缴时间统一规定在次月的 15 号以前，因此在 12 月月末，会计人员将当月应交未交的增值税进行转出，会计分录如下所示。

借：应交税费——应交增值税（转出未交增值税）　　　46300

　贷：应交税费——未交增值税　　　46300

3.9　全面掌握优惠政策

财政部、国家税务总局、海关总署《关于鼓励软件产业和集成电路产业发展有关税收政策问题的通知》（财税［2000］25 号）规定：自 2000 年 6 月 24 日起至 2010 年年底以前，对增值税一般纳税人销售其自行开发生产的软件产品，按 17%的法定税率征收增值税后，对其增值税实际税负超过 3%的部分实行即征即退政策。所退税款由企业用于研究开发软件产品和扩大再生产，不作为企业所得税应税收入，不予征收企业所得税。增值税作为我国三大流转税之一，也是我国管理最严格的税种。增值税的优惠政策信息，也是广大增值税应税业务经营企业所关心的。

3.9.1　增值税免税项目

增值税免税项目就是免征增值税的应税业务。我国的各种税收法律法规中分别规定了各种增值税的免税政策，经过汇总，一共有 23 个项目是属于增值税的免税项目的。

1．农业生产者销售的自产农业产品免征增值税

农业，是指种植业、养殖业、林业、牧业、水产业。农业生产者，包括从事农业生产的单位和个人。农业产品，是指初级农业产品，具体范围由相关税务主管机关确定。农业生产者销售的自产农业产品，是指直接从事植物的种植、收割和动物的饲养、捕捞的单位和个人销售的规定的自产农业产品。对上述单位和个人销售的外购的农业产品，以及单位和个人外购农业产品生产、加工后销售的仍然属于规定的农业产品，但不属于免税的范围，应当按照规定税率征收增值税。

对农业生产者销售的自产农产品实行免征增值税，主要是由农产品的天然属性决定的。虽然农业生产者在生产农产品时，需要投入人力、物力等主观成本，但是归根到底，农业产品是由于其天然属性才会在自然界中茁壮成长的。农业生产者销售

的自产农业产品，它的增值是天然的产物，因此对其征收增值税是不合理的。

2．销售粮食和食用植物油的规定

对承担粮食收储任务的国有粮食购销企业销售的粮食免征增值税。而对其他粮食企业经营粮食，除下列项目免征增值税外，一律征收增值税。

- 军队用粮（指凭军用粮票和军粮供应证按军供价供应中国人民解放军和中国人民武装警察部队的粮食）；
- 救灾救济粮（指经县（含）以上人民政府批准，凭救灾救济粮票（证）按规定的销售价格向需救助的灾民供应的粮食）；
- 水库移民口粮（指经县（含）以上人民政府批准，凭水库移民口粮票（证）按规定的销售价格供应给水库移民的粮食）。

而对销售食用植物油业务，除政府储备食用植物油的销售继续免征增值税外，一律照章征收增值税。承担粮食收储任务的国有粮食购销企业和经营规定的可以免税项目的其他粮食经营企业，以及有政府储备食用植物油销售业务的企业，均需经主管税务机关审核认定免税资格，未报经主管税务机关审核认定，不得免税。享受免税优惠的企业，应按期进行免税申报，违反者取消其免税资格。粮食部门应向同级国家税务局提供军队用粮、救灾救济粮、水库移民口粮的单位、供应数量等有关资料，经国家税务局审核无误后予以免税。属于一般纳税人的生产、经营单位从国有粮食购销企业购进的免税粮食，可依照国有粮食购销企业开具的增值税专用发票注明的税额抵扣进项税额。

国家对于承担我国粮食安全的重要国有粮食购销企业给予了政策上的照顾，免征增值税；对于普通的参与粮食和食用油行业的其他所有制企业照常征收增值税。在本项目中，其他所有制企业可以免税的业务，是一些较为特殊的业务。对这些特殊业务的政策优惠，也保障了我国的粮食安全。

3．饲料

- 单一大宗饲料。指以一种动物、植物、微生物或矿物质为来源的产品或其副产品。其范围仅限于糠麸、酒糟、鱼粉、草饲料、饲料级磷酸氢钙及除豆粕以外的菜子粕、棉子粕、向日葵粕、花生粕等粕类产品；
- 混合饲料。指由两种以上单一大宗饲料、粮食、粮食副产品及饲料添加剂按照一定比例配置，其中单一大宗饲料、粮食及粮食副产品的掺兑比例不低于95%的饲料；
- 配合饲料。指根据不同的饲养对象，饲养对象的不同生长发育阶段的营养需要，将多种饲料原料按饲料配方经工业生产后，形成的能满足饲养动物全部营养需要（除水分外）的饲料；

- 复合预混料。指能够按照国家有关饲料产品的标准要求量，全面提供动物饲养相应阶段所需微量元素（4 种或以上）、维生素（8 种或以上），由微量元素、维生素、氨基酸和非营养性添加剂中任何两类或两类以上的组分与载体或稀释剂按一定比例配置的均匀混合物；
- 浓缩饲料。指由蛋白质、复合预混料及矿物质等按一定比例配制的均匀混合物。

饲料对于我国的农副产品有着重要的意义，对饲料免征增值税，可以有效地降低我国农副产品的生产成本和销售价格，对平抑物价，保障居民的农副食品供应有着积极的影响。

4．农膜

农用塑料膜属于增值税免税货物。农用塑料膜是农业大棚温室生产的重要用品，因此推广农用塑料膜对于提高我国农产品的产量有着重要的意义。

5．化肥

- 生产销售的氮肥、磷肥及以免税化肥为主要原料的复混肥（企业生产复混肥产品所用的免税化肥成本占原料中全部化肥成本的比重高于 70%）免征增值税。“复混肥”是指用化学方法或物理方法加工制成的氮、磷、钾三种养分中至少有两种养分标明量的肥料，包括仅用化学方法制成的复合肥和仅用物理方法制成的混配肥（也称掺合肥）；
- 钾肥不是免征增值税的应税产品，对化肥生产企业生产销售的钾肥，实行先征后返。具体返还应咨询当地税务主管机关；
- 有机肥产品免征增值税。有机肥产品是指有机肥料、有机—无机复混肥料和生物有机肥。有机肥料指来源于植物和（或）动物，施于土壤以提供植物营养为主要功能的含碳物料。有机—无机复混肥料指由有机和无机肥料混合和（或）化合制成的含有一定量有机肥料的复混肥料。生物有机肥指特定功能微生物与主要以动植物残体（如禽畜粪便、农作物秸秆等）为来源并经无害化处理、腐熟的有机物料复合而成的一类兼具微生物肥料和有机肥效应的肥料。享受免税政策的纳税人应单独核算有机肥产品的销售额。未单独核算销售额的，不得免税。纳税人销售免税的有机肥产品，应按规定开具普通发票，不得开具增值税专用发票。

我国人口较多，人均耕地面积很少，为了保证我国的粮食安全，提高耕地的单位粮食产量，化肥是不可或缺的重要生产资料。因此，我国实行的化肥免税政策是一种保证我国粮食安全的重要措施。

6. 批发和零售的种子、种苗、化肥、农药、农机

这个类别也是农业生产所必需的物资，也是从粮食安全的角度考虑，国家免除了这类产品的增值税。

7. 滴灌带和滴灌管产品

滴灌带和滴灌管产品是指农业节水滴灌系统专用的、具有制造过程中加工的孔口或其他出流装置、能够以滴状或连续流状出水的水带和水管产品。滴灌带和滴灌管产品按照国家有关质量技术标准要求进行生产，并与 PVC 管（主管）、PE 管（辅管）、承插管件、过滤器等部件组成为滴灌系统。享受免税政策的纳税人应单独核算滴灌带和滴灌管产品的销售额。未单独核算销售额的，不得免税。纳税人销售免税的滴灌带和滴灌管产品，应一律开具普通发票，不得开具增值税专用发票。

农业生产离不开水，良好的灌溉是农业生产的保证，因此，滴灌带和滴灌管产品的推广和使用可以更好地加强农业灌溉。为了推广滴灌带和滴灌管产品，国家将这类产品也纳入了增值税的免税范围。

8. 农村电网维护费

对农村电管站及农村电管站改制后由县供电有限责任公司在收取电价时一并向用户收取的农村电网维护费（包括低压线路损耗和维护费及电工经费）免征增值税。

农业生产的现代化离不开电力，因此减低农村的电力成本，就可以减轻农民电力的经济负担，更好地促进农业生产的现代化。

9. 古旧图书

古旧图书是指向社会收购的古书和旧书。

我国是一个具有悠长历史的国家，语言与文字源远流长，一脉传承，因此古书和旧书是我国文化传承的重要资料。对于古旧图书从税收政策上予以扶持，就是为了对我国传统文化的传承起到一个保护的作用。

10. 避孕药品和用具

计划生育是我国的基本国策，而避孕药品和用具的使用是执行计划生育政策必不可少的用具，因此对于该类产品免征增值税也是必然的。

11. 非营利性医疗机构自产自用的制剂

对非营利性的医疗机构自产自用的制剂免征增值税是为了降低自产自用的制

剂的使用成本，缓解我国老百姓看病难、看病贵的现状，解决老百姓的实际困难。医疗机构具体包括：各级各类医院、门诊部（所）、社区卫生服务中心（站）、急救中心（站）、城乡卫生院、护理院（所）、疗养院、临床检验中心等。

12．疾病控制机构和妇幼保健机构等卫生机构按照国家规定的价格取得的卫生服务收入（含疫苗接种和调拨、销售收入），免征各项税收

不按照国家规定的价格取得的卫生服务收入不得享受这项政策。

疾病控制、妇幼保健等卫生机构具体包括：各级政府及有关部门举办的卫生防疫站（疾病控制中心）、各种专科疾病防治站（所），各级政府举办的妇幼保健所（站）、母婴保健机构、儿童保健机构、各级政府举办的血站（血液中心）。

从我国 SARS 流行，以及最近几年的小儿手足口病等流行性疾病的传播可以看出，疾病控制和妇幼保健是非常重要的。因此对于疾病控制机构和妇幼保健机构的经营给予税收政策上的优惠，也是国家对于疾病控制机构的一种政策支持，有利于我国的疾病控制机构和妇幼保健机构的运行。

13．抗艾滋病病毒药品

对于抗艾滋病病毒用品的税收政策的照顾，体现了我国对于攻克这一世界性难题的重视。

14．销售自产再生水

再生水是指对污水处理厂出水、工业排水（矿井水）、生活污水、垃圾处理厂渗透（滤）液等水源进行回收，经适当处理后达到一定水质标准，并在一定范围内重复利用的水资源。

我国是一个水质型缺水的国家，因此，如果能够将使用过的水，通过处理再次使用，就可以大大地缓解我国的水资源压力，因此我国对于销售自产再生水给予了税收政策优惠，在销售时免于征收增值税。

15．以废旧轮胎为全部生产原料生产的胶粉

16．翻新轮胎

翻新轮胎的胎体 100%来自废旧轮胎。

17．生产原料中掺兑废渣比例不低于 30%的特定建材产品

特定建材产品，是指砖（不含烧结普通砖）、砌块、陶粒、墙板、管材、混凝土、砂浆、道路井盖、道路护栏、防火材料、耐火材料、保温材料、矿（岩）棉。

基础建设投资，必不可少地需要消耗大量的建材产品。这些建材产品的生产过程中，会产生大量的废渣，如果在保证产品质量的前提下，利用废渣生产建材

产品，可以大大节约我国经济发展的资源消耗，因此，国家对于这类产品给予了免征增值税的税收优惠。

18．污水处理

我国改革开放30年的经济发展建设取得了举世瞩目的成就，但是也带来了环境污染等问题，特别是水质污染问题尤为严重。因此污水处理就非常重要，为了鼓励污水处理行业的发展，国家对于污水处理给予了政策上的优惠。

19．黄金

黄金生产和经营单位销售黄金（不包括以下品种：成色为AU9999、AU9995、AU999、AU995；规格为50克、100克、1千克、3千克、12.5千克的黄金，以下简称标准黄金）和黄金矿砂（含伴生金），免征增值税。

20．进口黄金

自古以来，黄金就是货币交换中的硬通货，一国的黄金储量可以被看作一国货币币值稳定的坚强后盾。因此，为了增加我国境内的黄金数量，国家鼓励黄金的生产和进口。

21．由残疾人组织直接进口供残疾人专用的物品

供残疾人专用的假肢、轮椅、矫形器（包括上肢矫形器、下肢矫形器、脊椎侧弯矫形器）。

我国是一个人口大国，不可避免地也是一个残疾人人口较多的国家，这些残疾人缺乏劳动力，因此，残疾人专用物品的免征增值税政策就可以降低残疾人的负担，体现了国家对于残疾人的关怀。

22．农机具

不带动力的手扶拖拉机（也称“手扶拖拉机底盘”）和三轮农用运输车（指以单缸柴油机为动力装置的三个车轮的农用运输车辆）属于“农机”，应按有关“农机”的增值税政策规定免征增值税。

23．电影拷贝

对经国务院或国务院广播影视行政主管部门批准成立的电影制片企业销售的电影拷贝收入免征增值税。

3.9.2 增值税即征即退项目

增值税即征即退项目主要包括以下几类：

1．对销售下列自产货物实行增值税即征即退的政策

- 以工业废气为原料生产的高纯度二氧化碳产品。

- 以垃圾为燃料生产的电力或者热力。垃圾用量占发电燃料的比重不低于80%，并且生产排放符合有关规定。所称垃圾，是指城市生活垃圾、农作物秸秆、树皮废渣、污泥、医疗垃圾。
- 以煤炭开采过程中伴生的舍弃物油母页岩为原料生产的页岩油。
- 以废旧沥青混凝土为原料生产的再生沥青混凝土。废旧沥青混凝土用量占生产原料的比重不低于 30%。
- 采用旋窑法工艺生产并且生产原料中掺兑废渣比例不低于 30%的水泥（包括水泥熟料）。

如果企业是涉及上述产品生产销售的，应当利用我国对于这些产品销售的税收优惠，充分享受增值税退税政策。

2．销售下列自产货物实现的增值税实行即征即退 50%的政策

- 以退役军用发射药为原料生产的涂料硝化棉粉。退役军用发射药在生产原料中的比重不低于 90%。
- 对燃煤发电厂及各类工业企业产生的烟气、高硫天然气进行脱硫生产的副产品。副产品是指石膏（其二水硫酸钙含量不低于 85%）、硫酸（其浓度不低于 15%）、硫酸铵（其总氮含量不低于 18%）和硫黄。
- 以废弃酒糟和酿酒底锅水为原料生产的蒸汽、活性炭、白炭黑、乳酸、乳酸钙、沼气。废弃酒糟和酿酒底锅水在生产原料中所占的比重不低于 80%。
- 以煤矸石、煤泥、石煤、油母页岩为燃料生产的电力和热力。煤矸石、煤泥、石煤、油母页岩用量占发电燃料的比重不低于 60%。
- 利用风力生产的电力。
- 部分新型墙体材料产品。

如果企业是涉及上述产品生产销售的，应当利用我国对于这些产品的税收优惠，充分享受增值税退税政策。

3.9.3　增值税按照 13%较低税率征收的项目

音像制品、电子出版物是较为典型的高附加值文化产业，为了提升我国的文化产业建设，将我国建设成为文化强国，就需要大力发展相关的行业，给予相关的产品以各种税收优惠政策。目前，在增值税方面，对于如下两种产品，规定了使用较低的 13%税率作为增值税的计税税率。

- 音像制品。音像制品，是指正式出版的录有内容的录音带、录像带、唱片、

激光唱盘和激光视盘；

- 电子出版物。电子出版物，是指以数字代码方式，使用计算机应用程序，将图文声像等内容信息编辑加工后存储在具有确定的物理形态的磁、光、电等介质上，通过内嵌在计算机、手机、电子阅读设备、电子显示设备、数字音/视频播放设备、电子游戏机、导航仪及其他具有类似功能的设备上读取使用，具有交互功能，用以表达思想、普及知识和积累文化的大众传播媒体。

3.9.4 增值税按照6%征收率使用简易方法征收的项目

- 县级及县级以下小型水力发电单位生产的电力。小型水力发电单位，是指各类投资主体建设的装机容量为5万千瓦以下（含5万千瓦）的小型水力发电单位；
- 建筑用和生产建筑材料所用的沙、土、石料；
- 以自己采掘的沙、土、石料或其他矿物连续生产的砖、瓦、石灰（不含黏土实心砖、瓦）；
- 用微生物、微生物代谢产物、动物毒素、人或动物的血液或组织制成的生物制品；
- 自来水；
- 商品混凝土（仅限于以水泥为原料生产的水泥混凝土）。

注意：一般纳税人选择简易办法计算缴纳增值税后，36个月内不得变更。对属于一般纳税人的自来水公司销售自来水按简易办法依照6%征收率征收增值税，不得抵扣其购进自来水取得增值税扣税凭证上注明的增值税税款。

3.9.5 增值税按照4%征收率使用简易方法征收的项目

- 寄售商店代销寄售物品（包括居民个人寄售的物品在内）；
- 典当业销售死当物品；
- 经国务院或国务院授权机关批准的免税商店零售的免税品。

第 4 章　特殊商品才有的税种：消费税

开篇点心

总经理："这次公司需要购进一批新的金银首饰上柜台销售，与供应商商谈得怎么样了？"

采购经理："都已商谈好了，采购合同也已经制订好，一会儿交由您签字审批。"

总经理："进价多少？"

采购经理："一共是 300 万元。"

总经理："金银首饰属于高档消费品，还要交消费税吧？"

财务经理接话了："金银首饰是要交消费税，不过咱们公司就不用交了，因为这个税别人帮我们交了。"

总经理："哦？这是怎么回事？"

财务经理："消费税是价内税，属于单一环节征收税款，一般在应税消费品生产、加工或是进口环节才需要缴纳。咱们是商贸公司，纯购进销售而已，自然就不牵涉到消费税了。"

总经理："这样啊，那太好了。"

【本章导读】

消费税是对特殊商品在生产、加工或是进口环节征收的一种税，它的计税方法有两种，即从价计征和从量计征。消费税采用的是比例税率和定额税率两种形式，以适应不同应税消费品的实际情况。这一章我们将详细阐述消费税的计税方法和账务处理。

4.1 外行看门道

我们在前文提到过，增值税与营业税几乎涵盖了所有的企业经营业务。在我国，一项应税业务，如果不是需要缴纳增值税，就是需要缴纳营业税。因此，消费税并不是普遍征收的，而是对特定的应税商品，在特定的环节，在征收了增值税的基础上加征的一类税种。

4.1.1 为什么会有消费税

消费税的作用，除了增加财政收入外，主要是引导社会消费方向和调整社会生产结构，是宏观调控的一种有效手段。

消费税并不是针对所有的商品来进行征收的，消费税的征收带有引导社会消费方向的用意。例如，2006 年的消费税改革取消了护肤护发用品的消费税税目，对此，财政部作出的官方解释如下：

“1994 年税制改革时确定对护肤护发品征收消费税，主要是考虑当时这类产品价格一般较高，不属于大众消费品，征收消费税可以起到对消费行为的调节作用，也有利于增加财政收入。这些年来，随着我国经济的不断发展，人们的消费水平和消费结构发生了很大变化，护肤护发品的消费越来越普及，已经逐渐具有了大众消费的特征，为此社会上要求停止对护肤护发品征收消费税的呼声也很高。考虑到浴液、洗发水、花露水等护肤护发品已成为人民群众的生活必需品，为使消费税政策更加适应消费结构变化的要求，正确引导消费，这次调整取消了护肤护发品税目。”

4.1.2 消费税的特点

消费税是以应税消费品为课税对象的一种税，在应税产品的选择、税率的设计等方面，与其他流转税相比具有以下特点：

1．消费税的课税对象具有一定的选择性

消费税的课税对象具有一定的选择性，其调节范围主要包括：特殊消费品、奢侈品、高能耗产品、不可再生的稀缺资源消费品；一些税基宽广、消费普遍、征收消费税不会影响人民生活水平，具有一定财政意义的普通消费品。

2．消费税在生产环节实行单环节征收

我国消费税的纳税环节确定在生产环节（金银首饰除外），具有较大的隐蔽性，容易被消费者所接受，可减少消费税对社会的影响。同时，为了避免重复征税，在应税消费品脱离生产环节进入流通领域后就不再征收，具有征收环节单一性的特点。

3．消费税采用产品差别税率，实行价内征收

消费税按照不同产品设置税目，分别制定不同的税率或税额，用于具体说明消费税调节的范围。消费税实行价内征收，即消费税是产品价格的组成部分，税与价格互相补充，共同发挥调节经济的杠杆作用。

4．消费税没有减免税

消费税选择征收的消费品一般为需求弹性较大的非生活必需品，是由有相应消费能力的消费者负担的一种税，不需要通过减免税来满足不合理的消费需求。为了公平税负，确保国家财政收入，充分发挥消费税调节社会特殊消费的作用，除出口的应税消费品外，其余应税消费品一律不得减税免税。

4.1.3 消费税的计税方法和作用

消费税主要采用三种计税方法：

1．从价定率征收法：针对不同的应税消费品确定不同的比例税率，则应纳消费税额等于消费品的销售额乘以比例税率。

2．从量定额征收法：与从价定率不同，从量定额征收法是对不同的应税消费品确定不同的单位税额，再以应税消费品的数量乘以单位税额得出应纳税额的方法。

3．从价定率与从量定额复合征收法：这种方法是对同一应税消费品同时采用上述两种计税方法进行税额的计算，以两者之和作为该应税消费品的应纳税额。在我国，烟、酒的消费税采用此种征收方法。

消费税将危害人们健康，对社会秩序、资源环境造成危害的特殊消费品纳入征收范围，在税收中具有不可小视的地位，消费税的作用主要有：（1）调节消费结构；（2）限制某些商品的消费规模，引导消费者的消费方向；（3）能够及时、足额地保证财政收入；（4）在一定程度上缓解目前存在的社会分配不公的问题。

4.1.4 消费税与增值税的关系

在我国的税制体系中，与增值税相比，消费税作为一种税收可以用“配角”来形容，两者之间既存在一定的联系又各自区别开来，它们之间的关系如表4-1所示。

表 4-1 消费税与增值税的关系

区　别	联　系
1. 两者的征税范围不同	1. 两者都是对货物征收
2. 两者与价格的关系不同：增值税是价外税，消费税是价内税	2. 对于从价定率征收消费税的商品，征收消费税的同时需要征收增值税，两者计税依据是一致的
3. 两者的纳税环节不同：消费税是单一环节征收，增值税是在货物所有的流转环节道道征收	——
4. 增值税是按照两类纳税人来计算的，消费税的计算方法是根据应税消费品来划分的	——

4.1.5 消费税的纳税范围及纳税义务人

在我国，消费税的纳税义务人是在我国境内从事生产、委托加工和进口消费税暂行条例中规定的消费品的单位和个人。其中所指的“单位”和“个人”与增值税中的“单位”和“个人”含义相同，我国境内则指应税消费品的起运地或者所在地属于我国境内。

消费税征收环节包括四个环节：生产、委托加工、进口或零售，它在指定的环节一次性缴纳，其他环节不再征收。它的征税范围包括：

1. 生产销售应税消费品：这是消费税征收的最主要环节，纳税人生产的应税消费品在对外销售、换取生产资料、投资入股、偿还债务及继续生产应税消费品以外的其他方面时，都应按规定缴纳消费税。

2. 委托加工应税消费品：委托方将自己的原料和主要材料提供给受托方，由受托方代垫辅助材料收取加工费而加工的应税消费品应缴纳消费税。

注意：委托加工收回的应税消费品，用于继续生产应税消费品再进行销售的，可以扣除加工环节已缴纳的消费税款。

3. 进口应税消费品：单位和个人进口货物属于应税消费品的，由海关在进口环节代为征收消费税。

4. 零售应税消费品：在零售环节征收消费税的应税消费品有金银首饰、钻石及钻石饰品，其中金银首饰仅限于金基、银基合金首饰及金、银和金基、银基合金的镶嵌首饰。

4.1.6　消费税的税目和税率

纳税人兼营不同税率的应当缴纳消费税的消费品，应当分别核算不同税率应税消费品的销售额、销售数量；未分别核算销售额、销售数量，或者将不同税率的应税消费品组成成套消费品销售的，按最高税率征税。

1．税目

目前消费税实行的是 2006 年 3 月调整后的税目，包括烟、酒及化妆品等 14 个税目，有的税目下面还包括若干个子目，14 个税目如下：

（1）烟。包括卷烟、雪茄烟和烟丝等各种以烟叶为原料加工生产的产品。

（2）酒及酒精。酒是指 1 度以上的各种酒类饮料，包括白酒、薯类白酒、黄酒、啤酒、果啤及其他酒；酒精则包括工业酒精、医用酒精和食用酒精等各种用蒸馏或合成方法生产的酒精度在 95 度以上的无色透明液体。

（3）化妆品。包括各种用于美容、修饰、高档护肤的化妆品和成套化妆品。

（4）鞭炮烟火。

（5）成品油。包括汽油、柴油、石脑油、润滑油、燃料油、溶剂油及航空煤油等子目。

（6）贵重首饰及珠宝玉石。

（7）汽车轮胎。指各种用于汽车、挂车、专用车和其他机动车上的内、外轮胎。

（8）小汽车。

（9）摩托车。

（10）高尔夫球及球具。

（11）高档手表。指销售价格（不含增值税）在 10000 元（含）/只以上的各类手表。

（12）木制一次性筷子。

（13）游艇。

（14）实木地板。

2．税率

消费税在不同的税目或子目中适用不同的税率或单位税额，采用比例税率和定额税率两种形式。比例税率适用于大多数应税消费品，其税率包括 3%至 45%多个税级；定额税率只适用于黄酒、啤酒和成品油三种应税消费品；而粮食白酒、薯类白酒和卷烟三种商品则适用的是定额税率和比例税率相结合的复合计税法。

各个税目的具体税率如表 4-2 所示。

表 4-2　消费税税目、税率表

税目	子目		税率（税额）	备注
一、烟	1．卷烟	定额税率	150 元/标准箱	
		比例税率	45%	①每标准条调拨价格在 50 元以上（含）的（甲类）
		——	30%	②每标准条调拨价格不足 50 元的（乙类）
	2．雪茄烟	——	25%	
	3．烟丝	——	30%	
二、酒及酒精	1．粮食白酒、薯类白酒	①定额税率	0.5 元/斤	
		②比例税率	20%	
	2．黄酒	——	240 元/吨	
	3．啤酒	①每吨出厂价格在 3000 元以上的（甲类）	250 元/吨	每吨啤酒的出厂价格包括包装物及包装物押金，但不包括供重复使用的塑料周转箱的押金
		②每吨出厂价格不足 3000 元的（乙类）	220 元/吨	
		③娱乐业和饮食业自制的	250 元/吨	
	4．其他酒	——	10%	
	5．酒精	——	5%	
三、化妆品		——	30%	
四、贵重首饰及珠宝玉石	1．金银首饰、铂金首饰和钻石及钻石饰品	——	5%	
	2．其他贵重首饰和珠宝玉石	——	10%	
五、鞭炮烟火		——	15%	
六、成品油	1．汽油	①含铅汽油	1.40 元/升	定额税率
		②无铅汽油	1.00 元/升	
	2．柴油	——	0.80 元/升	
	3．航空煤油	——	0.80 元/升	
	4．石脑油	——	1.00 元/升	
	5．溶剂油	——	1.00 元/升	
	6．润滑油	——	1.00 元/升	
	7．燃料油	——	0.80 元/升	

续表

税　目	子　目		税率（税额）	备　注
七、高尔夫球及球具		—	10%	
八、高档手表		—	20%	10000 元及以上（含）/只
九、游艇		—	10%	
十、木制一次性筷子		—	5%	
十一、实木地板		—	5%	
十二、汽车轮胎		—	3%	
十三、摩托车	1．汽缸容量在 250 毫升（含）以下的	—	3%	
	2．汽缸容量在 250 毫升以上的	—	10%	
十四、小汽车	1．乘用车	①汽缸容量在 1.0 升（含）以下的	1%	
		②汽缸容量在 1.0 升以上至 1.5 升（含）的	3%	
		③汽缸容量在 1.5 升以上至 2.0 升（含）的	5%	
		④汽缸容量在 2.0 升以上至 2.5 升（含）的	9%	
		⑤汽缸容量在 2.5 升以上至 3.0 升（含）的	12%	
		⑥汽缸容量在 3.0 升以上至 4.0 升（含）的	25%	
		⑦汽缸容量在 4.0 升以上的	40%	
	2．中轻型商用客车	—	5%	

4.2　具体纳税数额的计算

消费税是在对货物普遍征收增值税的基础上，选择少数消费品再进行征收的一个税种。消费税主要是为了调节产品结构，引导消费方向，保证国家财政收入。消费税的计税依据包括从价计征和从量计征两种。

4.2.1 从价计征销售额的确定

从价定率计税法是消费税三种计税方法之一，其应纳税额等于应税消费品的销售额乘以适用税率，其中销售额与适用税率是从价计征方法下应纳税额确定的重要因素。

应税消费品的销售额、销售数量的确定在消费税的计算中存在着一些特殊的规定。

消费税的销售额包括纳税人销售应税消费品向购货方收取的全部价款和价外费用，此销售额中不包含增值税，但包含消费税税额。销售额与价外费用的内容与增值税的规定相同。

实行从价定率办法征收消费税的消费品如果是连同包装销售的，其计税的销售额还应包含包装物的价格，而不管会计上是否将包装物作为销售或是包装物是否单独计价；但对于包装物收取押金（收取酒类产品的包装物押金除外）而不是作价随同产品销售的，且单独核算未逾期的，该押金不并入应税消费品的销售额中计算缴纳消费税；过期未退还或是收取时间已超过 12 个月以上的押金，应并入销售额中，乘以适用的税率计算缴纳消费税。

注意：应税消费品在缴纳消费税的同时也应缴纳增值税，对于含增值税的销售额应换算为不含增值税的销售额后进行消费税的计算，其换算方法与增值税内容一致。

4.2.2 从量计征销售数量的确定

从量计征消费税的计算方法，其应纳税额等于应税消费品的销售数量与单位税额的乘积，销售数量与单位税额两个因素决定了应纳税额的多少。

销售数量指纳税人生产、加工或是进口应税消费品的数量，不同环节应税消费品销售数量的确定如表 4-3 所示。

表 4-3 销售数量确定表

序　　号	征 税 环 节	销 售 数 量
1	销售应税消费品	应税消费品的销售数量
2	自产自用应税消费品	应税消费品的移送使用数量
3	委托加工应税消费品	纳税人收回的应税消费品数量
4	进口应税消费品	海关核定的应税消费品进口征税数量

4.2.3　计税依据的特殊规定

除上述消费税的计税依据以外，还存在着一些特殊的规定，具体如下：

1．卷烟从价定率计税办法的计税依据为调拨价格或核定价格；

2．纳税人自己设立非独立核算门市部对自产应税消费品进行销售的，应当按照门市部对外销售应税消费品的销售额或销售数量征收消费税；

3．纳税人将应税消费品用于换取生产资料或消费资料、投资、抵偿债务等方面的，应按纳税人同类应税消费品销售额的最高价格作为计算消费税的计税依据；

4．酒类关联企业之间的关联交易，应按照独立企业之间的业务往来作价计算消费税。白酒的生产企业向商业销售单位收取的“品牌使用费”应并入应税白酒的销售价款，进行消费税的计算征收；

5．纳税人兼营不同税率应税消费品的，应分别核算各个税率应税消费品的销售额或销售数量，如果未分别核算或是将不同税率的应税消费品组成成套销售的，应从高适用税率。

4.2.4　生产销售环节消费税的计算

企业自行生产的应税消费品既可以用来直接对外销售，又可以拿来自用，两者应纳消费税的计算方法有所不同。

1．直接对外销售的应纳消费税的计算

企业应税消费品直接对外销售的，根据其不同的消费品范围可涉及从价定率、从量定额、复合计税三种计算方法，各类方法的计算如表 4-4 所示。

表 4-4　直接对外销售的消费税的计算方法

序号	计税方法	计税依据	适用范围	计算公式
1	从价定率计税	销售额	除以下项目之外的应税消费品	销售额×比例税率
2	从量定额计税	销售数量	啤酒、黄酒、成品油	销售数量×单位税额
3	复合计税	销售额、销售数量	粮食白酒、薯类白酒、卷烟	销售额×比例税率+销售数量×单位税额

实例 4.1

某一般纳税人生产企业，销售一批自产的化妆品给某大型商场，开具增值税专用发票，注明价款 160 万元，增值税税额 27.2 万元，计算该生产企业应缴纳的消费税。

分析：化妆品的消费税税率为 30%，属于从价定率计税的应税消费品。

该笔经济业务应缴纳的消费税税额=160×30%=48（万元）

实例 4.2

某啤酒厂 2012 年 12 月销售甲类啤酒 120 吨，每吨出厂价格为 10000 元，计算该笔业务啤酒厂应纳消费税税额。

分析：啤酒、黄酒和成品油属于从量定额计税的应税消费品，而甲类啤酒（出厂价在 3000 元/吨以上）的税率为 250 元/吨。

应纳消费税税额=120×250=30000（元）

实例 4.3

某酒业生产企业为一般纳税人，2012 年 12 月销售粮食白酒 4000 斤，取得不含税（增值税）销售额 68900 元，计算该生产企业当月应缴纳的消费税额。

分析：粮食白酒消费税的计税方法应采用复合计税法，其适用的比例税率为 20%，定额税率为 0.5 元/斤。应纳税额=销售额×比例税率+销售数量×单位税额。

应纳消费税税额=4000×0.5+68900×20%=15780（元）

注意：在计算时应换算为同单位进行计算。

2．自产自用应纳消费税的计算

纳税人将生产的应税消费品不直接对外销售，而是用于本企业连续生产应税消费品或其他方面的称为自产自用。

纳税人将应税消费品作为生产最终消费品的直接材料，并且构成最终消费品产品实体的情况，称作将应税消费品用于连续生产（如卷烟厂用自产的烟丝再连续生产卷烟），这时不缴纳消费税，避免税收重复。

但纳税人将自产的应税消费品用于其他方面（除连续生产应税消费品外）的，于移送使用时纳税。即纳税人自产应税消费品不用于销售或是连续生产应税消费品的，只要在税法所规定的范围内都应依法计算缴纳消费税。

注意：“用于其他方面”是指纳税人用于生产非应税消费品（消费税条例税目所列的 14 类产品以外的产品）、在建工程和非生产机构，以及用于捐赠、集资、广告、职工福利、奖励等方面。

纳税人将自产的应税消费品用于其他用途的，应按照纳税人生产的同类消费品的售价进行消费税计税，无同类消费品销售价格的，应按照组成计税价格计算消费税。

从价定率计税方法的组成计税价格公式：

组成计税价格=（成本+利润）/（1–比例税率）

应纳税额=组成计税价格×比例税率

复合计税方法的组成计税价格公式：

组成计税价格=（成本+利润+自产自用数量×定额税率）/（1–比例税率）

应纳税额=组成计税价格×比例税率+自产自用数量×定额税率

其中利润是指应税消费品的全国平均成本利润，由国家税务总局确定，各应税消费品的平均成本利润率如表 4-5 所示。

表 4-5　应税消费品的平均成本利润率

序号	应税消费品名称	平均成本利润率	序号	应税消费品名称	平均成本利润率
1	烟丝	5%	11	甲类卷烟	10%
2	雪茄烟		12	粮食白酒	
3	乙类卷烟		13	高尔夫球及球具	
4	薯类白酒		14	游艇	
5	其他酒		15	贵重首饰及珠宝玉石	6%
6	酒精		16	摩托车	
7	化妆品		17	木制一次性筷子	5%
8	鞭炮烟火		18	实木地板	
9	汽车轮胎		19	乘用车	8%
10	中轻型商用客车		20	高档手表	20%

实例 4.4

某汽车制造厂将自产的乘用车（气缸容量 2.0 升）一辆转作自用固定资产，该乘用车没有同类消费品的销售价格，生产成本为 36 万元，请计算应缴纳的消费税。

分析：没有同类消费品销售价格的，应按组成计税价格计税。乘用车的平均成本利润率为 8%，适用税率 5%，其组成计税价格计算如下：

组成计税价格=（成本+利润）/（1–比例税率）=36×（1+8%）/（1–5%）=40.92（万元）

应缴纳的消费税税额=40.92×5%=2.05（万元）

4.2.5　委托加工环节消费税的计算

纳税人提供原料和主要材料，委托其他单位代为加工应税消费品，由受托方收取加工费和代垫部分辅助材料的，属于征收消费税的范围，由受托方在向委托方交货时代收代缴消费税。如果出现受托方未按规定代收代缴消费税的情况，应由委托方补缴税款：已收回直接销售的，按销售额计算消费税；收回未销售或不能直接销售的，按委托加工业务的组成计税价计算消费税。

注意：对于委托加工的受托方是个人或个体经营者的，所加工的应税消费品应缴纳的消费税，由委托方收回后向所在地主管税务机关缴纳。

受托方代收代缴消费税，应按受托方同类应税消费品的销售价格计算缴纳消费税，无同类价格的，则按组成计税价格计税。对于受托方已代收代缴消费税的，委托方收回后直接销售的，不再重新征收消费税。委托加工业务组成计税价格的公式如下所示。

从价定率方法的组成计税价格：

组成计税价格=（材料成本+加工费）/（1−比例税率）

复合计税方法的组成计税价格：

组成计税价格=（材料成本+加工费+委托加工数量×定额税率）/（1−比例税率）

其中：材料成本是指委托方提供加工材料的实际成本；加工费是受托方进行加工向委托方收取的全部费用，含代垫的辅助材料实际成本。

实例 4.5

某企业受托加工应税消费品一批，委托方提供的材料成本为 46 万元，收取委托方加工费 6.4 万元（不含增值税），该批应税消费品消费税税率为 10%，无同类产品市场价格，计算该企业应代收代缴的消费税。

分析：无同类价格的，应按委托加工业务的组成计税价格进行计税，组成计税价格=（材料成本+加工费）/（1−比例税率）

组成计税价格=（46+6.4）/（1−10%）=58.22（万元）

应代收代缴消费税=58.22×10%=5.82（万元）

实例 4.6

A 酒厂从农业生产者手中收购粮食，共计支付收购价款 86000 元。A 酒厂将收购的粮食从收购地直接运往异地的 B 酒厂生产加工白酒，白酒加工完毕，企业收回白酒 6000 斤，取得 B 酒厂开具防伪税控的增值税专用发票，注明加工费 45000 元，代垫辅料价值 16000 元，加工的白酒当地无同类产品市场价格。

分析：白酒属于复合计税的应税消费品，在无同类产品市场价格的情况下，应按组成计税价格进行计税，组成计税价格=（材料成本+加工费+委托加工数量×

定额税率）/（1–比例税率）；白酒的适用比例税率为 20%，定额税率为 0.5 元/斤；免税农产品作为原料的，其包含的 13%的增值税应予以扣除。

组成计税价格=［86000×（1–13%）+（45000+16000）+6000×0.5］/（1–20%）=173525（元）

应代收代缴消费税=销售额×比例税率+销售数量×单位税额=173525×20%+6000×0.5=37705（元）

4.2.6　进口环节应纳消费税的计算

进口的应税消费品，于报关进口时由海关代为征收消费税，按照组成计税价格和规定的税率计算应纳税额。

1．进口一般货物应纳消费税的计算

进口一般货物应纳消费税的三种计算方法的公式如下所示。

从价定率办法的计税公式：

组成计税价格=（关税完税价格+关税）/（1–消费税税率）

应纳税额=组成计税价格×消费税税率

实例 4.7

某企业进口一批应税消费品，海关完税价格为 102 万元，进口关税 38 万元，该商品的消费税税率为 10%，请计算该批商品进口环节应缴纳的消费税。

组成计税价格=（102+38）/（1–10%）=155.56（万元）

应缴纳的消费税税额=155.56×10%=15.56（万元）

从量定额办法的计税公式：

应纳税额=应税消费品数量×消费税定额税率

复合计税办法的计税公式：

组成计税价格=（关税完税价格+关税+进口数量×消费税定额税率）/（1–消费税税率）

应纳税额=组成计税价格×消费税税率+应税消费品进口数量×消费税定额税额

2．进口卷烟应纳消费税的计算

进口卷烟相对于进口一般货物的应纳消费税的计税步骤较为复杂，可按两步进行：第一步，确定进口卷烟适用的比例税率；第二步，计算应纳消费税税额。

确定进口卷烟适用的比例税率：

每标准条（200 支）进口卷烟的组成价格=（关税完税价格+关税+从量消费税）/

（1–30%）

注意：在此公式中从量消费税的定额税率为每标准条 0.6 元，消费税税率固定为 30%。

当每标准条进口卷烟的组成价格≥50 元时，适用比例税率 45%；当每标准条进口卷烟的组成价格<50 元时，适用比例税率为 30%。

计算应纳消费税税额：

应纳税额=组成计税价格×适用消费税税率+应税消费品进口数量×消费税定额税额

实例 4.8

某公司 2012 年 12 月从国外进口卷烟 280 箱（每箱 250 条，每条 200 支），支付买价 3200000 元，支付抵关前的运输费用 160000 元，保险费用 100000 元。已知进口卷烟的关税税率为 20%，请计算卷烟在进口环节应缴纳的消费税。

分析：进口卷烟适用复合计税，首先应通过第一次组成计税价格来确定适用的消费税比例税率，然后再计算应缴纳的消费税税额。根据公式计算如下：

进口关税=（3200000+160000+100000）×20%=692000（元）

完税价格=3200000+160000+100000=3460000（元）

每条进口卷烟的组价=［（3460000+692000）/（280×250）+0.6］/（1–30%）=85.59（元）

单条进口卷烟的组价≥50，因此适用比例税率为 45%

应缴纳的消费税税额=280×250×85.59×45%+280×250×0.6=2738085（元）

4.2.7 消费税税额的扣除和减征

消费税采用单一环节征税，对于外购和委托加工收回的应税消费品作为继续生产应税消费品原料的，其外购和委托加工收回应税消费品已缴纳的消费税可以进行扣除。

1．外购应税消费品已交消费税的扣除

将外购应税消费品用于连续生产应缴纳消费税的商品，可依税法规定按当期生产领用数量计算扣除外购应税消费品的已纳消费税额。可扣税的范围包括消费税 14 个税目中除去酒及酒精、成品油（石脑油、润滑油除外）、小汽车、高档手表、游艇 5 个税目外的其余税目。

已缴纳消费税的扣除公式如下：

当期准予扣除的外购应税消费品已纳税款=当期准予扣除的外购应税消费品销售额×外购应税消费品适用税率

当期准予扣除的外购应税消费品销售额=期初库存的外购应税消费品销售额+当期购进的外购应税消费品销售额−期末库存的外购应税消费品销售额

实例 4.9

某烟厂 2012 年 12 月月初库存外购烟丝 30 万元，当月又购进应税烟丝 10 万元，月末库存烟丝金额为 10 万元，其余为当月生产卷烟领用，请问该企业当月准许扣除的外购烟丝已缴纳消费税额为多少？

分析：烟丝的适用税率为 30%，外购烟丝（属于应税消费品）用于连续生产卷烟（同样是应税消费品），其外购烟丝已缴纳的消费税可予以扣除。

生产领用部分的烟丝的销售额=30+10−10=30（万元）

本月准予扣除的消费税=30×30%=9（万元）

对某些扣税环节，税法上做了特殊的规定：

（1）在零售环节缴纳消费税的金银首饰（含镶嵌首饰）、钻石及钻石饰品，其已缴纳消费税不得扣除；

（2）对于本身不生产应税消费品的生产企业，将应税消费品购进后再销售的，其销售的化妆品、鞭炮烟火和珠宝玉石，凡需要进一步加工的，不直接进入消费品市场构成最终消费品的，应征收消费税，同时可予以扣除上述外购应税消费品已缴纳的消费税；

（3）可以扣除已纳消费税的应税消费品只能是从工业企业购进的或是进口环节已纳消费税的应税消费品，如果是从境内商业企业购进的应税消费品，则已缴纳的消费税款不得扣除。

2．委托加工收回的应税消费品已纳税款的扣除

委托加工收回应税消费品已经缴纳的消费税的扣除范围与外购应税消费品可以扣除的消费税的范围一样，其准予抵扣的消费税计算公式如下：

当期准予扣除的委托加工应税消费品已纳税款=期初库存的委托加工应税消费品已缴纳的消费税+当期收回的委托加工应税消费品已缴纳的消费税−期末库存的委托加工应税消费品已缴纳的消费税

3．消费税的税额减征

消费税一般不存在减免税的规定，但国家为保护生态环境，对生产销售达到低污染排放值的小轿车、小客车和越野车减征 30%的消费税，其减征税额的计算

公式如下：

减征税额=按法定税率计算的消费税税额×30%

应纳税额=按法定税率计算的消费税税额−减征税额=按法定税率计算的消费税税额×（1−30%）

4.2.8 出口应税消费品退（免）税的计算

纳税人出口应税消费品可以按照国家税务总局颁发的《出口货物退（免）税管理办法》，依据《中华人民共和国消费税暂行条例》所附的消费税税目税率表享受消费税退（免）税优惠。

消费税退（免）政策分三种情况执行，具体适用范围如表 4-6 所示。

表 4-6 消费税退（免）政策

序号	政策	适用范围
1	出口免税并退税	有出口经营权的外贸企业购进应税消费品直接出口，以及外贸企业受其他外贸企业委托代理出口应税消费品的
2	出口免税但不退税	有出口经营权的生产性企业自营出口或是生产企业委托外贸企业代理出口自产的应税消费品，可依据实际出口的商品数量免征消费税，但不予办理消费税的退还
3	出口不免税也不退税	除生产企业、外贸企业以外的其他一般商贸企业

从表 4-6 可以看出，只有外贸企业从生产企业购进货物直接出口，或是外贸企业受其他外贸企业委托代理出口应税消费品的才实行消费税退税政策，而生产企业自营出口或是委托外贸企业代理出口的，则执行免税不退税的政策。外贸企业应退消费税税款的计算，分为两种情况：

1. 从价定率计征消费税的，按外贸企业从工厂购进货物的价格计算，公式为：应退消费税税额=出口货物的出厂销售额（不含增值税）×税率；

2. 从量定额计征消费税的，以货物购进和报关出口的数量计算应退消费税，公式为：应退消费税税款=出口数量×单位税额。

实例 4.10

某外贸公司 2012 年 12 月从生产企业购入一批化妆品，取得增值税专用发票，发票注明价款 38 万元、增值税 6.46 万元，支付购买化妆品的运输费用 3.2 万元，当月将该批化妆品全部出口取得销售收入 64 万元，请计算该外贸公司的应退消费税税额。

分析：化妆品属于从价定率计征消费税的应税消费品，消费税税率为 30%。外贸企业从生产企业购进应税消费品直接出口的，可按照从工厂购进货物时不含增值税的价格计算应退的消费税税款。

应退消费税=38×30%=11.4（万元）

4.3 消费税申报流程详解

在中华人民共和国境内生产、委托加工和进口应税消费品的单位和个人为消费税的纳税义务人，应当依法缴纳消费税。消费税是指对消费品和特定的消费行为按消费流转额征收的一种商品税。

纳税人销售的应税消费品，以及自产自用的应税消费品，除国家另有规定的外，应当向纳税人核算地主管税务机关申报纳税。委托加工的应税消费品，由受托方向所在地主管税务机关解缴消费税税款。进口的应税消费品，由进口人或者代理人向报关地海关申报纳税。

4.3.1 消费税的纳税规定

消费税应当在纳税义务发生时进行消费税的纳税申报。

1．消费税纳税义务的相关规定

（1）纳税人销售应税消费品的，按不同的销售结算方式可分为以下 4 种：

- 如果买卖双方采取赊销和分期收款结算方式的，其纳税义务发生日就是书面合同约定的收款日期的当天，书面合同没有约定收款日期或者无书面合同的，为发出应税消费品的当天；
- 如果买卖双方采取预收货款结算方式的，其纳税义务发生日应为发出应税消费品的当天；
- 如果买卖双方采取托收承付和委托银行收款方式的，其纳税义务发生日就是发出应税消费品并办妥托收手续的当天；
- 当买卖双方采取其他结算方式时，其纳税义务的发生日的确定就是收讫销售款或者取得索取销售款凭据的当天。

（2）纳税人自产自用应税消费品的，其纳税义务的发生日就是该应税消费品在自用时被移送的当天。

（3）纳税人委托加工应税消费品的，其纳税义务的发生日就是纳税人以委托人的身份提货的当天。

（4）纳税人进口应税消费品的，其纳税义务的发生日就是其为进口的应税消费品进行报关进口的当天。

2．消费税的申报机构规定

- 纳税人销售的应税消费品，以及自产自用的应税消费品，除国务院财政、税务主管部门另有规定外，应当向纳税人机构所在地或者居住地的主管税务机关申报纳税。这条规定是指，一般情况下都是企业注册地税务主管机关负责企业消费税的征收管理，但是也会有例外情况。
- 委托加工的应税消费品，除受托方为个人外，由受托方向机构所在地或者居住地的主管税务机关解缴消费税税款。在委托加工业务中，消费税是由受托方代扣代缴的，因此，一般是由受托方向其税务主管机关进行申报纳税。
- 进口的应税消费品，应当向在应税消费品报关的所在海关进行申报纳税。

3．消费税的申报和缴纳的时限

- 消费税的纳税期限主要为1日、3日、5日、10日、15日、1个月或者1个季度。纳税人的具体纳税期限，应当由其所属的主管税务机关根据纳税人应纳税额的大小进行核定；如果不能按照固定期限纳税，纳税人可以按次纳税。这里的纳税期限是指消费税纳税义务发生之日起至消费税申报之日。
- 纳税人以1个月或者1个季度为1个纳税期的，自期满之日起15日内申报纳税；以1日、3日、5日、10日或者15日为1个纳税期的，自期满之日起5日内预缴税款，于次月1日起15日内申报纳税并结清上月应纳税款。这个日期期限其实是企业各税种纳税申报的通用期限。
- 纳税人进口应税消费品，应当自海关填发海关进口消费税专用缴款书之日起15日内缴纳税款。这里明确了海关消费税的纳税义务发生日。

4.3.2 消费税的出口退税

在进行消费税出口退税业务时，生产企业出口消费税应税消费品和外贸企业出口消费税应税消费品的处理是完全不同的。

消费税是单一环节征收的税种，生产企业的消费税是在其销售环节缴纳的。如果生产企业直接对外出口消费税应税消费品的，先征收消费税，然后再退税就会很麻烦。因此，我国的税法规定，生产企业直接出口所生产的消费税应税消费品的，其在出口环节免征消费税。

注意：当出口企业直接出口的消费税应税消费品被退回时，在进口环节暂时免征消费税，待出口企业将此批退货在国内销售时，再缴纳消费税。

外贸企业出口消费税应税商品的，由于其在国内购买的应税消费品是包含了生产企业出售时缴纳的消费税的，也就是说，出口企业购买的国内应税消费品都是已经缴纳过消费税的，因此，我国相关法律法规规定，有出口经营权的外贸企业直接出口或者接受其他外贸企业委托代理出口应税消费品的，出口免征消费税并将已税消费品的消费税退还。

注意：生产企业和一般商贸企业委托外贸企业代理出口的消费税应税消费品，不可以享受退税政策。

从价定率征收消费税的应税消费品，其退税额计算公式为：

应退的消费税税款=出口货物的工厂不含增值税的销售额×消费税税率

实例 4.11

南方高翔企业为一家具有进出口经营权的外贸企业，2012 年 12 月出口一批高尔夫球具到国外，该批球具购入的不含增值税的价格是 180 万元，高尔夫球具的消费税税率为 10%，分析该企业的消费税涉税业务。

分析：南方高翔企业为具有进出口经营权的外贸企业，根据相关法律法规的规定，具有进出口经营权的外贸企业从生产厂家购买的消费税应税货物出口时可以退还包含在货物中的消费税。

因此，应退的消费税税款=180×10%=18（万元）

从量定额计征消费税的应税消费品，其退税额的计算公式为：

应退的消费税税款=出口的应税消费品的数量×定量税额

实例 4.12

南方高翔企业为一家具有进出口经营权的外贸企业，2012 年 12 月出口 680 吨黄酒到国外，黄酒是属于按照定量税额征收消费税的应税消费品，其消费税税额为 360 元/吨，分析该企业的消费税涉税业务。

分析：南方高翔企业的情况与实例 4.11 中的情况一样，因此可以在出口时申请退还出口商品中包含的消费税。

应退的消费税税额=680×360=244800（元）

4.4 消费税的账务处理及示范

消费税的纳税人应按《中华人民共和国消费税暂行条例》的有关规定依法按时缴纳消费税，并通过“应交税费——应交消费税”明细科目进行会计核算和账务处理。通过该明细科目的借方核算企业实际缴纳的消费税和待扣的消费税，贷方核算企业按规定应缴纳的消费税，“应交税费——应交消费税”明细科目期末贷方余额表示暂未缴纳的消费税，借方余额则反映企业多缴纳的消费税。

4.4.1 应税消费品销售的会计处理

应税消费品销售所收取的全部价款都应作为消费税的计税依据，根据应税消费品销售是否包含价外费用的不同，应税消费品销售的会计处理也有所区别。

1．应税消费品销售的会计处理

纳税人销售自制应税消费品，按计算的应缴纳消费税税额借记“营业税金及附加”，贷记“应交税费——应交消费税”，实际缴纳时，借记“应交税费——应交消费税”，贷记“银行存款”等相关科目。

实例 4.13

某工厂 2012 年 12 月对外销售一批应税消费品，开具增值税专用发票上注明销售额 68000 元，增值税额 11560 元，该应税消费品适用税率为 10%，请计算工厂 12 月应缴纳的消费税并做相关的会计处理。

计算应缴纳的消费税税额=68000×10%=6800（元），进行相关的会计处理如下：

借：银行存款/应收账款　　　　79560

　贷：主营业务收入　　　　68000

　　　应交税费——应交增值税（销项税额）　　　　11560

借：营业税金及附加　　　　6800

　贷：应交税费——应交消费税　　　　6800

2．应税消费品包装物应交消费税的会计处理

包装物是企业为了包装商品，便于储存和保管或美化产品而使用的各种容器。在产品销售时，包装物的使用就出现了多种情形：与商品一起销售但不单独计价、与商品一起销售但单独计价、出借包装物或出租包装物、与商品一起销售又收取

包装物押金等情况。包装物不同使用方式的会计处理主要介绍以下两种。

（1）随同应税消费品销售不单独计价的包装物的会计处理

随同应税消费品销售但不单独计价的包装物，实行从价定率办法计算消费税的，无论包装是否单独计价，也不论会计上是否做销售处理，都应并入产品的销售收入中计征消费税，同时将包装物的成本作为“销售费用”转出。

实例 4.14

某化妆品公司 2012 年 12 月销售一批高档化妆品，附带包装物一起销售，销售价款及增值税合计 280800 元已通过银行存款收回，该批化妆品的成本价为 120000 元，包装物成本 5600 元，请做相关会计分录。

分析：化妆品属于从价定率的应税消费品，适用消费税税率为 30%，连同应税消费品一同销售的包装物应并入产品销售收入中计征消费税。

计算应交消费税=280800/（1+17%）×30%=72000（元），相关分录如下：

确认收入，

借：银行存款　　　　280800

　贷：主营业务收入　　　　240000

　　　应交税费——应交增值税（销项税额）　　　　40800

计算应交消费税，

借：营业税金及附加　　　　72000

　贷：应交税费——应交消费税　　　　72000

结转产品及包装物成本，

借：主营业务成本　　　　120000

　贷：库存商品　　　　120000

借：销售费用　　　　5600

　贷：周转材料——包装物　　　　5600

（2）随同应税消费品销售并且单独计价的包装物的会计处理

随同销售且单独计价的包装物，其所得收入应记入“其他业务收入”科目，成本结转入“其他业务成本”科目，其计算应缴纳的消费税则计入“营业税金及附加”科目。

实例 4.15

卷烟厂销售烟丝一批，开具增值税专用发票上注明价款 260000 元，增值税税额 44200 元，同时收取单独计价的包装物价款 4000 元，价款已通过银行收取。已知该批烟丝的成本100000元，包装物成本3200元，请计算该笔业务应缴纳的消费税并做相关会计处理。

分析：烟丝是适用从价定率方法的应税消费品，其适用的消费税税率为30%。随同应税消费品销售且单独计价的包装物，计算应缴纳的消费税。

应交消费税=（260000+4000/1.17）×30%=79026（元）

增值税销项税=（260000+4000/1.17）×17%=44781（元）

做相关会计分录如下：

确认收入，

借：银行存款　　　　308200

　贷：主营业务收入　　　　260000

　　　其他业务收入　　　　3419

　　　应交税费——应交增值税（销项）　　　　44781

应交消费税，

借：营业税金及附加　　　　79026

　贷：应交税费——应交消费税　　　　79026

结转成本，

借：主营业务成本　　　　100000

　贷：库存商品　　　　100000

借：其他业务成本　　　　3200

　贷：周转材料——包装物　　　　3200

4.4.2 委托加工应税消费品的会计处理

委托加工的应税消费品由受托方在交付商品时代扣代缴消费税税款，委托方将委托加工应税消费品收回后，根据直接销售和继续生产两种情况对已缴纳的消费税做不同的会计处理。

1. 收回后直接对外销售应税消费品

委托加工应税消费品由委托方收回后直接对外销售的，在销售时不再缴纳消费税，其已缴纳的消费税应计入委托加工应税消费品的成本。委托方根据支付的加工费和受托方代收代缴消费税的凭证借记“委托加工物资”、“生产成本”等科目，贷记“银行存款”、“应付账款”等科目。

实例 4.16

某工厂委托外单位加工应税消费品（消费税税率 10%）一批，对外提供应税消费品 82000 元，两方协议此次加工费（不含增值税）为 18000 元，2012 年 12 月 20 日，该工厂收回已加工好的应税消费品用于直接对外销售，加工费与受托方代扣代缴的消费税已通过银行存款一并支付。相关会计分录如下所示。

委托方：发出材料时，

借：委托加工物资　　　　82000

　贷：原材料　　　　82000

支付加工费，

借：委托加工物资　　　　18000

　　应交税费——应交增值税（进项税额）　　　3060

　贷：银行存款　　　21060

支付受托方代收代缴的消费税：

代扣代缴消费税=（82000+18000）/（1−10%）×10%=11111（元）

借：委托加工物资　　　　11111

　贷：银行存款　　　　11111

收回委托加工物资，

借：库存商品　　　　111111（82000+18000+11111）

　贷：委托加工物资　　　111111

受托方：收取加工费时，

借：银行存款　　　　21060

　贷：主营业务收入/其他业务收入　18000

　　　应交税费——应交增值税（销项税额）　3060

收取代收代缴消费税时，

借：银行存款　　　　11111

　贷：应交税费——应交消费税　　　　11111

上缴消费税时，

借：应交税费——应交消费税　　　11111

　贷：银行存款　　　11111

2．收回后连续生产应税消费品

委托加工应税消费品由委托方收回后用于连续生产应税消费品的，按税法规定已缴纳的消费税准予抵扣，委托方按代扣代缴的消费税款，借记“应交税费——应交消费税”，贷记“应付账款”、“银行存款”等科目。

实例 4.17

承实例 4.16，假定上述应税消费品由委托方收回后继续加工应税消费品，那么委托方相应的会计分录如下所示。

发出材料时，

借：委托加工物资　　　82000

　贷：原材料　　　82000

支付加工费，

借：委托加工物资　　　18000

　　应交税费——应交增值税（进项税额）　　　3060

　贷：银行存款　　　21060

支付受托方代收代缴的消费税，

代扣代缴消费税=（82000+18000）/（1–10%）×10%=11111（元）

借：应交税费——应交消费税　　　11111

　贷：银行存款　　　11111

加工收回，

借：库存商品　　　100000（82000+18000）

　贷：委托加工物资　　　100000

受托方的会计分录处理同实例 4.16。

4.4.3　应税消费品视同销售的会计处理

同增值税类似，企业将应税消费品用于投资、换取生产资料、消费资料等用途时，虽然在会计上不做销售处理，但按税法要求应视同销售征收消费税。

1．企业以生产的应税消费品作为投资的应交消费税的会计处理

企业以生产的应税消费品作为投资应视同销售缴纳消费税，借记“长期股权投资”，贷记“库存商品”等科目，按应缴纳的消费税贷记“应交税费——应交消费税”科目。

实例 4.18

汽车制造厂以自行生产的乘用车（排气量 2.0 升）20 辆对外投资，该类乘用车每辆实际成本为 160000 元，市场售价（不含增值税）240000 元，请计算该汽

车制造厂应缴纳的消费税并做出相关会计分录。

分析：企业以生产的应税消费品对外投资的应视同销售缴纳增值税和消费税。本题乘用车（排气量 2.0 升）适用的消费税税率为 5%。

应交增值税=240000×17%×20=816000（元）

应交消费税=240000×5%×20=240000（元）

借：长期股权投资　　　　4256000

　贷：库存商品　　　　　3200000

　　　应交税费——应交增值税（销项税额）　　　816000

　　　应交税费——应交消费税　　　240000

2．企业以生产的应税消费品换取生产资料、消费资料或抵偿债务的会计处理

企业以生产的应税消费品换取生产资料、消费资料或是抵偿债务的，应视同销售行为，以纳税人销售同类应税消费品的销售价格为计税依据计算应交消费税。

实例 4.19

某企业将自产的应税消费品 34000 元（不含增值税）用于抵偿供应商的应付账款，该应税消费品消费税税率为 10%，请计算该笔业务应交的消费税并做相关的会计处理。

分析：以应税消费品抵偿债务的应视同销售行为，按规定缴纳消费税。

应交消费税=34000×10%=3400（元）

应交增值税=34000×17%=5780（元）

借：应付账款　　　39780

　贷：库存商品　　　34000

　　　应交税费——应交增值税（销项税额）　　　5780

借：营业税金及附加　　　3400

　贷：应交税费——应交消费税　　　3400

3．企业将自产应税消费品用于在建工程、非生产机构等方面的会计处理

企业将自产应税消费品用于在建工程、非生产机构等方面时，虽然不存在销售行为，在会计处理上也不做销售处理，但按税法规定应缴纳增值税和消费税，当企业将自产应税消费品自用时，按其成本借记“在建工程”、“营业外支出”、“应付职工薪酬”等项目，贷记“库存商品”、“应交税费——应交消费税”科目。

实例 4.20

某汽车制造厂将自产的一辆乘用车（排气量 3.0 升）转给职工作为福利用车，该类车市场售价为 260000 元，生产成本 140000 元，请计算该企业应交消费税并做相关会计分录。

分析：企业将自产应税消费品用于员工福利，应按税法规定进行增值税和消费税的缴纳，该乘用车适用消费税税率为 12%。

应交消费税=260000×12%=31200（元）

应交增值税=260000×17%=44200（元）

借：应付职工薪酬　　　　215400

　贷：库存商品　　　　140000

　　　应交税费——应交增值税（销项税额）　　　　44200

　　　应交税费——应交消费税　　　　31200

4.4.4 进口应税消费品的会计处理

企业进口应税消费品，海关代缴的消费税应计入应税消费品的成本，凭海关提供的完税凭证借记“固定资产”、“材料采购”等科目，贷记“银行存款”科目。因进口应税消费品的消费税由海关代为征收，完税后海关才发放货物，所以海关代缴的消费税不再通过“应交税费——应交消费税”科目进行反映，而是直接通过“银行存款”贷记反映。

实例 4.21

企业为增值税一般纳税人，2012 年 12 月从国外进口一批化妆品，海关完税价格为 280000 元，适用关税税率 20%，请计算该批货物的应交消费税并做相应的会计处理。

组成计税价格=（280000+280000×20%）/（1–30%）=480000（元）

应交关税=280000×20%=56000（元）

应交消费税=480000×30%=144000（元）

应交增值税=480000×17%=81600（元）

借：材料采购　　　　480000

　　应交税费——应交增值税（进项税额）81600

　贷：银行存款　　　　561600

第 5 章　为祖国添砖加瓦：个人所得税

开篇点心

职工小李："郭会计，我这个月的工资数目怎么不对啊？"

会计："这个月的工资是连同年终奖一起下发的，你看是哪里不对？"

职工小李："是这样，小罗的年终奖跟我一样多，为什么他扣的个人所得税比我少呢？"

会计："哦，原来是这个问题啊，年终奖的计税基数不是只按照年终奖金额作为基数计税的。"

职工小李："那是怎么怎么计税的啊？"

会计："年终奖的计税基数是要和发年终奖这个月的工资挂钩的！比如你当月工资为 2500 元，年终奖为 5000 元，那你这个月的个人所得税计税基数为 4000 元。"

职工小李："嗯？这个 4000 元是怎么来的？"

会计："4000=5000–（3500–2500），其中的 3500 元是个人所得税起征点。因为你当月的工资没有超过 3500 元而不需要交税，然而你有年终奖，则要把年终奖先补充当月的工资至 3500 元后，剩余的金额才按照个人所得税的计税级别来计算税额。"

职工小李："哦，原来是这样啊！"

会计："所以，你跟小罗的年终奖金额虽然一样，你俩所扣的个人所得税也有可能不一样！"

【本章导读】

个人所得税的纳税义务人是个人，它是对个人所得征缴税款的一种纳税形式。一般个人所得税都由公司代缴代扣，其税率对不同金额的收入采用不同的超额累进税率来计算，这种计税方法比较科学，实现了多得则多缴的公平计税原则。这一章我们将讲解不同收入的个人所得税的计税方法和其账务处理方法。

5.1 外行看门道

所得税是对应税所得进行征收的一种税收，个人所得税的征税对象为自然人，它是将自然人取得的各类应税所得作为征税对象而征收的一种税收，是政府采用税收的手段对个人收入进行调节的方式。

注意：个人所得税中所指的自然人包括个人和具有自然人性质的企业。

个人所得税最早产生于18世纪末的英国，到目前为止已成为世界各国普遍征收的税种，是各国政府重要的财政收入来源。

5.1.1 个人所得税的纳税人

根据我国《个人所得税法》的规定，在中国境内有住所，或者无住所而在境内居住满一年的个人，从中国境内和境外取得的所得，依照规定缴纳个人所得税。在中国境内无住所又不居住或者无住所而在境内居住不满一年的个人，从中国境内取得的所得，依照规定缴纳个人所得税。

可见，个人所得税的纳税人不局限于具有我国国籍的公民，还包括各种从我国境内获取个人所得的其他个人。根据国际通行的做法，我国也把个人所得税的纳税人区分为居民纳税人和非居民纳税人。居民纳税人所取得的个人所得，不论是来自我国境内还是境外，属于个人所得税应税项目的，都需要缴纳个人所得税。而非居民纳税人，则只需要就其境内的个人所得，属于个人所得税应税项目的，缴纳个人所得税，境外所得则不需要。

纳税人性质的划分，不是以国籍为标准的，而是以居住时间为标准来确定的。根据相关法律法规的规定，在一个纳税年度内，在中国境内住满365天的自然人就是居民纳税人。

注意：如果纳税人临时离境的，只要一次离境不超过30日，累计离境不超过90日，都作为境内居住天数计算在境内居住时间内。

不符合此条件的就是非居民纳税人。

5.1.2 个人所得税的特点和作用

我国个人所得税税制主要有以下四个特点：

- 实行分类征收。我国的个人所得税采用的是分类所得税制，即将个人取得的各种所得划分为 11 类，分别适用不同的费用减除标准、不同的税率和不同的计税方法；

- 累进税率与比例税率并用。其中，工资、薪金所得适用 3%～45%的七级超额累进税率；个体工商户的生产经营所得，对企事业单位的承包、承租经营所得，个人独资企业和合伙企业投资者的生产经营所得，适用 5%～35%的五级超额累进税率；稿酬所得，劳务报酬，特许权使用费所得，利息、股息、红利所得，财产租赁所得，财产转让所得，偶然所得和其他所得等均适用 20%比例税率；
- 对纳税人的应纳税额分别采取由支付单位和个人源泉扣缴、纳税人自行申报两种方法；
- 以个人（自然人）作为纳税单位。

个人所得税具有税收的基本功能，如收入分配、获取财政收入，以及资源配置等，其具体作用主要有以下三个方面：

- 用来缓解社会分配不公的矛盾，调节收入分配，在保证分配效率的前提下体现社会公平；
- 通过个人所得税的征收来增加国家财政收入，扩大国家筹集收入的渠道；
- 增强国民的纳税意识，树立公民依法纳税义务的观念。

5.1.3 个人所得税的扣缴方式

我国的税收法律法规规定，除了年所得 12 万元及以上的个人、从两处以上获得个人所得税应税所得的个人、以居民纳税人身份获得境外收入的个人、获得的个人所得没有扣缴义务人的个人，这几类情形需要纳税人自行申报外，其他税目的个人所得税的扣缴方式都是以代扣代缴的方式来进行。所谓代扣代缴，就是由负有扣缴义务的扣缴义务人，从纳税人的所得中代扣代缴纳税人所需要缴纳的所得税。在我国税法体系中，一般来说，企业就是对个人所得税负有代扣代缴义务的扣缴义务人。因此，企业申报纳税工作是绕不开个人所得税的。

根据我国税法的规定，个人所得税以获得个人所得税应税所得的个人作为纳税人，以支付个人所得的企事业单位和其他个人为扣缴义务人。

实例 5.1

南方高翔企业的员工王利 2012 年 12 月的工资为 6000 元，需要缴纳个人所得税 145 元，请分析企业代扣代缴的个人所得税应如何操作？

分析：王利所获得的工资6000元，是其个人应税所得。根据规定，王利是其个人所得税的纳税人。而南方高翔企业是支付给王利个人所得的企业，南方高翔企业就是王利的个人所得税的扣缴义务人，负有代扣代缴王利的个人所得税的义务。因此，王利个人所得6000元中需要缴纳的145元个人所得税，此145元的个人所得税由南方高翔企业代扣，王利实际所得现金为5855元，南方高翔企业在代扣了王利145元个人所得税后，还需要通过纳税申报，代缴此笔税金。

王利是否为南方高翔企业员工不作为南方高翔企业是否需要代扣代缴的考虑因素。因为根据规定，代扣代缴人是以是否为个人所得的支付人来界定，不涉及其他关系。

5.1.4 应税所得项目

税法对个人所得税的应税所得项目进行了明确的规定，应纳个人所得税的项目种类繁多，具体包括下列各项：

1．工资、薪金所得

个人因受雇或就职而获得的工资、薪金、奖金、年终加薪、津贴、补贴、劳动分红及与就职和受雇有关的各类所得为工资、薪金所得，应作为个人所得税计征项目计算个人所得税。

但下列项目按规定不属于工资、薪金所得，不予征收个人所得税：

（1）独生子女补贴；

（2）托儿补助费；

（3）差旅费津贴及在规定标准内的误餐费；

（4）公务员工资制度中不构成基本工资总额的补贴、津贴差额和其家属成员的副食品补贴。

行政、企事业单位和社会团体因机构改革实行内部退养办法的，其个人在法定离退休年龄之前所取得的工资、薪金，取得的一次性收入，以及办理内部退养手续后又重新就业所取得的工资、薪金，不属于离退休工资，应按相应的规定计算缴纳个人所得税。

企业将国有股权按劳动分红的形式发放给职工的，应计入职工的工资、薪金所得计算个人所得税。

出租车驾驶员对其单位的出租车采取承包或承租方式运营的，其从事客运、货运所取得的收入，按工资、薪金所得计征个人所得税。

2．个体工商户生产和经营所得

个体工商户和从事生产、经营的个人直接从事工商各业，如工业、手工业、建筑业、商业、交通运输业、医疗、咨询、彩票代销等生产、经营活动而取得的生产性、经营性所得，以及独立劳动所得，如私人诊所的医生、独立从事文教等活动的个人获得的所得应缴纳个人所得税。

个体工商户和个人取得的与生产经营活动无关的其他所得，如存款利息、投资股息等，不属于此税目的征税范围，应根据其他应税项目进行计税。

个人独资企业和个人合伙企业投资者的生产经营所得，比照个体工商户生产和经营所得的税目进行计税。其个人投资者以企业资金为本人、家庭成员或其他人支付的与企业生产经营无关的消费性支出、财产性支出，应视同企业对个人投资者进行的利润分配，计入投资者个人的生产经营所得，按照本税目计征个人所得税。

3．对企业、事业单位承包经营、承租经营的所得

个人对企事业单位的生产经营、采购、销售、建筑安装业务承包或承租经营，以及转包或转租所取得的所得应计征个人所得税。

4．劳务报酬所得

个人独立从事的各种非雇佣关系的劳务所得为劳务报酬所得。此处所指的劳务包括的项目有：设计、安装、制图、装潢、化验、测试、医疗、法律、咨询、会计、讲学、新闻、广播、翻译、审稿、书画、雕刻、影视、录音、录像、演出、表演、广告、展览、技术服务、介绍服务、经纪服务、代办服务和其他劳务等。

注意：劳务报酬所得与工资、薪金所得在实际操作中容易混淆，两者的主要区别在于是否属于非独立个人劳务活动。劳务报酬所得均是个人独立从事上述各项劳务所取得的报酬，而工资、薪金所得则属于非独立劳务活动。

5．稿酬所得

个人因其作品以图书、报刊形式出版或发表而获得的所得应计征个人所得税。

6．特许权使用费所得

个人将其所拥有的专利权、商标权、著作权、非专利技术及其他特许权的使用权向他人提供而取得的收入，属于特许使用费所得的税目，应当依法缴纳个人所得税。

注意：稿酬所得应与提供著作权使用权的所得分开税目计税。

7．利息、股息、红利所得

个人拥有债权、股权而取得的利息（不含因拥有国债和国家发行金融债券所取得的利息）、股息、红利所得，应当按规定缴纳个人所得税。

非个人独资企业、合伙企业的企业，其个人投资者以企业资金为本人、家庭成员和其他人员支付的与企业生产经营无关的消费性支出、财产性支出，以及个人投资者从企业借出的款项，在纳税年度终了后未归还也未用于企业生产经营的，都应视为企业对个人投资者的红利分配，按此税目计征个人所得税。

8．财产租赁所得

个人出租建筑物、土地使用权、机器设备、车船及其他财产取得的所得为财产租赁所得，应按规定缴纳个人所得税。

9．财产转让所得

个人转让有价证券、股权、建筑物、机器设备、土地使用权、车船及其他财产的所得，应按财产转让所得税目征收个人所得税。

注意：我国目前对股票转让所得暂不征收个人所得税。

10．偶然所得

个人因得奖、中彩及其他偶然而获得的所得，一律由发奖单位或机构代为扣缴个人所得税。

11．其他所得

由国务院、财政部门确定的其他需征税的个人所得。

5.2 具体纳税数额的计算

个人所得税法是调整征税机关与自然人（居民、非居民人）之间在个人所得税的征纳与管理过程中所发生的社会关系的法律规范的总称。在个人所得税中，不同的税目所适用的税率不同，有的税目适用分级累进税率，有的税目适用比例税率，因此，个人所得税不同税目的计算方式是不一样的。

5.2.1 工资、薪金所得的计算

根据最新的修订后的个人所得税法，工资、薪金所得所适用的税率表如表 5-1 所示，目前个人所得税的免征额为 3500 元。

注意：所谓免征额，就是在免征额范围内的个人工资薪金所得，即免征个人所得税的部分。3500 元的免征额，就是企业个人工资薪金所得税的起征点。只有当个人的工资薪金所得超过 3500 元的部分才需要根据个人所得税税率表的规定，分段缴纳个人所得税。

表 5-1　工资、薪金所得的个人所得税税率表

级　数	区　　间	税　率	速算扣除数
1	不超过 1500 元的	3%	0
2	超过 1500 元至 4500 元的部分	10%	105
3	超过 4500 元至 9000 元的部分	20%	555
4	超过 9000 元至 35000 元的部分	25%	1005
5	超过 35000 元至 55000 元的部分	30%	2755
6	超过 55000 元至 80000 元的部分	35%	5505
7	超过 80000 元的部分	45%	13505

如表 5-1 所示，企业在计算个人所得税时就是使用这张税率表来计算的。在工资、薪金的个人所得税的计算中，还应考虑免征额。如果个人的工资薪金所得低于个人所得税的免征额，那么就不需要缴纳个人所得税；如果个人的工资、薪金所得高于个人所得税的免征额，则只需要就其高于免征额的个人所得部分计算缴纳个人所得税。

从表 5-1 可以看出，个人所得税的税金使用的是 7 级累进税率。也就是说，个人所得税的征收是将个人的应税所得，分成 7 级，分段使用不同的税率来计算个人所得税。

个人所得处于免征额的部分是不征收个人所得税的，不在 7 级分段之中。7 级分段是对个人所得超过免征额的部分进行分段分税率征收。

根据个人所得税税率表，个人工资、薪金所得超出免征额后的 0～1500 元的部分，征收 3%的个人所得税；超出免征额后的 1500～4500 元的部分，征收 10%的个人所得税；以此类推一直到第七段，超过 80000 元的部分征收 45%的个人所得税。

可见，工资薪金应税所得根据 7 级累进税率进行计算缴纳个人所得税，相当麻烦，需要将个人的工资薪金应税所得分段对应各自的适用税率计算税额然后再合计才能得出需要缴纳的个人所得税税额。在实务中，一般是通过速算扣除数来计算个人的工资薪金所得的个人所得税。

注意：在使用速算扣除数来计算个人的工资薪金所得的个人所得税时，还需要考虑免征额。在计算时，将个人的工资薪金应税所得扣除免征额后的金额根据适用税率计算个人所得税，然后再减掉速算扣除数，就是个人所得税的税额了。

实例 5.2

艾米 2012 年 12 月的工资为 7000 元，根据税法规定，该所得属于工资薪金应税所得，个人所得税的免征额为 3500 元，不考虑其他扣除项目，请问艾米需要缴纳多少个人所得税？

艾米的工资为 7000 元，工资薪金所得的个人所得税的免征额是 3500 元，因此适用 7 级累进税率的工资额是 7000–3500=3500 元。根据工资薪金所得的税率表，3500 元需要分成 2 段来计算，也就是 0～1500 元一段，1500～4500 元一段，因此，其工资薪金所得的个人所得税计算=1500×3%+（3500–1500）×10%=245。

在本题中，如果使用速算扣除数来计算则要简单很多，查表可得，个人所得税的计算=3500×10%–105=245。

可见，如果使用分段计算，就比较麻烦，有几段，就要分别计算几段，而使用速算扣除数的计算方法，无论金额大小，都只要根据最高应纳税金额所属的适用税率计算然后扣减相应的速算扣除数即可。

5.2.2 工资、薪金所得的相关规定

工资、薪金所得在计算个人所得税时还有若干较为重要的规定，企业在涉税业务中需要遵循。

1．工资、薪金应税所得免征额的规定

在工资、薪金所得的计算中，需要考虑免征额。根据最新修订的《个人所得税法》的规定，一般的免征额为 3500 元。

另外，根据相关法律法规的规定，外籍、港澳台等身份的个人，在我国境内取得的工资、薪金应税所得所适用的免征额为 4800 元。也就是说，在计算外籍、港澳台身份的个人工资、薪金、个人所得税时，应当根据所得额扣减 4800 元，剩余的部分再根据 7 级累进税率计算个人所得税。

2．工资、薪金应税所得扣除额的规定

在确定工资、薪金所得时，除了免征额不需要缴纳所得税外，税法还规定了其他项目可以在计算个人的工资、薪金应税所得时扣除。如国家规定的各种社会福利性费用，包括三险一金（养老保险、医疗保险、失业保险、住房公积金）个人负担

的部分。

纳税人如果有两份以上分别获取的工资、薪金所得的，应当汇总合并计算其个人所得税的应税所得。全年一次性发放的奖金的个人工资、薪金应税所得的计算与一般的月度工资、薪金应税所得的计算是不一样的，由于计算方法各地规定不同，政策调整频繁，因此不做详细介绍。只是说明，一般情况下，由于全年一次性发放的奖金金额较大，按照月度工资、薪金应税所得的计算方式，纳税人的负担是较重的。因此，税务主管部门规定，全年一次性发放的奖金的应税所得的计算使用特定的办法，以平衡纳税人的税负，同时，该方法一年只能适用一次，防止纳税人通过这种方法的重复使用来规避税收。企业在实务中，一般是通过网上申报软件自动计算应纳税额，也可以向其税务主管机关就计算方法进行咨询。

5.2.3　工资、薪金所得的申报

个人的工资、薪金所得税是由发给个人工资、薪金的企业进行代扣代缴的。在实务中，个人实际拿到手的工资是税后工资，其需要缴纳的个人所得税，由企业通过企业的纳税申报系统代为扣缴。

5.2.4　个体工商户生产、经营所得

个体工商户的生产、经营所得，也就是个体工商户通过经营业务获得的盈利作为个人所得税的应税所得。由于个体工商户的个体性质，因此，这种盈利不在企业所得税的征收范围，而是属于个人所得税的征收范围。

个体工商户的生产、经营所得，即个体工商户在经营过程中获得的收入，扣除支付的各种支出后的余额。为了避免个体工商户规避税收，我国的税法对各种在计算个体工商户生产、经营所得应税所得时可以扣除的支出进行了详细的规定：

- 个体工商户本人的工资，只能按照每月 3500 元，每年 42000 元进行扣除。多发给本人的工资不可以作为扣除项；
- 个体工商户支付给员工的工资，根据实际的支出进行扣除；
- 个体工商户支付的用于员工福利的费用，不能全部扣除，只能扣除支付的工资、薪金总额的 14%；
- 个体工商户为了开展业务的需要，支出的广告费和业务宣传费，不能全部扣除，当年度的扣除额不能超过年度营业额的 15%，如果当年度的实际支出额超过了当年度的营业收入的 15%，那么多余的部分，可以结转到

下一个年度用于扣除；

- 个人工商户发生的业务招待费支出，在计算个人所得税应税所得时，根据其实际发生额的 60%进行扣除，不可以全额扣除，且其最高的扣除额不得超过销售收入的千分之五；
- 个人工商户发生的借款利息等费用，符合相关法律法规的认定标准的，可以全额扣除。

注意：由于个体工商户的个体属性，不在企业所得税的征收范围内，但是个体工商户也有工商户属性，是一个经营实体，因此在计算其个人所得税的应税所得时，计算方法非常类似于企业所得税的计算办法。但是，在我国的税法体系中，由于个体工商户的生产、经营所得其个体属性更强，被归入了个人所得税的征收范围。此外，如果该个体获得了与其拥有的工商户的生产、经营无关的个人所得，应当根据其所得的所属税目，另外申报缴纳个人所得税。

个体工商户生产、经营所得适用的税率如表 5-2 所示。

表 5-2　个体工商户的个人所得税税率表

级　数	区　　间	税　率	速算扣除数
1	不超过 15000 元的	5%	0
2	超过 15000 元至 30000 元的部分	10%	750
3	超过 30000 元至 60000 元的部分	20%	3750
4	超过 60000 元至 100000 元的部分	30%	9750
5	超过 100000 元的部分	35%	14750

个体工商户生产、经营所得的适用税率是 5 级累进税率，其计算方法与工资薪金所得的 7 级累进税率的计算方法并无二致，在此不再重述。由于个体工商户的财务核算一般没有正规企业规范，因此实务中，个体工商户生产、经营所得的个人所得税，也往往会采用由税务主管机关进行核定征收的办法来缴纳。

个体工商户的生产、经营所得应当由个体工商户自行进行申报纳税，并在年度终了后进行个人所得税的汇算清缴。

注意：个人独资企业、合伙企业的个人所得税计算的规定与个体工商户生产、经营所得的个人所得税计算的各种规定是一致的。

实例 5.3

王利经营的王利杂货店属于个体工商户，2012 年度取得个体工商户生产经营所得 20 万元。其中当年王利每个月自己发给自己的工资 5000 元，问该年度王利需要缴纳多少个人所得税？

分析：由于王利 2012 年度经营的杂货店生产经营所得为 20 万元，因此应该以 20 万元作为计算王利需要缴纳的个体工商户经营所得的个人所得税的计算依据。根据题目所述资料，当年度王利发给自己的月工资是 5000 元，折合全年 60000 元。根据个人所得税相关法律法规的规定，王利作为个体经营者，在其经营过程中发给自己的工资，在计算个体工商户生产经营所得时，只能按照每月 3500 元，全年 42000 元进行扣除。

生产、经营所得=200000+（60000−42000）=218000（元）

王利需要缴纳的个人所得税=218000×35%−14750=61550（元）

5.2.5 企事业单位的承包经营、承租经营所得

对企事业单位的承包经营、承租经营所得的个人所得税进行计算和申报主要分为以下几种情况来做不同的处理。

第一种情况：企事业单位的承包、承租人对所承租、承包的企事业单位的经营成果没有所有权，而仅仅是根据承包、承租合同约定的条款收取报酬。这种情况下，承包、承租人并没有承担所承包、承租的企事业单位的经营风险，而只是获取固定的酬劳，承包、承租人所获取的承包、承租收入的性质更接近工资、薪金所得。因此，这种情况的承租、承包所得的个人所得税的计算方法与工资、薪金所得税目的计算方法是一致的，适用税率也是一致的。即完全视同工资、薪金所得进行申报纳税。

注意：在实务中，更多的情况是，承租、承包人虽然对所承租、承包的企事业单位的经营成果没有所有权，但是根据承租、承包合同的规定，其获取的报酬仍然是和企事业单位的经营成果有一定挂钩的。在这种情况下，只要该企事业单位的承租、承包人是从该企事业单位获得固定报酬的，也是属于第一种情况。

第二种情况：企事业单位的承包、承租人对该企事业单位的生产经营的成果具有所有权的，那么就要按照对企事业单位的承包、承租经营所得税目进行申报缴纳个人所得税。这里所说的所有权，是指承包人、承租人在承包期内支付给企事业单位的所有人一定的固定费用后，不论承包、承租的经营是好是坏，其成果都由承租、承包人承担。

第三种情况：企事业单位的承包、承租人对企事业的工商登记进行实质性变更，所谓实质性变更，就是变更了企事业单位的所有权。在这种情况下，实际上

承包、承租人改变了其原本作为承包、承租经营的行为性质，使所承包、承租的企事业单位变成了个体工商户的性质。因此，企事业单位的承包、承租人应当根据个体工商户经营所得的税目进行个人所得税的纳税申报。

可见，在三种看似都是承包、承租经营的情况下，只有第二种情况是按照个人对企事业单位的承包、承租经营所得税目进行个人所得税的纳税申报的。其个人所得税的计算方式、适用税率和个体工商户生产经营所得的所适用的 5 级累进税率是一致的。其适用公式为：

应纳税额=（全年收入总额-成本、费用及损失）×适用税率-速算扣除数

注意：从公式可以看出，如果承包、承租人在支付了成本、费用及损失后，所得收益是亏损的，则不必缴纳个人所得税。

在申报企事业单位承包、承租所得的个人所得税时，要注意，其纳税期间是以年为单位的。也就是根据一年的承包、承租所得的情况进行申报。在实务中，往往存在企事业单位的承包、承租人在一年中分几次来获得承包、承租收益。在这种情况下，纳税人应该在每一次获得承包、承租收益时先进行个人所得税的预缴，然后在年度终了后再进行年度个人所得情况的申报，对于已经预缴的部分，按照多退少补的方法来计算税款。

注意：这里所说的一年，是指自然年度，自然年度结束后，就需要对上一个年度的承包、承租经营所得进行纳税申报了，不论上一个年度实际的承包、承租期是多久。

5.2.6 劳务报酬所得

根据《个人所得税法》的定义，劳务报酬所得是指从事各种技艺，提供各项劳务取得的所得。如从事设计、装潢、安装、制图、化验、测试、医疗、法律、会计、咨询、讲学、新闻、广播、翻译、审稿、书画、雕刻、影视、录音、录像、演出、表演、广告、展览、技术服务、介绍服务、经纪服务、代办服务及其他劳务取得的所得。

注意：个人在企业中担任董事、监事，领取董事、监事津贴，但是不是公司的员工，不在公司担任职务或者受雇于公司的，领取的津贴也属于劳务报酬性质，按劳务报酬所得征税。

劳务报酬与工资薪金所得是在实务中容易混淆的两个税目，实名中，应当根据这两个税目所针对的个人所得税的应税行为的性质进行区别。劳务报酬，是个

人独立地从事各种技艺、服务等活动所取得的报酬，具有特定性和临时为外单位工作的属性。而工资、薪金所得属于非独立个人劳务活动所得，与为其提供劳务的单位具有人事、雇佣的关系。因此，区别两者的重要标志是看该劳务的提供是否具有长期的或者固定的雇佣关系。如果有长期、固定的雇佣关系，那么就是工资、薪金所得，反之，就是劳务所得。

在实务中，个人的劳务报酬所得的获取形式有两种。一种是按照提供劳务的次数，一次性地支付；另一种是在提供劳务的时间段内，分次连续地支付。根据《个人所得税法》的规定，如果是第一种形式的，纳税人应当按次进行个人所得税的申报缴纳；如果是采用后一种形式的，那么不论连续的时间是多久、分次支付的间隔时间是多长，都按照一个月为基准，按月进行个人所得税的纳税申报。

注意：办理学习班有特殊规定，国税函［1996］658 号文件第二条规定：个人无须经政府有关部门批准并取得执照举办学习班、培训班的，其取得的办班收入属于“劳务报酬所得”应税项目，应按税法规定计征个人所得税。其中，办班者每次收入按以下方法确定：一次收取学费的，以一期取得的收入为一次；分次收取学费的，以每月取得的收入为一次。这里要注意，如果学习班是经过政府有关部门的批准并取得执照举办的，那么就应当作为个体工商户生产经营所得税目进行个人所得税的申报缴纳。

在计算劳务所得的个人所得税时，首先要确定如何计算该税目下个人所得税的应纳税所得额。根据我国税收法律法规的规定，对于劳务所得的免征额为：每次收入不超过 4000 元的，定额减除费用 800 元；每次收入在 4000 元以上的，定额减除 20%的费用。在免征额之上的部分，适用 3 级累进税率计算应当缴纳的个人所得税。税率如表 5-3 所示。

表 5-3　劳务报酬所得的个人所得税税率表

级　数	区　　间	税　率	速　算
1	不超过 20000 元的部分	20%	0
2	超过 20000 元至 50000 元的部分	30%	2000
3	超过 50000 元的部分	40%	7000

在计算劳务所得的个人所得税时，首先确定每次的收入是在 4000 元以上，还是在 4000 元以下，以便确定适用的免征额，然后再根据 3 级累进税率进行计算。

其他规定：

- 纳税人提供劳务，并且委托税务主管机关代开发票时，应当按照3%的税率预缴个人所得税。在法定的申报期进行申报时再一并计算，多退少补；
- 我国《个人所得税法》规定，对纳税人的应纳税额分别采取支付单位源泉扣缴和纳税人自行申报两种方法。对凡是可以在应税所得的支付环节扣缴个人所得税的，均由扣缴义务人履行代扣代缴义务。

5.2.7 稿酬所得

稿酬所得从本质上也是一种劳务所得，但是由于稿酬所得的特殊性，因此在我国个人所得税税目中单独有稿酬所得，与劳务所得并列存在。

在稿酬所得的计算中，最重要的是如何界定一次稿酬所得，我国法律法规的规定如下：

- 个人每次以图书，报刊方式出版，发表同一作品（文字作品、书画作品、摄影作品及其他作品），不论出版单位是预付还是分笔支付稿酬，或者加印该作品后再付稿酬，均应合并其稿酬所得按一次计征个人所得税。在两处或两处以上出版，发表或再版同一作品而取得稿酬所得，则各处取得的所得或再版所得可分别计征个人所得税。

注意：以图书、报刊方式出版的同一作品，不论如何获得稿酬，从每一个出版商处出版的，都单独算作一次稿酬所得。

- 个人的同一作品在报刊上连载，应合并其因连载而取得的所有稿酬所得为一次，按税法规定计征个人所得税。在其连载之后又出书取得的稿酬所得，或先出书后连载取得的稿酬所得，应视同再版稿酬分次计征个人所得税。

注意：连载的稿子要连载完成后一并计算稿酬所得，如果该连载完成后再出版就作为单独的稿酬所得。

- 同一个作品曾经出版过，再一次出版的，也算作另一次稿酬所得。
- 同一个作品在出版或者发表后，由于加印而再次获得的稿酬，只要是在相同的地方加印出版，就合并原来的稿酬一并计算稿酬所得。

稿酬所得适用 14%的比例税率，免征额的规定与劳务所得相同：每次收入不超过 4000 元的，定额减除 800 元；每次收入在 4000 元以上的，定额减除 20%。

注意：当作者去世后，对取得其遗作稿酬的个人，按稿酬所得征收个人所得税。作者将自己的文字作品手稿原件或复印件公开拍卖取得的所得，应按特许权使用费所得项目征收个人所得税。

5.2.8　特许权使用费所得

特许权使用费的计算口径，是以一项特许权的一次使用费作为一次个人所得税的申报纳税口径。如果某一个纳税人拥有多项特许权，并且分别多次收取使用费，则应当按照每一个特许权的每一次收取的使用费来分别进行申报纳税。

特许权使用费所得的个人所得税免征额的相关规定与劳务所得是一样的：每次收入不超过 4000 元的，定额减除 800 元；每次收入在 4000 元以上的，定额减除 20%的比例。特许权使用费所得适用的税率是 20%的比例税率。

实例 5.4

小杰拥有一项专利权，特许给南方高翔公司使用，按月收取特许权使用费，费用为每个月 42000 元，请问小杰应该如何缴纳个人所得税？

分析：小杰将其拥有的专利权特许给南方高翔公司使用，由南方高翔公司支付特许权使用费。因此，小杰的个人所得税应税所得属于个人所得税税目中的特许权使用费所得，应当根据规定，按照特许权使用费所得的相关规定缴纳个人所得税。本题中，该特许权使用费按月支付，因此应当按月计算小杰的个人所得税。小杰的应税收入为每月 42000 元，大于 4000 元，应当扣除 20%的免除额后按照 20%的税率缴纳个人所得税。

小杰应当缴纳的个人所得税=42000×（1−20%）×20%=6720 元。

根据规定，小杰所支付的 6720 元个人所得税应当由南方高翔公司在支付特许权使用费时代扣代缴。

税法规定，如果通过中介进行特许权的转让使用的，在业务过程中发生的中介费，只要能提供有效的合法凭证，就能够在计算特许权使用费的应纳税所得额中扣除。特许权的所有人由于专利权被其他人侵权使用而取得的赔偿收入，也应按照“特许权使用费所得”的税目来申报缴纳个人所得税。

5.2.9　财产租赁所得

根据我国法律法规的规定，财产租赁所得的确定，是以 1 个月为租赁期，按月计算财产租赁所得。纳税义务人在出租财产过程中缴纳的税金和教育费附加，可持完税凭证，在计算其财产租赁所得的应纳税所得额时予以扣除。同时，除可依法扣除规定费用和有关税费外，还准予扣除能够提供有效，准确凭证，证明由纳税义务人负担的该出租财产实际开支的修缮费用。允许扣除的修缮费用，以每次800元为限，一次扣除不完的，准予在下一次继续扣除，直至扣完为止。

注意：实务中常常会发生转租的情况，也就是出租人先承租，后出租。在这种情况下，转租业务的纳税人在确定其个人所得税的应纳税所得额时，可以扣除承租时支付的租金，只对承租和出租间的差额计征个人所得税。但在确定转租业务的营业税时，则是按照转租收入全额计征营业税，这与个人所得税的规定是不一样的。

在确认财产租赁所得的纳税义务人时，应以产权凭证为依据。无产权凭证的，由主管税务机关根据实际情况确定纳税义务人。产权所有人死亡，在未办理产权继承手续期间，该财产出租的租金收入，以领取租金的个人为纳税义务人。

财产租赁所得的免征额的规定与劳务所得的免征额的规定是一样的：每次收入不超过4000元的，定额减除费用800元；每次收入在4000元以上的，定额减除20%的费用。财产租赁所得适用的税率是20%的比例税率，但是当个人以市场价出租房屋时，其适用税率为10%的比例税率。

实例 5.5

南方高翔公司由于复印机维修，遂向小杰租赁其个人拥有的复印机一台，为期1个月，根据约定，租金为3600元。请问小杰需要缴纳多少个人所得税?

分析：小杰将其个人拥有的复印机租赁给南方高翔公司使用而获得租赁收入，该收入应当属于个人所得税税目中财产租赁所得，根据财产租赁所得的相关规定缴纳个人所得税。

小杰需要缴纳的个人所得税=（3600−800）×20%=560（元）

5.2.10 财产转让所得

财产转让所得的应纳税所得额，不是财产转让所获得的全部价款，而是财产转让获得的收入，扣减所转让的财产的原值和合理的费用后的余额。这里所说的能够扣减的合理的费用，是指按照相关法律法规的规定，在财产转让时需要支付的各项费用，并且要经过税务主管机关的同意后方可进行扣除。

财产转让所得适用的税率是20%的比例税率。其计算公式为：

财产转让所得的应纳税所得额=（收入总额−财产原值−合理费用）×20%

实例 5.6

方敏于2006年购买了40瓶名贵葡萄酒，购买价格62万元。2012年，方敏将其拥有的这 40 瓶葡萄酒脱手，获得收入 262 万元。方敏为了保存这 40 瓶名贵葡萄酒，专门租用了一个酒窖保存，7 年来共花费保管费 45 万元，均取得发票。经过税务主管机关确认，该笔保管费可以在计算其财产转让所得时进行扣除。请问方敏就该事项需要缴纳多少个人所得税？

分析：方敏将自己购买的葡萄酒转卖，属于转让自己的财产，其所得属于个人所得税税目中的财产转让所得。

方敏需要缴纳的个人所得税=（262−62−45）×20%=31（万元）

5.2.11 利息、股息、红利所得和偶然所得

利息、股息、红利所得和偶然所得的应纳税所得额为所获得的利息、股息、红利和偶然所得的全部价款，不能扣减相关费用，也没有免征额的规定。目前适用的税率是 20%的比例税率。

利息、股息、红利和偶然所得按照次数进行申报纳税，每获得一次利息、股息、红利和偶然所得需申报纳税一次。

注意：对于我国在上海证券交易所和深圳证券交易所公开上市的上市公司的股息，根据税收法律法规的规定，按照 50%的比例确定应纳税所得额。

5.3 个人所得税申报流程详解

纳税人和扣缴义务应当在规定的期限内（次月 15 日前）向税务机关进行个人所得税纳税申报，作为税务会计还应根据相关的单证和凭据对所发生的经济业务进行相关的会计处理。

5.3.1 企业扣缴个人所得税报表的填写

个人所得税的申报方式有自行申报纳税和代扣代缴申报纳税两种。自行申报纳税的，纳税人应在规定的期限内如实填写个人所得税纳税申报表，按税法规定计算税额后向税务机关进行申报。代扣代缴申报是负有代扣代缴义务的单位或个人向个人支付应纳税所得时，从其所得中扣除税款，并向税务机关报送扣缴个人所得税报告表进行税款申报。

本节将对单位代扣代缴的《扣缴个人所得税报告表》的格式及填写方法进行阐明。《扣缴个人所得税报告表》的格式如表 5-4 所示。

表5-4　扣缴个人所得税报告表

金额单位：元（列至角分）

扣缴义务人编码：×××××××××××

填表日期：2011 年 07 月 05 日

扣缴义务人名称（公章）：×××××有限责任公司

序号	纳税人姓名	身份证照类型	身份证照号码	国籍	所得项目	所得期间	收入额	免税收入额	允许扣除的税费	费用扣除标准	准予扣除的捐赠额	应纳税所得额	税率%	速算扣除数	应扣税额	已扣税额	备注
1	2	3	4	5	6	7	8	9	10	11	12	13	14	15	16	17	18
合　计										—	—	—	—	—	1350		
	周××	身份证	12××××××	中国	工资	201103	3500	0	0	2000	0	1500	10%	25	125		
	李××	身份证	23××××××	中国	工资	201103	5500	0	0	2000	0	3500	15%	125	400		
	张××	身份证	34××××××	中国	工资	201103	8000	0	0	2000	0	6000	20%	375	825		
扣缴义务人声明	我声明：此扣缴报告表是根据国家税收法律、法规的规定填报的，我确定它是真实的、可靠的、完整的。 声明人签字：																

会计主管签字：　　负责人签字：　　扣缴单位（或法定代表人）（签章）：

受理人（签章）：　　受理日期：　　年　　月　　日　　受理税务机关（章）：

（1）纳税人姓名：填写纳税人中文全称，如纳税义务人在我国境内无住所的，应填写中文和英文两种名称；

（2）身份证照类型：按纳税人的身份证、户口簿、护照、回乡证等有效证件的名称进行填写；

（3）所得项目：按税法规定的税目进行填写，对于同一纳税义务人有多项所得的，应分别各个税目进行填写；

（4）所得期间：为扣缴义务人支付所得的期间；

（5）收入额：填写纳税义务人的收入额，若为外币的，应折算为人民币。美元、港币、日元按上一月最后一日的中国银行公布的币基准汇价折算，其他外币则按照上一月最后一日中国银行公布的人民币外汇汇率中的现钞买入价折算；

（6）免税收入额：此栏为工资、薪金所得项目的专用栏，其他所得不必填列，反映企业或单位按照国家规定为个人缴纳的保险、公积金等，以及按照国务院规定发给的政府特殊津贴、院士津贴、资深院士津贴和其他经国务院批准免税的补贴、津贴等免于纳税的所得；

（7）允许扣除的费用：适用于劳务报酬所得、稿酬所得、特许权使用费所得、财产租赁所得和财产转让所得项目；

（8）准予扣除的捐赠额：填写按规定应予扣除的捐赠额，除法律法规另有规定的外，准予扣除的捐赠额不得超过应纳税所得额的 30%；

（9）已扣税额：根据扣缴义务人当期实际扣缴的个人所得税税款及减免税额进行填写；

（10）声明人：为扣缴义务人名称。

注意：企业代非本单位职工扣缴税款的，应在备注栏反映。

5.3.2 个人所得税的缴纳申报

扣缴义务人每月所扣的税款，应当在次月 15 日内上缴国库，向主管税务机关报送《扣缴个人所得税报告表》、代扣代缴凭证、个人收入明细表及税务机关要求提供的其他资料。

个人所得税的缴纳申报目前大都采取网络上传纳税申报表的方式进行申报征收，企业税务会计在“个人所得税申报软件”中录入申报数据并生成报盘文件后，按下列操作步骤进行个人所得税的缴纳申报：

第 1 步：登录主管税务机关网站，输入用户名和密码后进入纳税申报界面，如图 5-1 所示。

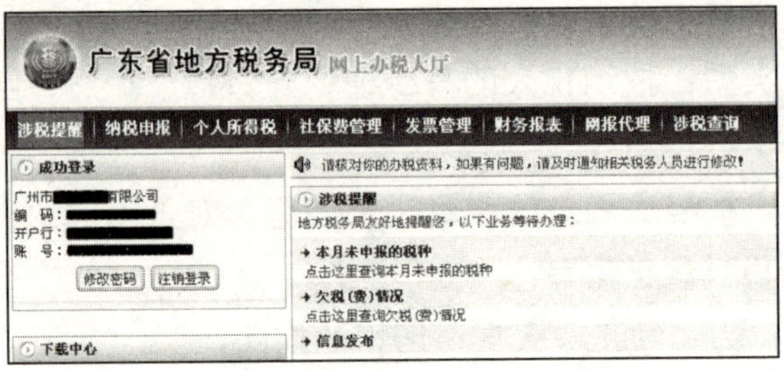

图 5-1　报税网站登录界面

第 2 步：通过菜单栏“个人所得税”按钮进入个人所得税申报界面，单击“文件上传申报”栏下“个人所得税代扣代缴明细申报”按钮，如图 5-2 所示。

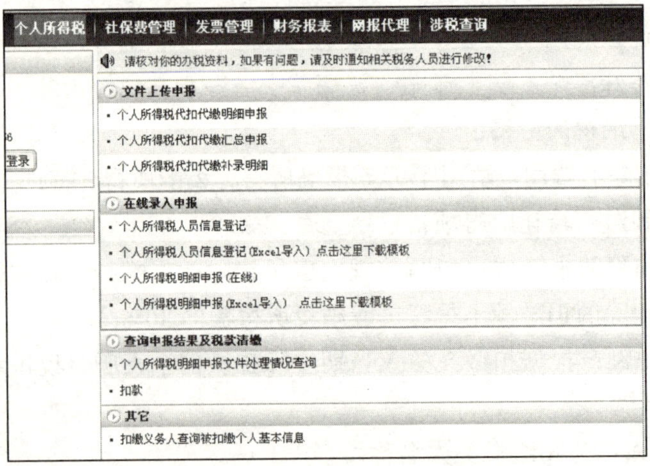

图 5-2　个人所得税文件上传界面

第 3 步：选择上传文件进行上传，如图 5-3 所示。

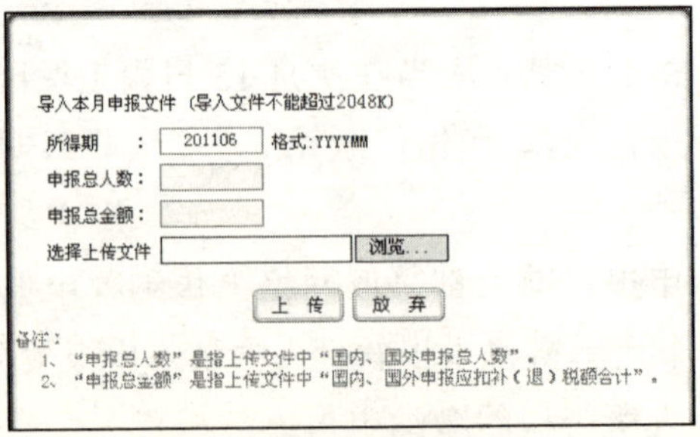

图 5-3　文件上传窗口

第 4 步：通过图 5-2 中的“个人所得税明细申报文件处理情况查询”按钮对所上传文件的处理结果进行查询，若成功处理则窗口弹出如图 5-4 所示界面，操作人员即可通过图 5-2 中“扣款”按钮进行扣税步骤，完成税款缴纳。

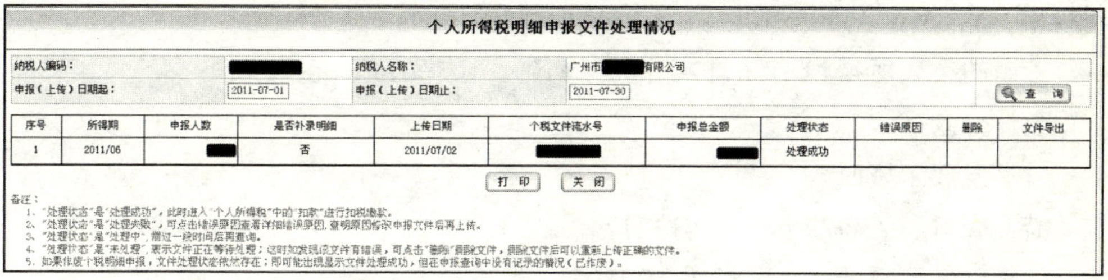

图 5-4　处理结果窗口

5.4　个人所得税的账务处理及示范

根据现行税收政策，企业代扣代缴职工的个人所得税有两种情况：一种是企业职工自己承担个人所得税，企业只负有扣缴义务；另一种是企业既承担职工的所得税，又负有扣缴义务。后一种情况又可分为定额负担税款、全额负担税款和按一定比例负担税款三种类型。

5.4.1　工资、薪金所得应纳税额的会计处理

个人取得的工资、薪金所得一般由所在企业或单位代扣代缴，企业进行代扣时，借记“应付职工薪酬”，贷记“应交税费——代扣代缴个人所得税”，实际上交时借记“应交税费——代扣代缴个人所得税”，贷记“银行存款”等科目。

企业为职工代扣代缴个人所得税的，可分为两种：（1）职工自行承担其应纳个人所得税的税额，由企业负责代缴；（2）职工所得工资为税后工资，其税额与代缴事项均由企业承担，职工应得工资为税后工资与税额合计。

实例 5.7

小艾、王萌同为某企业的职工，两人工资均为每月 6500 元，但劳动合同中小艾的个人所得税由自己承担，而王萌则由企业为其承担个人所得税，2012 年 9 月发放两人工资时，企业应如何进行会计处理。

分析：小艾的工资为税前工资，其个人所得税由本人承担，企业只负有扣缴义务，而王萌的工资为税后工资，企业应将其所应扣缴的个人所得税加计职工薪

酬入账，同时，在计算王萌的个人所得税时应先换算为税前所得再进行计税。

计算：小艾的个人所得税=（6500–3500）×10%–105=195（元）

王萌的税前工资=［税后工资–费用扣除标准×适用税率–速算扣除数］/（1–适用税率）=（6500–3500×10%–105）/（1–10%）=6717（元）

王萌的个人所得税=（6717–3500）×10%–105=217（元）

会计分录：

（1）发放工资时，

借：应付职工薪酬　　　　13217

　贷：库存现金　　　　　　12805

　　　应交税费——代扣代缴个人所得税　　　　412

（2）实际上交时，

借：应交税费——代扣代缴个人所得税　　412

　贷：银行存款　　412

注意：企业职工所得为税后工资时，企业申报的该职工薪酬应为税后工资与税额合计。若按税后工资计入应付职工薪酬，则企业承担的税款部分不得在计算企业所得税前扣除。由于个人所得税是对取得应税收入的个人征收的一种税，其税款本应由个人负担。企业代纳税人负担的税款属于与企业经营活动无关的支出，应记入“利润分配”或“营业外支出”科目。因此，也不得在企业所得税前扣除，在年终申报企业所得税时，应全额调增应纳所得额。

5.4.2　承包承租经营所得应纳税额的会计处理

承包、承租经营所得，如果承包、承租人对企业经营成果不拥有所有权，仅按合同取得一定收入，其所得由支付单位代扣代缴个人所得税的，同上述工资、薪金所得代扣代缴的会计处理一样。

实例 5.8

某企业职工与单位签订承包合同，经营企业招待所，合同规定招待所实现的利润归企业所有，企业每月向该职工支付承包费 6500 元，并代扣代缴其应纳个人所得税，请计算应缴纳的所得税并做会计处理。

分析：作为承包人的企业职工对经营利润并不享有所有权，因此其获得的所得按“工资、薪金所得”项目进行计税。

计算：应纳税额=（6500–3500）×10%–105=195（元）

企业应做会计分录，

借：应付职工薪酬　　　　6500

　贷：库存现金　　　　6305

　　应交税费——代扣代缴个人所得税　　　195

如果承包、承租人对企业经营成果拥有所有权的，只按合同规定向发包、出租方缴纳一定费用，其个人所得按“承包、承租经营所得”项目计税，并由承包、承租方自行申报缴纳，发包、出租方不做扣缴个人所得税的会计处理。

实例 5.9

2012 年 1 月 1 日，某职工与事业单位签订承包合同，经营招待所，合同协议承包期为 1 年，该职工全年上交费用 32000 元，年终招待所实现利润总额 96000 元。请计算该职工应交个人所得税并做会计处理。

分析：该职工对招待所的利润拥有所有权，应按“承包、承租经营所得”计算个人所得税。

计算：应纳税所得额=承包经营利润−上交费用−每月费用扣减合计=96000−32000−3500×12=22000（元）

应纳税额=全年应纳税所得额×适用税率−速算扣除数=22000×10％−750=1450（元）

会计处理：该职工个人自行申报缴纳个人所得税，该事业单位不做扣缴个人所得税的会计处理，当收到职工上交的承包费时：

借：银行存款　　　　32000

　贷：其他业务收入　　　32000

5.4.3 劳务报酬、稿酬等所得应纳税额的会计处理

企业支付给个人的劳务报酬、稿费、特许权使用费、财产租赁、财产转让及利息、股息红利等所得的，由支付单位作为法定代扣代缴义务人扣缴税款，其支付的相关费用计入该企业的有关期间费用账户。借记“管理费用”、“应付利润”等科目，贷记“应交税费——代扣代缴个人所得税”、“库存现金”等科目。

实例 5.10

某公司从马力工程师取得其一项专利权的使用权，协议规定该公司一次性支付马力工程师特许使用权费用 86000 元，请计算马力工程师应纳的个人所得税并做相应的会计处理。

分析：该笔特许权使用费超过 4000 元，应按“应纳税所得额=每次收入额×（1–20%）”的公式进行税款的计算。

计算：应纳税额=86000×（1–20%）×20%=13760（元）

该公司应做会计分录，

借：管理费用　　　　　86000

　贷：应交税费——代扣代缴个人所得税　13760

　　　库存现金　　　　72240

5.4.4 向个人购买财产（财产转让）应纳税额的会计处理

企业向个人购买无形资产、固定资产时，代为扣缴的个人所得税应作为企业购建资产的价值组成部分，购入时借记“无形资产”、“固定资产”等科目，贷记“银行存款”、“应交税费——代扣代缴个人所得税”、“库存现金”等科目。

5.4.5 企业向股东分配股息、利润应纳税额的会计处理

企业向个人股东支付股利或是派发股票股利、以盈余公积转增个人股东资本时，应代扣代缴个人所得税。支付股利时，借记“利润分配——未分配利润”、“应付股利”、“应付利润”等科目，贷记“应交税费——代扣代缴个人所得税”、“股本”、“库存现金”等科目。

注意：企业向法人股东支付股票股利、现金股利及以资本公积转增股本时，不涉及个人所得税的税款缴纳。

5.5 全面掌握优惠政策

虽然个人所得税从本质上说与企业没有什么关系，是由个人承担的税负，但是，由于我国个人所得税的申报缴纳规定了源泉扣缴原则，企业负有代扣代缴的义务，因此了解个人所得税的优惠政策也是企业涉税业务的范畴。

5.5.1 个人所得税的免税项目

个人所得税的免税项目，具有奖励、鼓励、照顾的性质。主要内容如下：

- 省级人民政府、国务院部委和中国人民解放军军以上单位，以及外国组织、

国际组织颁发的科学、教育、技术、文化、卫生、体育、环境保护等方面的奖金；

- 按照国家统一规定发给的补贴、津贴（是指按照国务院规定发给的政府特殊津贴和国务院规定免纳个人所得税的补贴、津贴，目前，免税的津贴只有中国科学院每人每月 200 元的院士津贴）；
- 福利费、抚恤金、救济金。福利费是指根据国家有关规定，从企业、事业单位、国家机关、社会团体提留的福利费或工会经费中支付给个人的生活补助费；救济金是指国家民政部门支付给个人的生活困难补助费；
- 军人的转业费、复员费；
- 按照国家统一规定发给干部、职工的安家费、退职费、退休工资、离休工资、离休生活补助费；
- 依照我国有关法律规定应予免税的各国驻华使馆、领事馆的外交代表、领事官员和其他人员的所得；
- 下列不属于工资、薪金性质的补贴、津贴或者不属于纳税人本人“工资、薪金所得项目”的收入，不征税。（1）独生子女补贴；（2）执行公务员工资制度未纳入基本工资总额的补贴、津贴差额和家属成员的副食品补贴；（3）托儿补助费；（4）差旅费津贴；（5）误餐补助。所谓误餐补助，是指个人因公在城区、郊区工作，不能在工作单位或返回就餐，确实需要在外就餐的，根据实际误餐顿数，按规定的标准领取的误餐费；
- 按规定比例提取的福利费和工会经费，并在福利费和工会经费中发放给职工个人的生活补助费，免征个人所得税。生活补助费是指由于某些特定事件或原因而给纳税人本人或其家属的正常生活造成一定的困难，其任职单位按国家的规定从提留的福利费或者工会经费中向其支付的临时性生活困难补助；
- 国有企业职工因企业依照《中华人民共和国企业破产法（试行）》宣告破产，破产企业职工取得的一次性安置费收入，免征个人所得税；
- 对国有企业职工因与企业解除劳动合同取得的一次性补偿收入，在当地上年企业职工年平均工资 3 倍数额内的免征个人所得税；
- 城镇企、事业单位及其职工按照《失业保险条例》规定的比例，实际缴纳的失业保险费，不计入职工个人当期的工资、薪金收入，免征个人所得税；
- 具备《失业保险条例》规定条件的失业人员，领取的失业保险金，免征个人所得税。对单位和个人超过规定比例缴付的失业保险金，应当将超过部分计入职工个人当期的工资、薪金收入，依法计征个人所得税；

- 企业和个人按照国家或地方政府规定的比例提取并实际缴付的住房公积金、医疗保险金、基本养老保险金不计入个人当期的工资、薪金收入，不征收个人所得税。个人领取提存的住房公积金、医疗保险金、基本养老保险金时，免予征收个人所得税。

5.5.2 个人所得税的减征项目

个人所得税的减征项目主要是根据纳税人的自身属性面言的，这种性质的减征项目主要是考虑到纳税人自身的特殊条件和情况来确定的。

- 残疾、孤老人员和烈属的所得（仅限于工资、薪金所得；个体工商户的生产经营所得；对企事业单位的承包、承租经营所得；劳务报酬所得；稿酬所得；特许权使用费所得）。残疾人的所得，其个人所得税减征幅度根据残疾程度分别确定：基本或部分丧失劳动能力，残疾程度为中度以上（一、二、三级肢残，一、二级盲残，一级低视力，一、二、三级智力残，一、二、三级精神残）的残疾人；二等乙级以上（含二等乙级）的转业、复员、退伍的革命伤残军人，其个人所得税减征幅度与孤老人员、烈属相同。部分丧失劳动能力，残疾程度为轻度（四级肢残，二级低视力，一、二、三、四级听力语言残，四级智力残，四级精神残）的残疾人；二等乙级以下（不含二等乙级）的转业、复员、退伍的革命伤残军人，其个人所得税减征幅度按孤老人员、烈属的50%计算；
- 对纳税人因严重自然灾害造成重大损失的，经县（市、区）税务机关批准可在一定期限和幅度内减征个人所得税。

第 6 章　和利润挂钩：企业所得税

开篇点心

会计："这个季度我们要预缴企业所得税 15000 元。"

总经理："第一个季度就要交这么多企业所得税啊？"

会计："这个季度我们盈利 60000 元，企业所得税税率为 25%，即 60000×25%= 15000 元。"

总经理："这不是预缴吗？那我们可以先不交，等到年底时再一起交吗？"

财务经理："不可以，企业所得税是与利润挂钩的，这个季度有利润就得交税！"

总经理："以后交不也一样嘛！要是公司以后三个季度都亏损了，没有利润，这税不就多交了吗？"

财务经理："这个您不用担心，每年的汇算清缴做的就是这个，若是我们在预缴税款时多交了，税务局会退给我们的，少交了也要补交，其实就是多退少补。"

总经理："哦，原来如此，那就交吧！"

【本章导读】

企业所得税是一个公司在盈利后，以利润为计税依据征缴的一种税款，目前基本税率为 25%，不过也有一些行业实行低税率，如高新企业会减按 15%税率计征企业所得税。企业所得税的计税依据一定是净利润，是以剔除了所有成本费用后的利润来计税的。本章我们将详细讲解关于企业所得税的计算和其账务处理方法。

6.1 外行看门道

企业所得税是对我国境内的企业和其他取得收入的组织所取得的生产经营所得和其他所得征收的一种税。企业所得税是与流转税并列的重要税种，在我国的税收中占有十分重要的地位。每一个企业都是企业所得税的纳税人，都要与企业所得税打交道。企业所得税是根据这些企业和组织的所得征收的一种所得税。

6.1.1 企业所得税的作用

所得税是对企业的应纳税所得进行征税，它通常以纯所得（利润）为征税对象，而应纳税所得额不能直接等同于财务会计上的利润，更不能以收入总额直接作为计税依据，它需要通过计算纳税人的收入、成本、费用等各个方面，同时考虑国家在所得税税制中的各种税收激励或限制措施来综合计算，这些都使得企业所得税的计算相对较为复杂。

企业所得税的纳税人与实际税负人通常是一致的，因此也可以将它称为直接税，用来直接调节纳税人的收入，发挥所得税对经济的调控作用。

企业所得税在国家经济调控、获得财政收入等方面都发挥着重要的作用，具体表现在以下三个方面：

1. 促使企业努力完善管理制度、降低成本，从而提高管理水平及盈利能力；
2. 通过税收优惠等措施对产业结构进行调整，促进经济的发展；
3. 为国家财政筹集收入。

6.1.2 企业所得税的缴纳方式

企业所得税的缴纳方式也与流转税的缴纳方式是不同的。在我国的税收实务中，流转税一般来说是将一个月作为一个流转税的纳税期间，按月对企业的流转额申报流转税，流转税的税款清算通过每个月的申报就完成了，年末不再另行清算。而所得税却大为不同，由于所得税计算的复杂性和特殊性，在我国的税收法律法规体系中，企业所得税的申报是以季度为单位，每个季度进行季度企业所得税的申报，每个季度企业所得税的申报，不代表对于企业所得税的税金缴纳进行清算，季度企业所得税的申报，有点草稿的意味，只是一个企业所得税的预缴纳、预申报的过程。

根据我国税法的有关规定，真正的企业所得税的申报是在每年的年末结束后到来年的 5 月末之前，在此期间企业对上一个年度的企业所得税进行所得税汇算清缴，以此来确定实际需要缴纳的企业所得税。

为什么企业所得税的申报需要通过企业所得税的汇算清缴来进行呢？这是因为企业所得税与流转税在各个方面都大不相同：

1．企业所得税的计算复杂，而流转税计算简单

流转税的计算其实就是根据企业实际的营业额来套用流转税的计算公式即可。而企业所得税的计算就复杂多了，虽然企业所得税的税率简单，普遍适用 25%的比例税率，但是企业所得税的应纳税所得额的确定相当复杂。要确定企业所得税的应纳税所得额，必须对企业全年的经营情况进行综合分析，然后按照税法的规定逐项分析确定，其详细内容我们将在下一节介绍。

2．企业所得税的影响深远

流转税的缴纳按月为单位，其申报纳税行为完成后，对于下一个月的流转税的申报没什么影响，可以说是按月清缴完成。而企业所得税就大不一样了，企业所得税的基础是应纳税所得额，如果应纳税所得额如果为正数，也就是说企业有盈利，则需要缴纳企业所得税；如果应纳税所得额为负数，也就是说企业是亏损，则不需要缴纳企业所得税。并且，如果企业有亏损，通过企业所得税的汇算清缴由企业的税务主管机关进行核定后，这个亏损额是可以在其后的 5 个年度内抵扣应纳税所得额的，也就是说，当年的企业所得税的汇算清缴的结果，可以影响到未来 5 年的企业所得税汇算清缴的结果。

6.1.3 企业所得税的征税对象及纳税义务人

企业所得税的征税对象是指企业的生产经营所得和其他所得。纳税义务人即所有实行独立经济核算的中华人民共和国境内的内资企业或其他组织。

1．纳税义务人

根据《中华人民共和国企业所得税法》的规定，在我国境内除个人独资企业、合伙企业外的企业和其他取得收入的组织应依法缴纳企业所得税，为企业所得税的纳税义务人。

我国企业所得税的税收管辖权采取属地（地域管辖权）兼属人（居民管辖权）的原则，据此将纳税人分为居民企业和非居民企业。居民企业是指在我国境内依法成立，或是按照外国法律成立的，在我国境内拥有实际管理机构的企业，其在

我国境内境外的所得均需要缴纳所得税；非居民企业是按外国法律成立的并且在我国境内没有实际管理机构，但在我国境内设立机构、场所，或是未设立机构、场所但有来源于我国境内所得的企业，这类企业只对其中国境内的所得缴税，境外收入不征税。

2．征税对象

企业所得税的征税对象是指上述企业的各种所得，包括生产经营所得、其他所得和清算所得，具体来说各种所得的来源又包括：销售货物、提供劳务、转让财产、收取的股息、红利、利息、租金、特许权使用费及其他所得。

居民企业应将其来源于我国境内外的所得作为征税对象；而非居民企业应当将其在我国境内设立的机构、场所取得的来源于我国境内的所得，以及与所设机构、场所有实际联系的，在我国境外取得的所得为征税对象。

6.1.4 企业所得税的税率

企业所得税采用比例税率，使各企业之间具有相同的收入分配比例，承担相同的税负水平，我国2008年改制后的企业所得税实行基本税率、低税率和优惠税率的政策。

1．基本税率：居民企业和在我国设有机构、场所并且所得与其设立的机构、场所有关联的非居民企业，企业所得税税率为25%。

2．低税率：在我国未设立机构、场所的，或者虽然设有机构、场所，但其所得与设立的机构、场所没有联系的非居民企业，企业所得税税率为20%，在实际征税时由扣缴义务人按10%预提所得税。

3．优惠税率：符合条件的小型微利企业，其企业所得税税率减按20%征收；符合条件的国家重点扶持的高新技术企业，企业所得税税率减按15%征收。

注意：小型微利企业与国家重点扶持的高新技术企业的条件可参考《中华人民共和国企业所得税法实施条例》中第九十二条、九十三条。

6.2 具体纳税数额的计算

企业所得税是指对中华人民共和国境内的企业（居民企业及非居民企业）和其他取得收入的组织以其生产经营所得为课税对象所征收的一种所得税。计算相对较为复杂，它是以权责发生制为计算原则，同企业的收入、成本和费用都有紧密的联系。

6.2.1　征税收入的确定

企业缴纳所得税的收入为从各种来源取得的收入，包括货物销售收入、提供劳务收入、转让财产收入、权益性投资收益、租金收入、利息收入等，这些收入的形式具有货币形式和非货币形式，各类征税收入的确定具体划分如下：

1．一般收入的确定

应税所得额中所包含的一般收入如表 6-1 所示。

表 6-1　一般收入的确定

序　号	收入名称	具体内容	确认方式
1	销售货物收入	企业销售库存商品、原材料、包装物等存货取得的收入	根据财务会计“主营业务收入”或“其他业务收入”科目金额确认
2	提供劳务收入	企业从事修理修缮劳务及其他应交营业税劳务取得的收入	根据财务会计“主营业务收入”或“其他业务收入”科目金额确认
3	转让财产收入	企业转让固定资产、无形资产、股权、债权等财产所有权取得的收入	根据财务会计“营业外收入”科目金额确认
4	股息、红利等权益性投资收益	企业从被投资方获得的权益性投资收益	于被投资方做出利润分配决定的日期确认收入
5	利息收入	企业将资金提供他人使用或占用，不构成权益性投资取得的收入	按合同中约定的债务人应付利息的日期确认收入
6	租金收入	企业提供有形资产使用权取得的收入	按合同中约定的承租人应付租金的日期确认收入
7	特许权使用费收入	企业将无形资产使用权进行转让取得的收入	按合同约定的特许权使用人应付特许权使用费的日期确认收入
8	接受捐赠收入	企业以外的单位、组织或个人无偿给予的货币性和非货币性资产	按实际收到捐赠资产的日期确认收入
9	其他收入	除上述以外的其他收入	根据财务会计“营业外收入”科目金额确认

2．特殊收入的确定

（1）按合同约定的收款日期对企业分期收款方式销售货物的收入进行确认；

（2）企业从事建筑安装、装配工程或提供其他劳务，以及加工制造大型机器设备，其生产作业时间超过 12 个月的，按照纳税年度内完工进度或工作量确认收入；

（3）企业收入按产品分成方式取得的，其收入确认实现时间为分得产品的日期，收入额为产品的公允价值；

（4）企业发生的非货币性资产交换，以及将货物、财产、劳务等用于非销售途径，如捐赠、职工福利、利润分配等情况的，应按视同销售、转让财产或提供劳务确认收入计算所得税。

3．处置资产收入的确认

企业处置资产分为内部处置和外部移送两种方式，针对不同方式企业所得税的收入确认方法不同，各种方式处置资产的收入确认如表 6-2 所示。

表 6-2　处置资产收入的确认

处置方式	具体行为	分析	收入确认
内部处置	用于生产、制造、加工另一产品	因资产所有权未发生形式和实质上的改变，作为内部处置	不视同销售确认收入
	资产形状、结构或性能的改变		
	对资产用途进行改变		
	总机构及其分支机构之间资产的转移		
	上述两种或两种以上情形的混合		
	其他不改变资产所有权属的用途		
外部移送	向市场推广或销售	资产所有权已发生改变	视同销售确认收入
	用于交际应酬		
	作为职工奖励或福利		
	进行股息分配		
	对外捐赠		
	其他改变资产所有权属的用途		

注意：企业将资产移送他人的资产属于自制的，按企业同类资产同期对外销售价格确定收入，属于外购的，则按购入价格确定销售收入。

4．相关收入实现的确认

企业所得税计算中销售收入的确认需遵循权责发生制和实质重于形式的原

则，当企业销售商品的行为同时满足以下条件时，不管财务会计上是否确认收入，在计算应税所得额时都应确认收入的实现：

（1）双方已签订销售合同，且供货方已将与商品所有权有关的主要风险和报酬转移给了购货方；

（2）商品售出后，企业无与商品所有权相联系的继续管理权和有效控制权；

（3）商品销售收入的金额及成本都可以可靠的计量；

企业在满足上述收入确认条件后，对各类商品销售方式的收入确认时间或方法可以参照表 6-3 执行。

表 6-3　各种销售方式的收入确认时间或方法

序　号	商品销售方式	收入确认时间/方法
1	托收承付	办妥托收手续时确认收入
2	预收款方式销售	发出商品时确认收入
3	商品需要安装和检验的	购买方接受商品并安装检验完毕时确认收入
4	委托代销	收到代销清单时确认收入
5	售后回购	销售的商品按售价确认收入，当以销售商品方式进行融资的，其收到的款项不做收入而确认为负债
6	以旧换新	按商品收入确认条件确认收入
7	商业折扣	按扣除商业折扣后的金额确定收入
8	企业提供商品或劳务作业时间超过 12 个月的	若提供劳务交易的结果能可靠计量，采用完工百分比法确认收入
9	买一赠一方式组合销售	不属于捐赠，应将销售总收入按各商品公允价值的比例进行分摊确认各类商品的销售收入

注意：提供劳务所收取的各项费用，如安装费、宣传媒介收费、软件费、会员费、特许权费、劳务费及其他费用，如果满足收入确认条件的，也应按规定进行收入的确认。

6.2.2　不征税和免税收入的确定

企业应纳税所得中的不征税或免税收入是国家为鼓励或扶持某些特殊企业而制定的一项特殊政策，它有利于减轻企业负担，促进经济的发展。企业不征税收入和免税收入在计算企业应纳税所得额时都可以从收入总额中减除。

1．不征税收入

（1）各级人民政府向纳入预算管理的事业单位、社会团体所给予的财政拨款；

（2）依照法律规定向特定对象收取的纳入财政管理的行政事业性收费和政府性基金；

（3）国务院规定的其他不征税收入：包括企业获得的财政补助、补贴、贷款贴息、各类财政专项资金、直接减免的增值税和即征即退、先征后退或先征后返的各种税收，不包含企业取得的出口退税款。

与此对应，因取得上述不征税收入所发生的支出和费用及形成上述收入的资产所计提的折旧和摊销不得在计算应纳税所得额时进行扣除。

2．免税收入

（1）企业购买国债所获得的利息收入；

（2）居民企业直接投资于其他居民企业获得的投资收益；

（3）非居民企业在我国境内设立机构、场所的，其从居民企业处取得的与设立机构、场所有实际联系的权益性投资收益（不包括连续持有居民企业公开发行并上市流通的股票未满 12 个月取得的投资收益）；

（4）符合条件的非营利组织所获得的收入。

6.2.3 税前扣除项目的范围

企业申报应税所得额的扣除项目时，应遵循权责发生制、配比、相关性、确定性及合理性原则，确保扣除项目及金额的真实、合法。

1．扣除项目

企业在生产经营过程中实际发生的，与取得收入有关的各项合理支出都可以作为应纳税所得额的扣减项，具体包括：

（1）成本：企业销售商品、提供劳务、转让资产（固定资产、无形资产）而发生的各种销售成本、业务支出、其他耗费等，包括直接成本和间接成本。

（2）费用：企业生产经营管理过程中发生的各项期间费用，包括销售费用、管理费用和财务费用。

（3）税金：企业发生的除企业所得税和可抵扣增值税以外的各项税费，包括消费税、营业税、城市维护建设税、关税、资源税、土地增值税、房产税、车船税、印花税、土地使用税、教育费附加等。

注意：其中的房产税、车船税、印花税、土地使用税在计入账户时通过管理费用反映，已作为期间费用在应纳税所得额中扣除。

（4）损失：企业发生的各项损失扣减所获得的赔偿后，可以从应税所得额中扣除，如资产及存货的盘亏、毁损及报废，坏账损失，自然灾害损失及其他损失。

（5）其他支出：除上述各项目以外，企业发生的与生产经营活动有关的其他合理支出。

2．各项目扣除标准

税法中对各项扣除的成本、费用并不完全依据财务会计的入账金额进行扣除，它有自己的一套标准，在计算应税所得额时，各项目的扣除标准可参照表 6-4 执行。

3．不得扣除项目

企业在计算企业所得税应纳税所得额时应严格按照税法的规定分清可扣除项目和不可扣除项目，对下述支出一律不得在应纳税所得额中扣除：

（1）企业所得税税款；

（2）各种税收滞纳金、罚金、罚款及被没收财物的损失；

（3）因投资者权益性投资而向其支付的股息、红利等；

（4）超出标准的捐赠支出、与企业生产经营活动无关的各项非广告性质支出；

（5）不符合国务院财政、税务部门规定的各项准备金支出；

（6）企业之间及企业内营业机构之间支付的管理费、租金、特许权费用及非银行企业内部机构之间支付的利息；

（7）与收入无关的其他支出。

注意：依企业所得税法和相关条例规定，企业某年度发生的亏损可用下一年度的所得进行弥补，下一年度所得不足以弥补的，可在最长不超过 5 年的纳税年度内逐年弥补。

表 6-4　应税所得额各扣除项目标准

序　号	扣 除 项 目	扣 除 标 准
1	工资、薪金支出	在合理的范围内可据实扣除
2	职工福利费支出	不超过工资、薪金总额 14%的部分
3	工会经费	不超过工资、薪金总额 2%的部分
4	职工教育经费	不超过工资、薪金总额 2.5%的部分可予扣除，超过部分结转以后纳税年度扣除
5	社会保险费	①企业按政府规定缴纳的“五险一金”准予扣除，五险一金指基本养老保险费、基本医疗保险费、失业保险费、工伤保险费、生育保险费等基本社会保险费和住房公积金
		②企业在国务院财政和税务主管部门规定的范围和标准内为企业投资者或职工支付的补充养老保险及补充医疗保险准予扣除；支付的商业保险则不予扣除
		③企业按规定缴纳的财产保险准予扣除

续表

序　号	扣除项目	扣除标准
6	利息费用	①向金融企业借款的利息支出、存款利息支出，金融企业同业拆借利息支出，经批准发行的利息支出可按实扣除
		②向非金融企业借款的利息支出在不超过金融企业同期同类贷款利率计算的金额部分可扣除，超过部分不予扣除
7	借款费用	①企业因生产经营而发生的合理的非资本化的借款费用可扣除
		②企业购置资产交付使用前发生的合理借款费用应资本化，资产交付使用后发生的借款利息可在发生当期准予扣除
8	汇兑损失	企业因货币交易中因汇率折算形成的汇兑损失可以扣除
9	业务招待费	按实际发生额的60%或当年销售收入的5‰中两者较低者扣除
10	广告费和业务宣传费	不超过当年销售（营业）收入15%的部分，准予扣除；超过部分结转以后纳税年度扣除
11	环境保护专项资金	准予扣除
12	租赁费	①因经营租赁所发生的租赁费，可按租赁期平均扣除
		②融资租赁形成企业固定资产价值的，可按固定资产折旧计入费用扣除
13	劳动保护费	准予扣除
14	公益性捐赠支出	不超过年度利润总额12%的部分准予扣除
15	相关资产费用	企业按税法规定计算的固定资产折旧、无形资产和递延资产的摊销费可予扣除（具体的折旧、摊销范围及方法严格按照税法执行）
16	总机构分摊费用	能够提供相关证明文件并属于合理分摊的可予以扣除
17	资产损失	企业发生的存货盘亏、毁损的净损失及相应的不得抵扣的进项税，经主管税务机关审核后准予扣除

6.2.4　应纳税额的计算

企业所得税的纳税义务人可分为居民企业和非居民企业，其税款的征收方式又可分为查账征收和核定征收两种，对于不同的纳税人及征收方式，企业的所得税的计算也各有不同，企业所得税应纳税额的计算主要有以下几种方法。

1．居民企业查账征收应纳税额的计算

对于会计核算比较健全、能够据实核算企业生产经营状况，正确计算应纳税款的纳税人，一般采用查账征收的方式进行税款的缴纳。其应纳所得税的计算公式如下：

基本公式：应纳税额=应纳税所得额×适用税率－减免税额－抵免税额

直接计算法：应纳税所得额=收入总额－不征税收入－免税收入－各项扣除金额－弥补亏损

间接计算法：应纳税所得额=会计利润总额±纳税调整项目金额

在实际工作中，通常采用间接计算的方法，对财务会计利润总额中与税法规定不一致的项目及对税法规定的准予扣除的税收金额进行调整后计算应纳税所得额。

实例 6.1

某居民企业 2012 年全年取得产品销售收入为 10000 万元，发生产品销售成本 7200 万元；其他业务收入 860 万元，其他业务成本 620 万元；取得购买国债的利息收入 50 万元；缴纳非增值税销售税金及附加 380 万元；发生的管理费用 900 万元，其中新技术的研究开发费用为 92 万元、业务招待费用 84 万元；发生财务费用 260 万元；取得直接投资其他居民企业的权益性收益 42 万元（已在投资方所在地按 15%的税率缴纳了所得税）；取得营业外收入 96 万元，发生营业外支出 160 万元（其中含公益捐赠 38 万元），请计算该企业 2012 年度应纳所得税。

（1）计算会计利润总额

会计利润总额=10000+860+50+42+96−7200−620−380−900−260−160=1528（万元）

（2）进行纳税项目调整

国债利息收入按税法规定为免征所得税收入，应从所得额中调整减少 50 万元。

技术开发费用属于加计扣除优惠政策事项，可在据实扣除的基础上按 50%加计扣除，可调减所得额=92×50%=46（万元）。

业务招待费按实际发生额的 60%与当年销售收入的 5‰中较小项可予以扣除，实际业务招待费的 60%=84×60%=50.4（万元）；按销售（营业）收入的 5‰计算=（10000+860）×5‰=54.3（万元）。

按照规定允许税前扣除的限额应为 50.4 万元，应调增应纳税所得额=84−50.4=33.6（万元）。

取得的直接投资其他居民企业的权益性收益为免税收入的范围，应调减应税所得额 42 万元。

公益性捐赠支出的扣除标准为不超过年度利润总额的 12%=1528×12%=183.36（万元），其实际捐赠额小于扣除标准数，可据实扣除，不做纳税调整。

调整后的应纳税所得额=1528−50−46+33.6−42=1423.6（万元）。

2．居民企业核定征收应纳税额的计算

当居民企业纳税人按规定可不设账簿，或是未设置账簿，或是存在无法提供清晰的账目数据，不能正确提供计税依据等情况时，可经主管税务机关鉴定按核定征收办法征收其企业所得税。

税务机关对核定征收企业所得税的纳税人可分为核定应税所得额和核定应税所得率两种。核定应税所得额的企业由主管税务机关按照一定的标准和方法，直接核定年度应纳所得税额，实行定额征收。

采用应税所得率方式核定征收企业所得税的企业，依照税务机关核定的应税所得率，再根据纳税年度内的收入总额和成本费用等项目计算出应缴纳的企业所得税。其计算公式如下：

应纳税所得额=收入总额×应税所得率=成本费用支出额/（1−应税所得率）×应税所得率

应纳所得税额=应纳税所得额×适用税率

应税所得率的标准可按表6-5的规定幅度统一执行。

表6-5 企业应税所得率

行　业	应税所得率（%）
制造业	5～15
批发零售业	4～15
交通运输业	7～15
农、林、牧、渔业	3～10
建筑业	8～20
餐饮业	8～25
娱乐业	15～30
其他	10～30

实例6.2

某制造企业2012年度的营业收入总额为120万元，各项支出总额为76万元，全年亏损额为8万元，经其主管税务机关核查，该企业不能准确核算年度支出总额，采用核定应税所得率的征收方式计征企业所得税，核定该企业的应税所得率为13%，请计算该企业当年应纳所得税额。

应纳税所得额=收入总额×应税所得率=120×13%=15.6（万元）

企业应交的所得税=应纳税所得额×适用税率=15.6×25%=3.9（万元）

3．已纳境外所得税的抵扣

居民企业来源于我国境外的所得，非居民企业取得的发生在中国境外，但与设立在我国的机构、场所有实际联系的应税所得，已在我国境外缴纳了所得税税款的，可以按企业所得税法规定计算的应纳税额的限额进行抵免，超过抵免限额的部分，可在之后 5 个年度内进行抵免，抵免限额的计算公式为：

抵免限额=在我国境内、境外所得依照企业所得税法和实施条例规定计算的应纳税总额×来源于某国（地区）的应纳税所得额/我国境内、境外应纳税所得额总额=国内外应税所得×我国税率（25%）×（国外所得/国内外应税所得）=国外所得×25%

实例 6.3

某企业 2012 年度在中国境内应纳税所得额为 140 万元，另外，该企业分别在 A、B 两国设有分支机构，其在 A 国分支机构的应纳税所得额为 60 万元，适用企业所得税税率为 20%；在 B 国的分支机构的应纳税所得额为 40 万元，适用 B 国企业所得税税率为 30%，该企业两个分支机构在 A、B 两国已分别缴纳了 12 万元的企业所得税，请计算该企业在我国应缴纳的企业所得税税额（假设该企业在 A、B 两国所得按我国税法计算的应纳税所得额和按 A、B 两国税法计算的应纳税所得额一致）。

（1）汇总该企业在我国应缴纳的应纳所得税税额

应纳所得税税额=（140+60+40）×25%=60（万元）

（2）计算 A、B 两国已交所得税的抵免限额

A 国抵免限额=60×25%=15（万元），已交 12 万元，低于抵免限额可全额扣除；

B 国抵免限额=40×25%=10（万元），已交 12 万元，高于抵免限额不可全额扣除。

（3）汇总该企业在我国应缴纳的企业所得税=60−12−10=38（万元）

4．非居民企业应纳所得税的计算

我国对我国境内未设立机构、场所，或设立机构、场所但取得的所得与这些机构、场所无关联的非居民企业的所得按照 10%的优惠税率进行企业所得税的征收。其应纳税所得额的计算方法如下：

（1）权益性投资收益获取的股息、红利，以及利息、租金、特许权使用所得，按收入的全额作为应纳税所得额；

（2）转让财产所得，应按转让收入的全部金额扣除财产净值后的余额作为应纳税所得额；

（3）其他所得参照上述两点进行计算。

6.3 企业所得税申报流程详解

企业所得税分月或分季预缴，年终进算清缴，对预缴的所得税税款进行多退少补。企业报送汇算清缴纸质申报表及资料时，应按照“____年度所得税汇算清缴申报资料清单（居民企业适用）”的要求准备提交的相关资料，并提供“____年度所得税汇算清缴申报资料清单（居民企业适用）”一式两份（“资料清单”可从税务局网站下载）。受理人员进行资料审核并在两份清单上履行接收手续后，将“____年度所得税汇算清缴申报资料清单（居民企业适用）”退还企业一份。

6.3.1 企业所得税纳税申报表的填写

因企业所得税纳税申报分为税款预缴和年度汇算清缴，因此企业所得税纳税人在进行纳税申报时填写的所得税纳税申报表也分为各月（季）预缴和年度纳税申报表两种，预缴及年度申报报表的格式如表6-6、表6-7所示。

1.《企业所得税月（季）度预缴纳税申报表》的填写

表6-6 企业所得各月（季）度预缴纳税申报表

中华人民共和国

企业所得税月（季）度预缴纳税申报表（A类）

税款所属期间：2012年01月01日至2012年03月31日

纳税人识别号：××××××××××

纳税人名称：×××有限公司　　　　金额单位:人民币元（列至角分）

行次	项　　目	本期金额	累计金额（略）
1	**一、据实预缴**		
2	营业收入	1,008,512.36	
3	营业成本	806,809.89	
4	实际利润额	164,151.23	
5	税率(25%)	25%	
6	应纳所得税额（4行×5行）	41,037.81	
7	减免所得税额		
8	实际已缴所得税额	——	
9	应补（退）的所得税额（6行-7行-8行）	——	

续表

行次	项 目		本期金额	累计金额（略）
10	**二、按照上一纳税年度应纳税所得额的平均额预缴**			
11	上一纳税年度应纳税所得额		——	
12	本月（季）应纳税所得额（11 行/12 或 11 行/4）			
13	税率(25%)		——	——
14	本月（季）应纳所得税额（12 行×13 行）			
15	**三、按照税务机关确定的其他方法预缴**			
16	本月（季）确定预缴的所得税额			
17	**总分机构纳税人**			
18	总机构	总机构应分摊的所得税额（9 行或 14 行或 16 行×25%）		
19		中央财政集中分配的所得税额（9 行或 14 行或 16 行×25%）		
20		分支机构分摊的所得税额（9 行或 14 行或 16 行×50%）		
21	分支机构	分配比例		
22		分配的所得税额（20 行×21 行）		

谨声明：此纳税申报表是根据《中华人民共和国企业所得税法》、《中华人民共和国企业所得税法实施条例》和国家有关税收规定填报的，是真实的、可靠的、完整的。		
法定代表人（签字）： 年 月 日		
纳税人公章： 会计主管： 填表日期： 年 月 日	代理申报中介机构公章： 经办人： 经办人执业证件号码： 代理申报日期： 年 月 日	主管税务机关受理专用章： 受理人： 受理日期： 年 月 日

表 6-6 内容的具体填列：

（1）表头项目：

①“纳税人识别号”、“纳税人名称”按企业税务登记证的税务登记号及纳税人全称进行填写。

②“税款所属时间”填报企业当期申报税款所属的会计期间，如 2012 年第一季度纳税申报则填写 2012 年 1 月 1 日至 2012 年 3 月 31 日。

（2）表体分三大项目，分别反映企业预缴所得税款的方式，企业根据自己预缴所得税款的方式填列其中一个大项即可。

①据实预缴：

a．第 2 行“营业收入”根据企业财务会计中“主营业务收入”及“其他业务收入”科目纳税期的数据总额进行填写。

b．第 3 行“营业成本”根据会计科目“主营业务成本”和“其他业务成本”的数额进行计算填列。

c．第 4 行“实际利润额”根据企业财务会计中的利润总额扣减以前年度待弥补亏损、不征税收入、免税收入后的余额填写。

d．第 5 行“税率”按税法规定的税率 25%进行填写。

e．第 6 行“应纳所得税额”根据表中的公式计算填列，等于本表第 4 行与第 5 行的乘积，如本行计算结果为负数的，按 0 进行填列。

f．第 7 行“减免所得税额”按企业当期实际享受税收优惠的减免所得税额进行填写，本栏金额应小于或等于第 6 行。

g．第 8 行“实际已缴所得税额”只对“累计金额”列进行填写，反映企业已累计预缴的所得税税款。

h．第 9 行“应补（退）的所得税额”的金额等于本表 6 行–7 行–8 行。

②按照上一纳税年度应纳税所得额的平均额预缴：

a．第 11 行“上一纳税年度应纳税所得额”根据上一年度应纳税所得额进行填写（不包含纳税人的境外所得）。

b．第 12 行“本月（季）应纳税所得额”根据企业预缴所得税的方式是分季还是分月计算填列，分季预缴的按本表第 11 行/4 计算填写，分月预缴的按本表第 11 行/12 计算填写。

c．第 14 行“本月（季）应纳所得税额”根据第 12 行的金额乘以相应的税率 25%计算得出。

③按照税务机关确定的其他方法预缴：

第 16 行“本月（季）确定预缴的所得税额”，根据税务机关认定的应纳所得税额填写。

④总分机构纳税人（分列纳税人总、分机构各自应分摊的所得税预缴金额）：

a．第 18 行“总机构应分摊的所得税额”，以本表第 1～16 行的本月（季）预缴税额为基数，根据总机构应分摊的预缴比例计算填列，采用据实预缴方式的，本行=第 9 行×总机构应分摊的预缴比例 25%；采用按上一年度纳税所得额的月（季）度平均额预缴方式的，本行=第 14 行×总机构应分摊的预缴比例 25%；实行其他方法预缴方式的，本行=第 16 行×总机构应分摊的预缴比例 25%。

b．第 19 行“中央财政集中分配的所得税额”，填写纳税人总机构以本表 1～

16 行为基数，根据中央财政集中分配应分摊的比例计算填列，计算方式依据纳税人不同的税款预缴方式根据公式计算填列，计算方法同上。

c．第 20 行“分支机构分摊的所得税额”，填写纳税人总机构以本表 1～16 行为基数的，按分支机构分摊的预缴企业所得税比例计算的本期预缴所得税款，计算方法同上。

d．第 21 行“分配比例”，依据《汇总纳税企业所得税分配表》中确定的汇总纳税分支机构分配比例填报。

e．第 22 行“分配的所得税额”根据本表第 20 行×21 行计算的数据填写。

2.《中华人民共和国企业所得税年度纳税申报表》的填写

企业应依照法律、法规和其他有关规定在年度终了后 5 个月内，进行所得税的年度汇算清缴。

表 6-7 中华人民共和国企业所得税年度纳税申报表

中华人民共和国企业所得税年度纳税申报表（A类）

税款所属期间：　　年　　月　　日至　　年　　月　　日

纳税人名称：

纳税人识别号：□□□□□□□□□□□□□□□□□□□　　金额单位：元（列至角分）

类　别	行次	项　目	金　额	注　解
利润总额计算	1	一、营业收入（填附表一）	9860000.00	=附表一（1）第 2 行
	2	减：营业成本（填附表二）	8183800.00	=附表二（1）第 2 行
	3	营业税金及附加	552160.00	
	4	销售费用（填附表二）	300000.00	
	5	管理费用（填附表二）	350000.00	
	6	财务费用（填附表二）	120000.00	
	7	资产减值损失	0.00	
	8	加：公允价值变动收益	0.00	
	9	投资收益	100000.00	
	10	二、营业利润	454040.00	=第 1-2-3-4-5-6-7+8+9 行
	11	加：营业外收入（填附表一）	50000.00	=附表一（1）第 17 行
	12	减：营业外支出（填附表二）	80000.00	=附表二（1）第 16 行
	13	三、利润总额（10＋11−12）	424040.00	=第 10+11−12 行

续表

类别	行次	项　目	金　额	注　解
应纳税所得额计算	14	加：纳税调整增加额（填附表三）	150000.00	=附表三第52行第3列合计
	15	减：纳税调整减少额（填附表三）	200000.00	=附表三第52行第4列合计
	16	其中：不征税收入	30000.00	=附表三第14行第4列
	17	免税收入	120000.00	=附表五第1行
	18	减计收入	0.00	=附表五第6行
	19	减、免税项目所得	0.00	=附表五第14行
	20	加计扣除	50000.00	=附表五第9行
	21	抵扣应纳税所得额	0.00	=附表五第39行
	22	加：境外应税所得弥补境内亏损	0.00	=附表六第7列合计（当第13+14−15行≥0时，本行=0）
	23	纳税调整后所得（13＋14−15＋22）	374040.00	=第13+14−15+22行。（当第13+14−15行<0，则加22行的最大值）
	24	减：弥补以前年度亏损（填附表四）	0.00	=附表四第6行第10列
	25	应纳税所得额（23−24）	374040.00	=第23行−24行（当本行<0时，则先调整21行的数据，使其本行≥0；当21行=0时，23−24行≥0）
应纳税额计算	26	税率（25%）	25%	填报25%
	27	应纳所得税额（25×26）	93510.00	=第25×26行
	28	减：减免所得税额（填附表五）	0.00	=附表五第33行
	29	减：抵免所得税额（填附表五）	0.00	=附表五第40行
	30	应纳税额（27−28−29）	93510.00	=第27−28−29行
	31	加：境外所得应纳所得税额（填附表六）	30000.00	=附表六第10列合计
	32	减：境外所得抵免所得税额（填附表六）	0.00	=附表六第14列合计+第16列合计或附表六第17列合计
	33	实际应纳所得税额（30＋31−32）	123510.00	=第30+31−32行
	34	减：本年累计实际已预缴的所得税额	80000.00	

续表

类别	行次	项　　目	金　　额	注　　解
应纳税额计算	35	其中：汇总纳税的总机构分摊预缴的税额	80000.00	
	36	汇总纳税的总机构财政调库预缴的税额		
	37	汇总纳税的总机构所属分支机构分摊的预缴税额		
	38	合并纳税（母子体制）成员企业就地预缴比例		
	39	合并纳税企业就地预缴的所得税额		
	40	本年应补（退）的所得税额（33–34）	43510.00	=第 33–34 行
附列资料	41	以前年度多缴的所得税额在本年抵减额		
	42	以前年度应缴未缴在本年入库所得税额		
纳税人公章： 经办人： 申报日期： 年　月　日		代理申报中介机构公章： 经办人及执业证件号码： 代理申报日期： 年　月　日	主管税务机关受理专用章： 受理人： 受理日期： 年　月　日	

注意：本表灰色表体部分为笔者添加，方便读者理解。其本身并不构成实际报表的表格内容。

表 6-7 内容的填列：

（1）表头部分与月（季）度纳税申报表相同，根据税务登记证的相关内容和申报所属期限进行填写。

（2）第 1 行“营业收入”，根据企业主要经营业务和其他经营业务取得的收入填写，等于纳税人财务会计科目“主营业务收入”和“其他业务收入”科目的数据总额。

（3）第 2 行“营业成本”，与营业收入对应的成本计列在此行，可根据“主营业务成本”和“其他业务成本”科目的数额计算填写。

（4）第 3 行“营业税金及附加”根据企业“营业税金及附加”科目填报，反映企业因经营活动而缴纳的营业税、消费税、城市维护建设税、资源税、教育费附加等相关税费。

（5）第 4 行“销售费用”，根据企业“销售费用”科目填写。

（6）第 5～9 行，同第 4 行类似，根据企业“管理费用”、“财务费用”、“资产减值损失”、“公允价值变动损益”、“投资收益”等科目的数额分别计算填报。

（7）第 10 行“营业利润”根据前述各项加减计算填报，反映企业申报期的营业利润。

（8）第 11～12 行，反映企业发生的与经营活动无直接关系的各项收支，根据“营业外收入”和“营业外支出”科目填写。

（9）第 13 行“利润总额”填写企业当期的利润总额，根据表 10+11–12 行计算填写。

（10）第 14 行“纳税调整增加额”根据企业因会计处理和税收计税依据不同而进行纳税调整增加的金额填写。

（11）第 15 行“纳税调整减少额”根据企业因会计处理和税收计税依据不同而进行纳税调整减少的金额填写。

（12）第 16 行～21 行，根据企业所享受的税收优惠依次填列。

（13）第 22 行“境外应税所得弥补境内亏损”反映企业根据相关法律规定，其境外所得可以弥补境内亏损的金额。

（14）第 23 行“纳税调整后所得”根据本表 13+14–15+22 行计算得出，当本行数据大于 0 时继续计算应纳税所得额，当本行数据小于 0 时则为企业可结转以后年度弥补的亏损。

（15）第 24 行“弥补以前年度亏损”由企业根据其可以税前弥补的以前年度亏损金额填写；

（16）第 25 行“应纳税所得额”等于本表第 23–24 行。

（17）第 26 行“税率”填写税法规定的税率。

（18）第 27 行“应纳所得税额”根据第 25 行应纳税所得额及第 26 行的税率相乘得出。

（19）第 28 行“减免所得税额”填写企业按税法规定实际减免的企业所得税额。

（20）第 29 行“抵免所得税额”反映企业购置用于环保、节能节水、安全生产等的专用设备投资额的 10%可予以从当年应纳所得税额中抵免的金额。

（21）第 30 行“应纳税额”等于本表 27–28–29 行的计算结果。

（22）第 31 行“境外所得应纳所得税额”根据企业来源于我国境外，但依所得税法应计算税款的应纳所得税额。

（23）第 32 行“境外所得抵免所得税额”，对于企业来源于我国境外的所得并已依据外国税法计算并实际缴纳的企业所得税，按我国税法可以抵免的税额在本行反映。

（24）第 33 行“实际应纳所得税额”根据本表 30+31–32 计算填列。

（25）第 34 行“本年累计实际已预缴的所得税额”填写企业已按税法规定于月度或季度预缴的所得税款累计额。

（26）第 35～39 行，根据各月（季）预缴申报表的第 18～22 行对应的数据加计填列。

（27）第 40 行“本年应补（退）的所得税额”，反映企业当期应补（退）的所得税额，根据表中 33–34 计算填列。

（28）第 41 行“以前年度多缴的所得税额在本年抵减额”，根据企业以前年度汇算清缴多缴的税款尚未办理退税、在本年度抵缴的所得税额填列。

（29）第 42 行“以前年度应缴未缴在本年入库所得税额”，根据企业以前纳税年度调整税款、上一年度第 4 季度税款和年度汇算清缴的税款，在本年度入库的所得税额填写。

注意：年度汇算清缴纳税申报表除主表外还附有很多相应的附表，如《收入明细表》、《成本费用明细表》、《纳税调整项目明细表》、《税收优惠明细表》等，各附表与纳税申报表之前存在着表与表之间的钩稽关系，因本书篇幅有限，在此不一一概述。

6.3.2 企业所得税的缴纳申报

企业按月或季进行所得税纳税申报，应当自月份或季度终了之日起 15 日内在规定的纳税地点进行所得税税款申报；年度汇算清缴时，应自年度终了之日起 5 个月内，向主管税务机关递交年度纳税申报表，并及时缴纳税款。

1．纳税地点的规定

税法对不同情况的企业的纳税地点都有相应的规定，规定的具体内容如表 6-8 所示。

表 6-8　纳税地点

序　号	纳税人状况	纳 税 地 点
1	居民企业	企业登记注册地
2	登记注册地在境外的居民企业	实际管理机构所在地
3	在中国设立机构、场所的非居民企业	机构、场所所在地
4	在中国设立两个或两个以上机构、场所的	主要机构、场所地汇总缴纳
5	在中国境内未设立机构、场所的	扣缴义务人所在地

2．所得税的缴纳申报流程

所得税的缴纳申报目前大部分已实现了网络申报，但也有少部分地区或企业仍然实行上门申报的方式。采用上门申报的纳税人在规定的纳税期限，填好相应的纸质报表后直接到门前申报即可。网上申报的纳税人应根据下列流程进行申报。

（1）申报预缴的网上申报流程

第一步：登录主管税务机关网站，输入纳税人的用户名和密码，进入纳税申报界面，选择所要申报征收的税种，如图 6-1 所示。

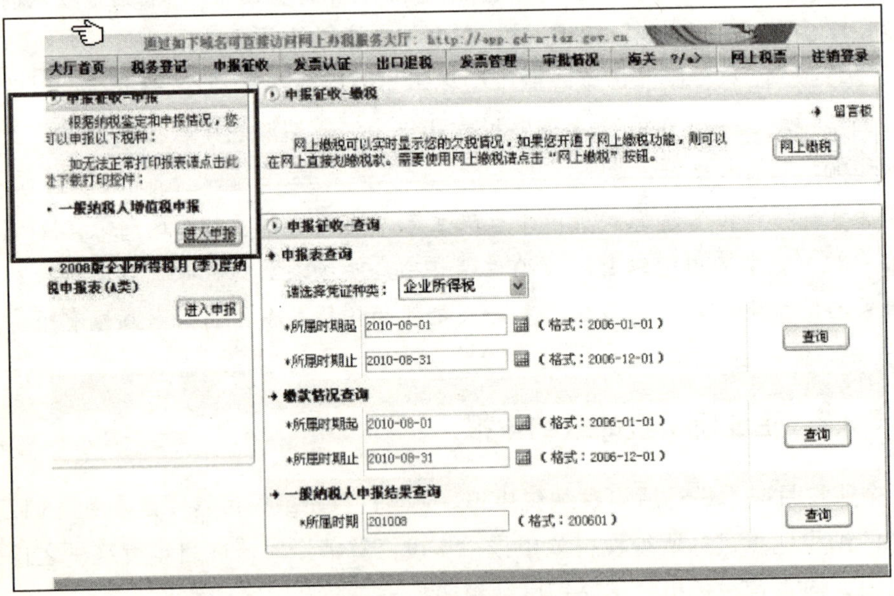

图 6-1 税种选择界面

第二步：根据界面对话框选择所属时期后，单击“进入申报”按钮，进入报表填写界面，如图 6-2 所示。

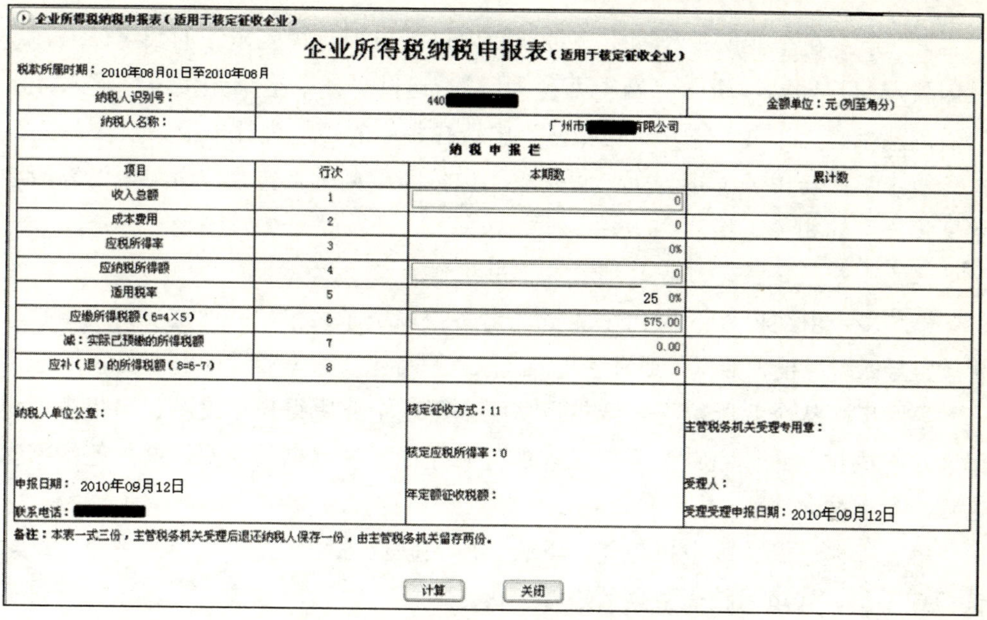

企业所得税纳税申报表（适用于核定征收企业）

企业所得税纳税申报表（适用于核定征收企业）

税款所属时期：2010年08月01日至2010年08月

纳税人识别号：	440[redacted]		金额单位：元（列至角分）
纳税人名称：	广州市[redacted]有限公司		
纳税申报栏			
项目	行次	本期数	累计数
收入总额	1	0	
成本费用	2	0	
应税所得率	3	0%	
应纳税所得额	4	0	
适用税率	5	25 0%	
应缴所得税额（6=4×5）	6	575.00	
减：实际已预缴的所得税额	7	0.00	
应补（退）的所得税额（8=6-7）	8	0	
纳税人单位公章： 申报日期： 2010年09月12日 联系电话：[redacted]		核定征收方式：11 核定应税所得率：0 年定额征收税额：	主管税务机关受理专用章： 受理人： 受理受理申报日期：2010年09月12日

备注：本表一式三份，主管税务机关受理后退还纳税人保存一份，由主管税务机关留存两份。

计算　关闭

图 6-2　报表填写界面

其中税款所属时期由前一步骤生成，“收入总额”及“成本费用”栏由纳税人填写，其他各栏次均由系统自动或计算得出，不可修改。

第三步：报表填写完整后，单击“计算”按钮，系统将自动计算税款，核对数据无误后，单击“提交”按钮，根据系统显示的“您确认‘提交’操作吗？”单击“确定”按钮。

第四步：系统提示申报成功，如图 6-3 所示，纳税人可继续缴税或打印报表，完成网上申报程序。

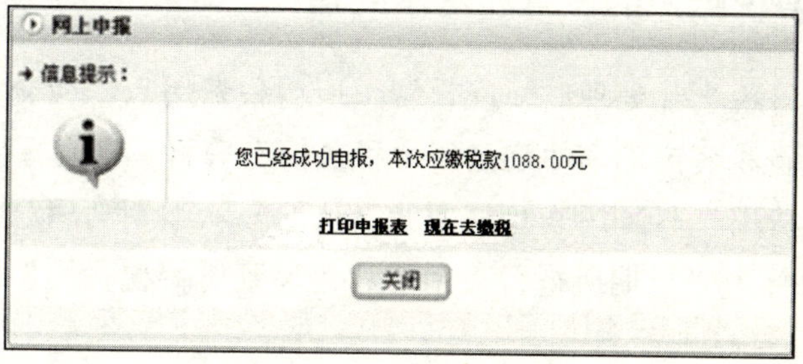

图 6-3　完成申报

（2）年度汇算清缴的网上申报流程

注意：因各地主管税务机关具体要求不同，本书以广州国税网上申报流程为例。

第一步：在企业所得税网上申报期间内进行申报。插入申领的数字证书，登录国税局门户网站，进入“网上办税大厅”，通过“证书登录”按钮，输入 PIN 码后，从“网上拓展”——“申报区”中选择相应的功能进行申报。

第二步：与税务师事务所一起完成“税务师事务所上传企业所得税汇算清缴鉴证报告”的相关工作。

注意：如果是核定征收的纳税人不用操作第二步。

第三步：由纳税人下载 PDF 格式的财务报表电子表单，并通过所得税申报软件读盘导入财务报表数据或通过手工方式录入财务报表数据后进行电子表单上传。

第四步：从企业所得税年度申报功能中下载企业所得税年度纳税申报表的电子表单，同样通过读盘或是手工录入的方式完成报表数据的填写，并加签数字签名后进行上传。

第五步：进入关联申报功能，下载年度关联业务往来报告表电子表单，采取读盘或手工方式填写报表数据后进行上传。

第六步：进入“申报征收”——“网上缴税”完成税款的缴纳。

6.4 企业所得税的账务处理及示范

根据《中华人民共和国企业所得税暂行条例》的规定，企业所得税按年计算，分月或分季预缴，年终汇算清缴。在新会计准则体系中，所得税是比较难理解的，在日常工作中涉及的会计处理方法将在本节中一一介绍。

6.4.1 所得税账户的设置和基本处理

企业进行所得税会计处理时，应设置“所得税费用”、“应交税费——应交所得税”、“递延所得税资产”和“递延所得税负债”等科目来进行核算。

1.“所得税费用”科目用来核算企业确认的应从当期利润总额中扣除的所得税费用，它可以分为“当期所得税费用”和“递延所得税费用”两个明细科目来进行核算。

资产负债表日，企业按所得税法计算的当期应交所得税金额，在本科目的借方（当期所得税费用）进行反映，同时贷记“应交税费——应交所得税”科目，实际上交所得税时，借“应交税费——应交所得税”，贷记“银行存款”科目；

在纳税影响会计法下，在资产负债表日，企业应根据所得税准则将应确认的递延所得税资产的应有余额与“递延所得税资产”账户余额进行对比，当应有余额大于账户余额时，借记“递延所得税资产”，贷记“所得税费用——递延所得税费用”、“资本公积——其他资本公积“，当应有余额小于账户余额时，做相反的会计分录。对于资产负债表日应予确认的递延所得税负债，可参考上述会计处理进行。

本科目在会计期末应将余额结转至“本年利润”科目，结转后无余额。

2.“递延所得税资产”用来核算企业根据所得税准则确认的因可抵扣暂时性差异所产生的所得税资产，以及税法规定的可用以后年度税前利润弥补的亏损及税款抵减所产生的所得税资产。

资产负债表日，企业根据应予以确认的递延所得税资产及在本期应确认的递延所得税资产大于该科目的账面余额时，按差额进行确认，借记本科目，贷记“所得税费用——递延所得税费用”、“资本公积——其他资本公积”等科目。本期应确认的递延所得税资产小于该科目的账面余额时，做相反的会计分录。

期末本科目借方余额，用来反映企业已经确认的递延所得税资产的余额。

3.“递延所得税负债”科目用来核算企业根据所得税准则确认的应纳税暂时性差异所产生的所得税负债。

资产负债表日，企业确认递延所得税负债时，借记“所得税费用——递延所得税费用”、“资本公积——其他资本公积”等科目，贷记本科目。当企业应确认的递延所得税负债大于该科目的账面余额时，做上述同样分录；应确认的递延所得税负债小于该科目的账面余额时，做上述相反的会计分录。

注意：财务会计资产、负债的账面价值与税法计税基础不同产生的差额称为暂时性差异，根据该差异对未来期间应纳税所得额的影响分为应纳税暂时性差异和可抵扣暂时性差异。

应纳税暂时性差异。当资产账面价值大于计税基础，或负债账面价值小于计税基础时，会导致企业未来增加应交所得税（今天少交税，将来多交税），对所得税费用的影响通过“递延所得税负债”反映。

可抵扣暂时性差异。当资产账面价值小于计税基础，或负债账面价值大于计税基础时，会使企业在未来减少应交所得税而产生可抵扣暂时性差异（今天多交税，将来少交税），对所得税费用的影响通过“递延所得税资产”反映。

6.4.2 资产负债表债务法所得税的会计处理

我国新会计准则的颁布实施，对所得税费用的核算规定采用资产负债表债务法核算。资产负债表债务法用暂时性差异取代时间性差异，以资产负债表为基础，确认和计量递延所得税资产和递延所得税负债。

资产负债表债务法下所得税会计处理可以分为三种：应计入当期损益的所得税、应计入商誉的所得税和应计入权益的所得税的会计处理方法，本书对应计入当期损益的所得税会计处理进行讲述，其他两项读者可参考其他书籍进行学习。

1．资产负债表债务法的核算过程

企业采用资产负债表债务法处理所得税费用时，应于每一资产负债表日进行所得税的核算，其核算操作可按下列步骤进行：

第一步：对各类资产或负债的账面价值与计税基础的差异进行计算，并确认该差异是属于应纳税差异还是可抵扣差异。

第二步：根据公式，期末递延所得税负债=应纳税暂时性差异×所得税税率，期末递延所得税资产=可抵扣暂时性差异×所得税税率可计算出递延所得税负债或递延所得税资产的余额。

第三步：参照下列公式计算本期递延所得税负债或递延所得税资产的发生额，本期递延所得税负债发生额=递延所得税负债期末余额–递延所得税负债期初余额；本期递延所得税资产发生额=递延所得税资产期末余额–递延所得税资产期初余额。

第四步：计算当期应交所得税，当期应交所得税=（会计利润±纳税调整额）×所得税税率。

第五步：计算当期所得税费用，所得税费用（或收益）=当期所得税费用+递延所得税费用（–递延所得税收益）=本期应交所得税±本期所得税负债调整额±本期所得税资产调整额。

2．应计入当期损益的所得税的会计处理

企业发生的除合并、与直接计入权益的交易及事项有关的所得税和递延所得税资产或负债外，其他的所得税与递延所得税资产或负债都应计入当期损益。按当期应交所得税+本期递延所得税负债增加额–本期递延所得税资产增加额，借记“所得税费用”，按递延所得税资产本期增加额借记“递延所得税资产”，本期增加的递延所得税负债贷记“递延所得税负债”科目，按本期应交的所得税同时贷记

“应交税费——应交所得税”科目。

实例 6.4

某企业于 2006 年年初购入生产设备一台，购入价为 160 万元，预计使用 6 年，预计净残值为 0。企业采用直接法进行折旧计提，但税法允许采用年数总和法计提折旧，且税法规定的资产使用年限与净残值与会计的规定一致。企业未对该固定资产计提减值准备，2006 年至 2009 年每年的税前利润均为 800 万元，所得税税率为 25%，请计算各年所得税费用并进行相应的会计处理。

（1）计算 2006 年所得税费用

固定资产账面价值=160–160/6=133（万元）

固定资产的计税基础=160–160×6/21=114（万元）

资产账面价值大于计税基础，为应纳税暂时性差异=133–114=19（万元）

期末递延所得税负债=应纳税暂时性差异×所得税税率=19×25%=4.75（万元）

本期递延所得税负债发生额=递延所得税负债期末余额–递延所得税负债期初余额=4.75（万元）

当期应交所得税=（会计利润±纳税调整额）×所得税税率=（800–19）×25%=195.25（万元）

所得税费用=当期所得税费用+递延所得税费用（–递延所得税收益）=195.25+4.75=200（万元）

会计分录，

借：所得税费用　　　2000000

　贷：递延所得税负债　　　47500

　　　应交税费——应交所得税　　　1952500

（2）计算 2007 年所得税费用

固定资产账面价值=160–160/6×2=107（万元）

固定资产计税基础=160–160×6/21–160×5/21=76（万元）

应纳税暂性差异累计额=31（万元）

期末递延所得税负债=31×25%=7.75（万元）

本期递延所得税负债发生额=7.75–4.75=3（万元）

应交所得税=［800–（31–19）］×25%=197（万元）

所得税费用=197+3=200（万元）

会计分录，

借：所得税费用　　　　2000000

贷：递延所得税负债　　　　30000

应交税费——应交所得税　　　　1970000

（3）计算 2008 年所得税费用

固定资产账面价值=160–160/6×3=80（万元）

固定资产计税基础=160–160×6/21–160×5/21–160×4/21=46（万元）

应纳税暂性差异累计额=34（万元）

期末递延所得税负债=34×25%=8.5（万元）

本期递延所得税负债发生额=8.5–7.75=0.75（万元）

应交所得税=［800–（34–31）］×25%=199.25（万元）

所得税费用=199.25+0.75=200（万元）

会计分录，

借：所得税费用　　　　2000000

贷：递延所得税负债　　　　7500

应交税费——应交所得税　　　　1992500

（4）计算 2009 年所得税费用

固定资产账面价值=160–160/6×4=53（万元）

固定资产计税基础=160–160×6/21–160×5/21–160×4/21–160×3/21=23（万元）

应纳税暂性差异累计额=30（万元）

期末递延所得税负债=30×25%=7.5（万元）

本期递延所得税负债发生额=7.5–8.5=–1（万元）

应交所得税=［800–（30–34）］×25%=201（万元）

所得税费用=201–1=200（万元）

会计分录，

借：所得税费用　　　　2000000

递延所得税负债　　　　10000

贷：应交税费——应交所得税　　　　2010000

6.4.3 所得税汇算清缴

目前，我国对企业所得税实行分月、季度预缴，年度汇算清缴的所得税政策。所得税汇算清缴就是各企业所得税的纳税人于每年 4 月 30 日前向主管税务机关提交相关的汇算表格，对上年度所得税的调整事项进行调增或调减，进行清算的一个过程。

企业在所得税汇算清缴后往往会对企业的会计利润进行调增或调减，同时对以往所得税的计提、上交等会计分录要进行账务调整，下面结合实际工作中的一些事项对所得税汇算清缴的会计处理进行讲述。

1．会计利润增减调整的会计处理

企业汇算清缴涉及上年度损益调整事项的，应通过“以前年度损益调整”科目进行核算，调增利润时借记相关科目，贷记本科目；调减利润时借记本科目，贷记相关科目。

实例 6.5

某企业 2012 年度利润及利润分配表中利润总额为 120 万元，所得税为 30 万元。调增当年度利润 20.7 万元，其中年终多结转在产品成本 8.6 万元，多提短期借款利息 6.5 万元，固定资产清理净收益 2.4 万元未转为营业外收入，职工福利支出 3.2 万元直接在管理费用中列支。调减利润 13 万元，其中少提福利费 1 万元，补交营业税 4.2 万元，生产费用误计在建工程 4.2 万元，少提折旧 3.6 万元。请对上述事项做出所得税调整的会计分录。

（1）因多计成本费用、少计收益而调增利润的会计处理

借：生产成本 86000

应付利息 65000

固定资产清理 24000

应付职工薪酬 32000

贷：以前年度损益调整 207000

（2）因少计成本费用、多计收益而调减利润的会计处理

借：以前年度损益调整 130000

贷：应付职工薪酬 10000

应交税费——应交营业税 42000

在建工程 42000

累计折旧 36000

2．虚报亏损的所得税的会计处理

企业因存在多申报亏损少计应纳税所得额的情况，被税务机关查出时由税务机关按所得税税率计算相应的应纳所得税额，并根据相关法律的有关规定进行

处理。

实例 6.6

某企业向税务机关申报年度亏损 160 万元，经税务机关检查发现：企业少计收入 80 万元存入企业私立小金库中，对其处以所偷税款 20（80×25%）万元 1 倍的罚款，请做相关账务调整分录。

分析：企业少报收入 80 万元，但调整后企业年度利润仍为亏损。

（1）调减亏损，

借：银行存款　　　800000

　贷：以前年度损益调整　　　800000

（2）缴纳罚款，

借：营业外支出——罚款　　　200000

　贷：银行存款　　　200000

实例 6.7

假定实例 6.6 中，企业申报事项经税务机关检查发现：企业超过计税标准的职工福利费中有 180 万元未做纳税调整，扣除账面亏损后仍盈利 20 万元，税务机关对该企业处以所偷税款 5 万元（20×25%）1 倍的罚款，请做相关会计处理。

分析：企业因未做纳税调整，多计职工福利费 180 万元，调整后的经营情况为盈利，由于职工福利费属于永久性差异，不做财务处理，仅对应补缴的所得税及罚款做会计处理。

（1）补缴所得税，

借：所得税费用　　　50000

　贷：应交税费——应交所得税　　　50000

（2）缴纳罚款及所得税，

借：应交税费——应交所得税　　　50000

　　营业外支出——罚款　　　50000

　贷：银行存款　　　100000

6.5 全面掌握优惠政策

根据《高新技术企业认定管理办法》和《中华人民共和国企业所得税法》的规定，高新技术企业（国家或省部级以上机构认定）都可以享受所得税优惠政策，企业取得高新技术企业资格后，应到主管税务机关办理减税、免税手续。

企业所得税的应纳税所得额的计算比流转税要复杂得多，所涉及的企业经营业务也比较多，因此，如何利用好企业所得税的优惠政策是企业整个纳税筹划中的重点。

6.5.1 企业所得税的免税项目

企业必须首先了解哪些是属于企业所得税的免税项目，这样在计算企业的应纳税所得额时，就可以及时将免税项目的发生额剔除出企业所得税应纳税所得额的计算。

- 国债利息收入为免税收入，是指企业持有国务院财政部门发行的国债取得的利息收入。对国债利息予以免税，就是为了加强对我国国债发行的支持，鼓励企业投资国债；
- 符合条件的居民企业之间的股息、红利等权益性投资收益为免税收入，是指居民企业直接投资于其他居民企业取得的投资收益。股息、红利等权益性投资收益，不包括连续持有居民企业公开发行并上市流通的股票不足 12 个月取得的投资收益；
- 在中国境内设立机构、场所的非居民企业从居民企业取得与该机构、场所有实际联系的股息、红利等权益性投资收益为免税收入。股息、红利等权益性投资收益，不包括连续持有居民企业公开发行并上市流通的股票不足 12 个月取得的投资收益；
- 符合条件的非营利组织的收入为免税收入。非营利组织，是指同时符合下列条件的组织：

1．依法履行非营利组织登记手续；

2．从事公益性或者非营利性活动；

3．取得的收入除用于与该组织有关的、合理的支出外，全部用于登记核定或者章程规定的公益性或者非营利性事业；

4．财产及其孳息不用于分配；

5．按照登记核定或者章程规定，该组织注销后的剩余财产用于公益性或者非营利性目的，或者由登记管理机关转赠给与该组织性质、宗旨相同的组织，并向社会公告；

6．投入人对投入该组织的财产不保留或者享有任何财产权利；

7. 工作人员工资福利开支控制在规定的比例内，不变相分配该组织的财产。

注意：非营利组织的认定管理办法由国务院财政、税务主管部门会同国务院有关部门制定。符合条件的非营利组织的收入，不包括非营利组织从事营利性活动取得的收入，但国务院财政、税务主管部门另有规定的除外。

- 企业从事蔬菜、谷物、薯类、油料、豆类、棉花、麻类、糖料、水果、坚果的种植；农作物新品种的选育；中药材的种植；林木的培育和种植；牲畜、家禽的饲养；林产品的采集；灌溉、农产品初加工、兽医、农技推广、农机作业和维修等农、林、牧、渔服务业项目；远洋捕捞。这些项目主要就是涉及我国的粮食、农副食品的生产，给予这些产品企业所得税的免税优惠，也是为了保障我国的粮食安全。

6.5.2 企业所得税减征及限时免征或者减征的项目

除了企业所得税的免征项目外，对于其他一些项目，国家也给予了相关政策支持其发展，只是这些政策的支持力度没有完全免税那么大。企业应当了解这些可以获得企业所得税部分优惠的项目，以便在实际发生这些业务时能够享受到优惠政策。

- 企业从事花卉、茶及其他饮料作物和香料作物的种植；海水养殖、内陆养殖的，减半征收企业所得税。
- 国家重点扶持的公共基础设施项目，是指《公共基础设施项目企业所得税优惠目录》规定的港口码头、机场、铁路、公路、城市公共交通、电力、水利等项目。企业从事其中规定的国家重点扶持的公共基础设施项目的投资经营的所得，自项目取得第一笔生产经营收入所属纳税年度起，第一年至第三年免征企业所得税，第四年至第六年减半征收企业所得税。企业承包经营、承包建设和内部自建自用这些公共基础设施项目的，照常征收企业所得税。享受减免税优惠的项目，在减免税期限内转让的，受让方自受让之日起，可以在剩余期限内享受规定的减免税优惠；减免税期限届满后转让的，受让方不得就该项目重复享受减免税优惠。
- 企业从事包括公共污水处理、公共垃圾处理、沼气综合开发利用、节能减排技术改造、海水淡化等。项目的具体条件和范围由国务院财政、税务主管部门商国务院有关部门制定，报国务院批准后公布施行。企业从事这些规定的符合条件的环境保护、节能节水项目的所得，自项目取得第一笔生产经营收入所属纳税年度起，第一年至第三年免征企业所得税，第四年至第六年减半征收企业所得税。享受减免税优惠的项目，在减免税期限内转让的，受让方自受让之日起，可以在剩余期限内享受规定的减免税优惠；减免税期限届满后转让的，受让方不得就该项目重复享受减免税优惠。

- ❑ 符合条件的技术转让所得免征、减征企业所得税，是指一个纳税年度内，居民企业技术转让所得不超过 500 万元的部分，免征企业所得税；超过 500 万元的部分，减半征收企业所得税。
- ❑ 非居民企业在中国境内未设立机构、场所的，或者虽设立机构、场所但取得的所得与其所设机构、场所没有实际联系的，就其来源于中国境内的所得缴纳企业所得税，适用税率为 20%。但就该所得目前减按 10%的税率征收企业所得税。下列所得可以免征企业所得税：

1．外国政府向中国政府提供贷款取得的利息所得。

2．国际金融组织向中国政府和居民企业提供优惠贷款取得的利息所得。

- ❑ 符合条件的小型微利企业，减按 20%的税率征收企业所得税。符合条件的小型微利企业，是指从事国家非限制和禁止行业，并符合下列条件的企业：

1．工业企业，年度应纳税所得额不超过 30 万元，从业人数不超过 100 人，资产总额不超过 3000 万元。

2．其他企业，年度应纳税所得额不超过 30 万元，从业人数不超过 80 人，资产总额不超过 1000 万元。这一政策主要是为了扶持我国中小企业的发展。众所周知，我国中小企业是提供就业岗位的主力军，但是不论是金融支持，还是政府扶持方面，一直无法享受和大型企业一样的待遇。因此，国家专门出台了针对小型微利企业的企业所得税优惠政策，就是为了保护中小企业的发展。

- ❑ 国家需要重点扶持的高新技术企业，减按 15%的税率征收企业所得税。国家需要重点扶持的高新技术企业，是指符合下列条件的企业：

1．在中国境内（不含港、澳、台地区）注册的企业，近三年内通过自主研发、受让、受赠、并购等方式，或通过 5 年以上的独占许可方式，对其主要产品（服务）的核心技术拥有自主知识产权。

2．产品（服务）属于《国家重点支持的高新技术领域》规定的范围。

3．具有大学专科以上学历的科技人员占企业当年职工总数的 30%以上，其中研发人员占企业当年职工总数的 10%以上。

4．企业为获得科学技术（不包括人文、社会科学）新知识，创造性运用科学技术新知识，或实质性改进技术、产品（服务）而持续进行了研究开发活动，且近三个会计年度的研究开发费用总额占销售收入总额的比例符合如下要求：最近一年销售收入低于5000万元的企业，比例不低于6%；最近一年销售收入在5000万元至20000万元的企业，比例不低于4%；最近一年销售收入在20000万元以上的企业，比例不低于3%。其中，企业在中国境内发生的研究开发费用总额占全部研究开发费用总额的比例不低于60%。企业注册成立时间不足三年的，按实际经营年限计算。

5．高新技术产品（服务）收入占企业当年总收入的60%以上。

6．企业研究开发组织管理水平、科技成果转化能力、自主知识产权数量、销售与总资产成长性等指标符合《高新技术企业认定管理工作指引》的要求。

国家重点支持的高新技术领域是指：

1．电子信息技术（软件、微电子技术、计算机及网络技术、通信技术、广播电视技术、新型电子元器件、信息安全技术、智能交通技术）。

2．生物与新医药技术（医药生物技术、中药、天然药物、化学药、新剂型及制剂技术、医疗仪器技术、设备与医学专用软件、轻工和化工生物技术、现代农业技术）。

3．航空航天技术（民用飞机技术、空中管制系统、新一代民用航空运行保障系统、卫星通信应用系统、卫星导航应用服务系统）。

4．新材料技术（金属材料、无机非金属材料、高分子材料、生物医用材料、精细化学品）。

5．高新技术服务业（共性技术、现代物流、集成电路、业务流程外包（BPO）、文化创意产业支撑技术、公共服务、技术咨询服务、精密复杂模具设计、生物医药技术、工业设计）。

6．新能源及节能技术（可再生清洁能源技术、核能及氢能、新型高效能量转换与储存技术、高效节能技术）。

7．资源与环境技术（水污染控制技术、大气污染控制技术、固体废弃物的处理与综合利用技术、环境监测技术、生态环境建设与保护技术、清洁生产与循环经济技术、资源高效开发与综合利用技术）。

8．高新技术改造传统产业（工业生产过程控制系统、高性能和智能化仪器仪表、先进制造技术、新型机械、电力系统信息化与自动化技术、汽车行业相关技术）。

之所以对于高新技术企业的发展给予这样大的企业所得税优惠政策，就是通过鼓励、支持高新企业的发展，提高我国企业在国际上的竞争力，掌握各类产品的核心知识产权。同时，为了不使其他非高新技术企业钻政策的空子，对于高新技术企业的认定规定了严格的标准，这样能够使真正的高新技术企业获得政策上的有力支持。

6.5.3　其他的企业所得税优惠项目

除了以上行业性、系统性的企业所得税的优惠政策项目外，还有一些优惠政策是非行业性的，如果企业能够充分利用，对于企业实现纳税筹划的目标也是多有帮助的。

- 企业的下列支出，可以在计算应纳税所得额时加计扣除：企业为开发新技术、新产品、新工艺发生的研究开发费用，未形成无形资产计入当期损益的，在按照规定据实扣除的基础上，按照研究开发费用的 50%加计扣除；形成无形资产的，按照无形资产成本的 150%摊销。安置残疾人员及国家鼓励安置的其他就业人员所支付的工资，在计算应纳税所得额时加计扣除：企业安置残疾人员的，在按照支付给残疾职工工资据实扣除的基础上，按照支付给残疾职工工资的 100%加计扣除。残疾人员的范围适用《中华人民共和国残疾人保障法》的有关规定。
- 创业投资企业采取股权投资方式投资于未上市的中小高新技术企业 2 年以上的，可以按照其投资额的 70%在股权持有满 2 年的当年抵扣该创业投资企业的应纳税所得额；当年不足抵扣的，可以在以后纳税年度结转抵扣。这条规定主要是为了鼓励创投企业的发展。企业的发展离不开资金，而创投企业是专门投资创业公司的企业，一般拥有较雄厚的资金。鼓励创投企业的发展，培育众多的创投企业，对于提高我国经济发展的创新能力、创业能力有着重要的作用。
- 由于技术进步等原因，企业的固定资产确需加速折旧的，可以缩短折旧年限或者采取加速折旧的方法。可以采取缩短折旧年限或者加速折旧方法的固定资产，包括：（1）由于技术进步，产品更新换代较快的固定资产；（2）常年处于强震动、高腐蚀状态的固定资产。采取缩短折旧年限方法的，最低折旧年限不得低于《中华人民共和国企业所得税法实施条例》第六十条规定折旧年限的 60%；采取加速折旧方法的，可以采取双倍余额递减法或者年数总和法。

- 企业以《资源综合利用企业所得税优惠目录》规定的资源作为主要原材料，生产国家非限制和禁止并符合国家和行业相关标准的产品取得的收入，减按90%计入收入总额。

注意：所称原材料占生产产品材料的比例不得低于《资源综合利用企业所得税优惠目录》规定的标准。

- 企业购置并实际使用《环境保护专用设备企业所得税优惠目录》、《节能节水专用设备企业所得税优惠目录》和《安全生产专用设备企业所得税优惠目录》规定的环境保护、节能节水、安全生产等专用设备的，该专用设备的投资额的 10%可以从企业当年的应纳税额中抵免；当年不足抵免的，可以在以后 5 个纳税年度结转抵免。这里的设备是指应当实际购置并自身实际投入使用上述规定的专用设备；企业购置上述专用设备在 5 年内转让、出租的，应当停止享受企业所得税优惠，并补缴已经抵免的企业所得税税款。

第7章　交通工具成本高：车辆购置税与车船税

开篇点心

张某："这个型号的小汽车含增值税在内一共234000元，是吧？"

汽车销售员："嗯，小汽车金额为234000元，不过还有其他的款项需要缴纳。"

张某："还有其他款项？买个车这么麻烦？"

汽车销售员："不好意思，先生，我们可以提供一条龙服务，帮您办理临时牌照、代收保险费等费用。"

张某："也是，我自己办理更麻烦。那一共要多少钱？"

汽车销售员："临时牌照费550元，代收保险费1000元，工具及零配件3000元，车内装饰1300元，这些您都需要吧？"

张某："行吧，那一共是234000+550+1000+3000+1300=239850元。"

汽车销售员："先生，您还得缴纳车辆购置税，剔除增值税后按税率10%缴纳车辆购置税，即239850/1.17×10%=20500元。"

张某："那一共得花260350元？"

汽车销售员："我们这里可以代缴车船税，这个税种是车辆每年必交的，您这个车排气量在2.0～2.5升之间，车船税每年为960元."

张某："那一共得花261310元才能拿下这个车啊！成本真够高的。"

【本章导读】

车辆购置税和车船税是小税种，但对我们的日常生活起到了调剂作用，这意味着有钱人需要多缴税。目前，我国的车辆购置税实行统一比例税率10%，车船税主要是根据车辆的排气量或是核定载客人数和船舶的净吨位或是长度来征税的。本章将讲述车辆购置税和车船税的相关知识。

7.1 车辆购置税

为促进汽车工业及道路、水路等相关事业的健康发展，我国根据市场经济的需要，参照国际惯例，实行费改税，于2000年10月22日颁布了《中华人民共和国车辆购置税暂行条例》，以车辆购置税取代了车辆购置费。

7.1.1 外行看门道

车辆购置税是以在我国境内购置的规定车辆为课税对象，向车辆购置者在特定环节进行征收的一种税。它是我国2001年1月1日开征的新税种。

车辆购置税属于直接税的范畴，是一种特种财产税，它是在消费领域这一特定环节以购置的特定车辆为课税对象，采用统一的比例税率实行以价计征的税种，其所征收的税收收入由中央财政根据国家交通建设计划用于专门用途。

车辆购置税具有征收范围单一、征收环节单一、税率单一、征收方法单一、征税具有特定目的及价外征收、不发生税负转嫁等特点。

同时，国家开征车辆购置税，对调节收入差距、配合打击走私和维护国家权益起到了积极的作用，另外还有利于合理筹集建设资金和规范政府行为。

7.1.2 纳税义务人、征税对象及范围

车辆购置税是对在我国境内购置应税车辆的单位和个人实行征税，因此，发生购置应税车辆行为的单位和个人都为车辆购置税的纳税人。这里所说的购置行为不单纯指购买行为，它还包括购买使用行为、进口使用行为、受赠使用行为、自产自用行为、获奖使用行为及以拍卖、抵债、走私、罚没等方式取得并使用的行为。其所指的单位和个人与前述各税种所指的单位和个人一致。

车辆购置税将征税范围内列举的车辆作为征税对象，不在列举范围内的车辆不进行购置税的征收。征税范围包括汽车、摩托车、电车、挂车、农用运输车五类。

7.1.3 税率和计税依据

车辆购置税实行10%的统一比例税率，以应税车辆为购置对象，以应税车辆的价格（计税价格）为计税依据，在此将车辆购置税的计税依据总结如表7-1所示。

表 7-1 车辆购置税计税依据

序 号	购置车辆来源	计 税 依 据
1	购买自用应税车辆	支付给销售方的全部价款和价外费用
2	进口自用应税车辆	组成计税价格=关税完税价格+关税+消费税
3	其他自用应税车辆	国家税务总局制定的最低计税价格

最低计税价格的确定由国家税务总局依据全国市场的平均销售价格制定，对于几种特殊情形的应税车辆的最低计税价格规定如下：

1．底盘和发动机同时更换且已缴纳并办理了登记注册手续的车辆，应按同类型新车最低计税价格的 70%计算。

2．免税、减税条件消失的车辆，最低计税价格=同类型新车最低计税价格×[1-（已使用年限/规定使用年限）]×100%，使用年限的规定为。国产车辆为 10 年，进口车辆为 15 年。

3．按同类型新车最低价格确定非贸易渠道进口车辆的最低计税价格。

7.1.4 车辆购置税的计算

根据不同应税车辆的来源，车辆购置税的应纳税额计算稍有区别：

1．购买自用应税车辆应纳税额的计算

购买自用应税车辆以购买方支付给销售方的全部价款和价外费用为计税依据，应纳税额=支付的不含增值税的价款×10%。

实例 7.1

某公民 2013 年 1 月，从某汽车有限公司购买一辆小汽车供自己使用，支付了价款 210600 元（含增值税），另支付代收临时牌照费 600 元、代收保险费 1000 元，支付工具件和零配件价款 3000 元，车辆装饰费 1300 元。所支付的款项均由该汽车有限公司开具“机动车销售统一发票”和有关票据。请计算该公民应纳车辆购置税。

分析：购买者随购买车辆支付的工具件和零部件价款、车辆装饰费应作为价外费用一并计入税依据，代收款项若取得的是代收单位票据收据的款项，应视为代收单位价外费用一并计入计税依据。计算车辆购置税时应换算为不含增值税的计税价格。

计算：计税依据=（210600+600+1000+3000+1300）/（1+17%）=185043（元）

应纳车辆购置税=185043×10%=18504（元）

2．进口自用车辆应纳税额的计算

进口自用车辆应纳税额以组成计税价格为计税依据，应纳税额=（关税完税价格+关税+消费税）×10%

实例 7.2

某公司进口一辆小轿车自用，经海关审查确定关税完税价格为 200000 元，海关按规定征收关税 220000 元，增值税和消费税各为 71400 元和 11000 元，请计算该公司应纳车辆购置税。

分析：进口自用车辆以组成计税价格进行纳税，不包含增值税。

计算：计税依据=200000+220000+11000=431000（元）

应纳税额=431000×10%=43100（元）

3．其他自用应税车辆应纳税额的计算

纳税人自产自用、受赠或获奖，以及以其他方式取得并自用的应税车辆，不能取得车辆购置价格或是低于最低计税价格的，由国家税务总局进行核定。应纳税额=最低计税价格×10%。

实例 7.3

某汽车制造厂将自产的一辆客车用于本厂自用，出具该车的发票注明金额为 60000 元，并依此进行纳税申报。但经国家税务总局审核，认定该车辆的最低计税价格为 90000 元，请计算该厂应纳车辆购置税。

分析：纳税人自产自用应税车辆，申报价格低于最低计税价格的，以国家税务总局核定的最低计税价格为计税依据。

计算：应纳税额=90000×10%=9000（元）

7.1.5 车辆购置税的账务处理及示范

企业购买、进口、自产、受赠或通过其他方式取得并自用的应税车辆，所缴纳的车辆购置税应并入相关资产的价值进行账务处理，借记“固定资产”科目，贷记“银行存款”或“应交税费”科目。

实例 7.4

承上述实例 7.1，做企业缴纳车辆购置税的会计分录。

借：固定资产　　　　235004

　贷：银行存款　　　　216500

　　　应交税费——应交车辆购置税　　　　18504

7.1.6　车辆购置税的纳税申报

车辆购置税实行一车一申报制度，纳税人应当在到车辆登记注册机构办理手续前，向注册地的主管税务机关申报纳税。

纳税人购买自用的应税车辆，应自购买之日起 60 日内申报纳税；进口自用的，应自进口之日起 60 日内申报纳税；其他方式取得并自用的，应自取得之日起 60 日内进行申报纳税。

7.2　车船税

我国目前现行的车船税法基本规范，是 2007 年 1 月 1 日起施行的《中华人民共和国车船税暂行条例》，车船税是我国的非重点税种之一。

7.2.1　外行看门道

车船税，顾名思义是以车船为对象，向拥有车船的单位和个人征收的一种税。车船税属于地方税务局征收的税种，属于不动产的征税范围，对拥有车船的单位和个人进行征税，可以起到财富再分配的作用，有利于调节财富差异，同时对改善资源配置、合理使用车船也起到了积极的作用。作为地方税收，开征车船税能增加地方财源，为地方政府筹集财政资金。

车船税的纳税义务人，是指在我国境内的车辆及船舶的所有人和管理人。它的征税范围是指在我国车船管理部门登记的车船，包括车辆（机动车辆和非机动车辆）、船舶（机动船舶和非机动船舶）。

7.2.2　税目、税率与税收优惠

车船税对征税的车船规定单位固定税额，采用定额税率的方法计税，根据车辆和船舶的行使情况不同，车船税各税目的税率如表 7-2 所示。

表 7-2　车船税税目、税率

税目		计税单位	每年税额（元）	备注
载客汽车	大型客车	每辆	480～660	包括电车
	中型客车		420～660	
	小型客车		360～660	
	微型客车		60～480	
载货汽车、专项作业车		按自重每吨	16～120	包括半挂牵引车、挂车
三轮汽车、低速货车		按自重每吨	24～120	
摩托车		每辆	36～180	
船舶	净吨位≤200 吨	按净吨位每吨	3	拖船和非机动驳船分别按船舶税额的 50%计算
	净吨位 201～2000 吨		4	
	净吨位 2001～10000 吨		5	
	净吨位 10001 吨以上		6	

我国车船税的税收优惠有法定减免和特定减免两种政策，对下列车船实施法定减免政策：

（1）非机动车船（不包括非机动驳船）；（2）拖拉机；（3）捕捞、养殖渔船；（4）军队、武警专用的车船；（5）警用车船；（6）按照有关规定已缴纳船舶吨税的船舶；（7）依照我国《中华人民共和国外交特权与豁免条例》和《中华人民共和国领事特权与豁免条例》的规定应当予以免税的外国驻华使馆、领事馆与国际组织驻我国机构及有关人员的车船。

对尚未办理登记的应减免税的新购车辆，纳税人可提供相关资料向税务机关提出减免税申请；省、自治区、直辖市人民政府可对城市、农村公共交通车船根据当地实际情况给予定期减税或免税。

7.2.3　车船税的计算、申报和账务处理

1．车船税的计算

车船税按车辆或船舶的数量、净吨位或自重吨位为计税依据。

车船税的计算和缴纳，应自购置新车船的当月起按月计算，应纳税额=年应纳税额/12×应纳税月数

实例 7.5

某运输公司拥有载货汽车 20 辆（净吨位全部为 10 吨），大客车 30 辆，小客

车 10 辆。各车辆的定额税率为载货汽车每吨年税额 100 元、大客车每辆年税额 500 元、小客车每辆年税额 450 元，请计算该公司应纳车船税。

载货汽车应纳税额=20×10×100=20000（元）

乘人汽车应纳税额=30×500+10×450=19500（元）

2．车船税的账务处理及示范

车船税的会计处理应通过“管理费用”科目核算，按规定进行预提时借记“管理费用”，贷记“应交税费——应交车船税”，实际上缴时借记“应交税费——应交车船税”，贷记“银行存款”科目。

实例 7.6

以实例 7.5 为依据，做该运输公司车船税的会计分录。

（1）每季预提税金时，

借：管理费用　　　　9875（39500/4）

　贷：应交税费——应交车船税　　　　9875

（2）缴纳税金时，

借：应交税费——应交车船税　　　　9875

　贷：银行存款　　　　9875

3．车船税的纳税申报

车船税按年申报缴纳，车船税的所有人或管理人应在车船管理部门核发车船登记证书或是行驶证书所记载日期的当月到登记地的地方税务机关申报缴纳。如纳税人未按规定办理登记手续的，则应在购置发票开具当月进行申报；如果既未办理登记，又无法提供车船购置发票的，由主管地方税务机关核定纳税义务发生时间。

7.3 全面掌握优惠政策

一般来说，车辆购置税是以购买方向销货方支付的全部价款和价外费用作为计税依据，如何在购买车辆时节省车辆购置税，可以从这一点入手。

1．选择卖家：目前汽车经销商一般采用自己从厂家或上级经销商购进再销售和收取手续费代为销售两种形式进行汽车经销，购买者通过两种方式购车所需缴纳的车辆购置税有所不同。经销商直接销售的情况下，其以自己名义开具机动车销售发票，购买者应按发票金额缴纳车辆购置税，而经销商以收取手续费形式销售的情况下，购买者支付给经销商的手续费可以从车辆购置税的计税价格中扣除，两者相比，消费者支付同样价格，后者可以减少车辆购置税的支付。

2. 开具发票：正确区分代收款项和价外费用，也能给消费者节省车辆购置税。按照税法的规定，对代收款项和价外费用的区分主要是以票据的开出单位为划分依据的，如果汽车销售商将代办保险费、车辆购置税等费用与车辆销售价格统一以自己名义开具机动车销售发票的，则代收款项应作为计税价格缴纳车辆购置税。而如果汽车销售商使用委托方开具的发票反映向购买方收取的代为缴纳的车辆购置税、牌照费等费用，则上述费用不作为价外费用征收车辆购置税。

3. 延后购买：消费者在购买车辆时，对于随车购买的工具件、零部件及车辆美容等费用可以采取延后购买的方式。因为按车辆购置税的计税依据，消费者购买上述配件而支付的费用如果与车款同时支付且开具在机动车发票中，则应一并计入计税价格进行车辆购置税的征税；如果消费者采取日后再配备上述汽车工具件、零部件，或到其他经销商处购买的，则可以减少车辆购置税的缴纳。

第 8 章　抑制房价过快增长：土地增值税

开篇点心

会计："公司转让店铺，收入 600 万元。"

张总："不错啊，当初咱们买的时候才 200 万元，一下子赚了 400 万元。"

会计："呵呵，您高兴得太早了，还没算税呢。"

张总："税应该只有一小部分吧？"

会计："税也不少呢，我算一下，增值额为 600−200=400 万元，增值额与扣除项目买价金额的比率为 400/200×100%=200%，所以土地增值税=400×60%−200×35%=170 万元。"

张总："居然这么多？王总公司的厂房因国家修路占用土地，国家给他 1000 万元，他却没有交这个税啊！"

会计："是这样的，王总那个情况属于因国家建设需要依法征用厂房，是免征土地增值税的。"

总经理："原来如此！"

【本章导读】

世界各国对土地征税是一种较为普遍的方式，有些国家把对土地的征税作为单列税种，有些国家则未单列税种。依据对土地征税的税基不同，可以分为财产性质的土地税和收益性质的土地税。本章将对土地增值税的相关知识点进行讲解。

8.1 外行看门道

我国从 1994 年 1 月 1 日起开征土地增值税，现行的土地增值税基本规范为 1993 年 12 月 13 日颁布的《土地增值税暂行条例实施细则》。

8.1.1 土地增值税简述

土地增值税是对单位和个人有偿转让国有土地使用权及地上建筑物和其他附着物产权取得的增值收入进行征收的一种税。

土地增值税具有征税面广、实行按次征收、以转让房地产的增值额为计税依据，并实行超率累进税率等特点。它对国家抑制炒买炒卖土地获取暴利的行为，增加国家财政收入、积累经济建设资金、增强房地产开发和房地产交易市场的调控等方面起到了积极的作用。

土地增值税以转让国有土地使用权、地上建筑物及其附着物并取得收入的单位和个人为纳税义务人，对纳税义务人不论经济性质、不区分法人与自然人、内资企业和外资企业、中国公民和外籍个人，单位和部门，只要有偿转让房地产，均作为土地增值税的纳税人。

8.1.2 土地增值税的纳税范围

总的来说，土地增值税的纳税范围包括转让国有土地使用权、地上建筑物及其附着物连同国有土地使用权一并转让，但如何准确地界定土地增值税的征税范围还需通过下列三个标准来进行判定：

1. 进行转让的土地使用权其所属使用权限是否为国家所有。城市的土地属国家所有，但农村和城市郊区的土地除法律规定属于国家所有的外，其使用权是属于集体所有的，因此不得自行转让。集体所有的土地需根据有关法律转为国家所有后，才能进行转让；

2. 土地使用权及其地上建筑物和附着物的转让行为是否发生产权转让。对于未转让土地使用权、房产产权的行为，以及国有土地使用权出让行为，不属于土地增值税的征税范围；

3. 转让房地产是否取得了收入，对于房地产权属虽转让但未取得收入的行为，不作为土地增值税的纳税范围。

根据上述三条标准，即可对下列房地产的有关事项是否征税进行判定，总结如表 8-1 所示。

表 8-1 土地增值税的征税范围判定

序　号	房地产相关事项	是否征税
1	出售国有土地使用权	进行征税
2	取得国有土地使用权后进行房屋开发建造再进行出售	进行征税
3	存量房地产的买卖	进行征税
4	房地产的继承	不予征税
5	房地产公益性赠与、赠与直系亲属或承担直接赡养义务人的	不予征税
6	房地产的非公益性赠与	进行征税
7	房地产的出租	不予征税
8	房地产的抵押期间	不予征税
9	房地产抵押期满后进行产权转让的	进行征税
10	房地产的交换（单位之间交换）	进行征税
11	房地产的交换（个人之间交换）	不予征税
12	以房地产投资、联营	暂免征税
13	将投资联营房地产再转让	进行征税
14	合作建房，建成后自用	暂免征税
15	合作建房，建成后转让	进行征税
16	企业兼并转让房地产	暂免征税
17	代建房行为	不予征税
18	房地产重新评估	不予征税

8.1.3 土地增值税的税率和税收优惠

土地增值税实行四级超率累进税率，其各级税率与速算扣除数如表 8-2 所示。

表 8-2 土地增值税税率表

级　数	增值额占扣除项目金额比例	税　率	速算扣除系数
1	50%以下（含 50%）	30%	0
2	超过 50%～100%（含 100%）	40%	5%
3	超过 100%～200%（含 200%）	50%	15%
4	200%以上	60%	35%

《中华人民共和国土地增值税暂行条例》规定了如下税收优惠：

1. 建造普通标准住宅出售，其增值额未超过扣除项目金额20%的，免征土地增值税，增值额超过扣除项目20%的，全额征收土地增值税。

2. 国家因城市规划、建设需要而依法征用、收回的房地产，免征土地增值税。

3. 个人将原自用住房进行转让的，向税务机关申报核准，居住满5年或以上的，免予征税；居住满3年未满5年的，减半征收；居住未满3年的，按规定计税。

8.2 土地增值税的计算

8.2.1 应税收入和扣除项目的确定

纳税人转让房地产的全部价款和有关经济收益，均应作为纳税人计算土地增值税的应税收入，收入的形式包括了货币收入（如现金、银行存款、支票、银行本票等）、实物收入（如房屋、土地等不动产等）、其他收入（如专利权、商标权、著作权等无形资产收入等）。要准确计算出纳税人在转让房地产中获取的增值额，除了应税收入这一因素外，还必须准确确定扣除项目的范围，土地增值税扣除项目的规定如表8-3所示。

表8-3 土地增值税扣除项目

序号	扣除项目	具体内容
1	取得土地使用权所支付的金额	①为取得土地使用权支付的地价款
		②取得土地使用权时按国家规定缴纳的有关费用
2	房地产开发成本	①土地征用及拆迁补偿费
		②前期工程费
		③建筑安装工程费
		④基础设施费
		⑤公共配套设施费
		⑥开发间接费用
3	房地产开发费用	期间费用（销售费用、管理费用和财务费用）
4	与房地产转让的相关税金	①房地产开发企业：内资的可扣营业税、城市维护建设税和教育费附加；外资的可扣营业税
		②非房地产开发企业：内资的可扣营业税、城市维护建设税、印花税和教育费附加；外资的可扣营业税和印花税
5	其他扣除项目	从事房地产开发的纳税人，可加计20%进行扣除；加计扣除费用=（取得土地使用权支付的金额+房地产开发成本）×20%
6	旧房及建筑物的评估价格	评估价格=经评估机构评定的重置成本×成新度折扣率

8.2.2　土地增值税的计算

土地增值税的计算以增值额和规定的税率计算征收，增值额按上述应税收入减去扣除项目金额计算，土地增值额=转让收入（或评估价格）−扣除项目金额。

注意：如果纳税人存在隐瞒、虚报房地产成交价格、提供扣除项目金额不实、转让房地产成交价格低于房地产评估价格又无正当理由、旧房及房地产转让等情形的，应按评估价格计算土地增值额。

土地增值税的计算有两种方法，一种为每级距税额加总法，计算公式为：应纳税额=Σ（每级距的土地增值额×适用税率）；另一种方法为速算扣除法，计算公式为：应纳税额=增值额×适用税率−扣除项目金额×速算扣除系数。在实际工作中，一般采用后一种方法进行土地增值税的计算。

实例 8.1

某纳税人转让房地产取得收入 300 万元，其扣除项目金额为 80 万元，请计算其应缴纳的土地增值税税额。

分析：按照土地增值税的计算公式，应先计算出房产转让的增值额，然后根据增值率查找对应的税率，最后再进行税额的计算。

（1）增值额=300−80=220（万元）

（2）增值额与扣除项目比率=220/80=275%，查找适用税率为 60%，速算扣除率为 35%

（3）土地增值税税额=220×60%−80×35%=104（万元）

8.3　土地增值税的会计处理

土地增值税的会计核算应通过“应交税费——应交土地增值税”科目进行，根据转让国有土地使用权、地上建筑物及其附着物并取得收入的业务在企业中是否为主业，会计处理可分为以下几种情况。

8.3.1　主营房地产业务的企业

主营房地产业务的企业，其缴纳的土地增值税是为取得当期营业收入而支付的费用，因此，其发生土地增值税时应借记“营业税金及附加”，贷记“应交税费——应交土地增值税”，实际缴纳时借记“应交税费——应交土地增值税”，贷记“银行存款”科目。

1．预缴土地增值税的会计处理

房地产企业在项目全部竣工前收取的房地产收入，其可扣除项目暂时无法确定，因此，对土地增值税的缴纳采用预缴形式，待项目完全完工办理结算后，再进行土地增值税的清算。其土地增值税的核算可通过“应交税费——预交土地增值税”科目来进行。

实例 8.2

某房地产开发公司在某房产项目竣工前，预先售出部分房地产取得收入 300 万元，按期先预缴土地增值税 30 万元，项目竣工后计算该项目应交的土地增值税为 100 万元，请做该房产公司土地增值税的会计处理。

（1）按税务机关核定比例进行预提时，

借：应交税费——预交土地增值税　　300000

　贷：应交税费——应交土地增值税　　300000

（2）预缴时，

借：应交税费——应交土地增值税　　300000

　贷：银行存款　　300000

（3）项目清算时，

借：营业税金及附加　　1000000

　贷：应交税费——预交土地增值税　　300000

　　　应交税费——应交土地增值税　　700000

（4）清缴应交土地增值税时，

借：应交税费——应交土地增值税　　700000

　贷：银行存款　　700000

2．现货房地产销售时的会计处理

房地产企业在现货销售时，其房地产实现的营业收入负担的增值税，应直接借记“营业税金及附加”，贷记“应交税费——应交土地增值税”，实际缴纳时借记“应交税费——应交土地增值税”，贷记“银行存款”科目。

8.3.2　兼营房地产业务的企业

兼营房地产业务的企业，其转让房地产应缴纳的土地增值税应通过“其他业务成本”科目核算。企业按规定计算应纳税额时，借记“其他业务成本”，贷记“应交税费——应交土地增值税”，实际缴纳时，借记“应交税费——应交土地增值税”，贷记“银行存款”科目。

实例 8.3

某兼营房地产业务的金融公司转让房地产取得收入 200 万元，按税法规定计算其应缴纳的土地增值税为 20 万元，请做该公司土地增值税的会计分录。

（1）计提应缴纳的税额时，

借：其他业务成本　　200000

　贷：应交税费——应交土地增值税　　200000

（2）实际缴纳时，

借：应交税费——应交土地增值税　　200000

　贷：银行存款　　200000

8.3.3 其他转让房地产业务的企业

非从事房地产经营的企业在转让国有土地使用权及地上建筑物、附着物时，应通过“固定资产清理”科目核算土地增值税。取得转让收入时，借记“银行存款”，贷记“固定资产清理”，应缴纳的土地增值税，借记“固定资产清理”，贷记“应交税费——应交土地增值税”科目。

8.4 土地增值税的纳税申报

土地增值税的纳税人应在房地产转让合同签订后的 7 日内，到房地产所在地主管税务机关办理纳税申报，并按期缴纳土地增值税。

税务机关还需按规定对房地产开发企业土地增值税进行清算。对符合下列情形之一的，纳税人应进行土地增值税的清算：

房地产开发项目全部竣工、完成销售的；未竣工结算的房地产开发项目进行整体转让的；对土地使用权进行转让的。

符合下列情形的，主管税务机关可要求纳税人进行土地增值税清算：

已转让的房地产建筑面积占整个已竣工验收的房地产开发项目可售建筑面积的比例达 85%以上，或者虽然比例未超过 85%，但剩余的可售建筑面税已经出租或自用；自销售（预售）许可证获得之日起，满三年仍未销售完毕的；纳税人未办理增值税清算手续而申请注销税务登记的；主管税务机关规定的其他情况。

8.5 全面掌握优惠政策

土地增值税的筹划方法有很多种，每种方法都是利用现行税法的起征点、扣除费用项目，或是相关优惠政策等手段来进行节税筹划。因本书对税收筹划仅作为附带知识点，在此仅对土地增值税筹划的办法简述如下：

1. 利用土地增值税的起征点，即“纳税人建造普通标准住宅出售，增值额未超过扣除项目金额的20%，免征土地增值税”进行纳税筹划。

2. 利用允许加计扣除项目进行纳税筹划，如充分计列利息费用及其他费用支出。

3. 利用房地产开发企业的附加扣除实施纳税筹划。

4. 个人转让房地产的年限规定进行纳税筹划。

5. 利用土地增值税的计税依据中“土地增值额”的计算方法进行纳税筹划，如应税收入设法减少（收入分散筹划法）和增大扣除项目金额（费用转移筹划法），从而达到节约土地增值税的目的。

第9章　其他常见税种介绍

开篇点心

总经理：“这个月的地税申报怎么要交这么多税种啊？”

会计：“这个月是本年度的最后一个月，而且这个月我们公司发生的很多笔经济业务都与平时很少缴纳的税种挂钩了。”

总经理：“这个城市维护建设税不是每月都以增值税来计税的吗？”

会计：“嗯，之前我们每个月都只发生了增值税，其实城市维护建设税是按照增值税、营业税、消费税，还有出口退税中的一部分来作为计税依据的。”

总经理：“哦，就是说这月我们有营业税，所以增值税和营业税都要交城市维护建设税是吧？”

会计：“是哦，还有我们这个月购买房屋作为销售铺面，合同需要缴纳印花税，并且房屋产权转移，我们作为承受人要缴纳契税。”

总经理：“哦，这个也需要缴纳税款的啊？”

会计：“嗯，是的。”

【本章导读】

城市维护建设税是以增值税、营业税、消费税还有出口退税中的一部分来作为计税依据的，其税率为7%，属于一种常见的小税种。资源税、印花税、契税、城镇土地使用税、耕地占用税，从名称就可以看出这些税种的课税对象。这章我们将对这些常见税种做一个较为细致的介绍。

9.1 城市维护建设税

在税务会计的日常工作中，接触最多的除了增值税、营业税、所得税、消费税等几个大税外，城市维护建设税也是每月需要进行纳税申报的税种之一，它基本上与增值税、营业税和消费税在相同时间、地点进行申报。

9.1.1 外行看门道

城市维护建设税是对缴纳增值税、消费税、营业税等单位和个人征收的一种税。它属于附加税，其税款所得属于专款专用，各地的税负水平因城镇规模而设计了不同的比例税率，具有征收范围广泛的特点。

城市维护建设税可用于补充城市维护建设资金的不足，限制地区或部门对企业的乱摊派，同时，对调动地方政府进行城市维护和建设也起到了很好的推进作用。

城市维护建设税以负有缴纳增值税、消费税和营业税（以下称“三税”）的单位和个人为纳税义务人。我国在 2010 年 12 月 1 日前对外商投资企业和外国企业的“三税”不征收城市维护建设税，但在 2010 年 12 月 1 日以后，对外资企业的“三税”同样计算征收城市维护建设税。

9.1.2 税率和税收优惠

城市维护建设税依据纳税人所在城镇的规模及资金需要设计了三档地区差别比例税率：纳税人所在地为市区的，税率为 7%；所在地为县城、镇的，税率为 5%；所在地不在市区、县城或镇的，税率为 1%。

因城市维护建设税是附属于增值税、消费税和营业税的税种，其税收减免往往随主税减免的发生而发生，具体的税收减免有下列几种情形：

1. 城市维护建设税随“三税”的减免而减免；
2. 对于“三税”因减免税而需要退库的，相应的城市维护建设税也可同时退库；
3. 对于“三税”实行先征后返、先征后退、即征即退办法的，除另有规定外，相应的城市维护建设税和教育费附加不予退还；
4. 海关对进口产品代征的税金（消费税或增值税），不征收城市维护建设税。

9.1.3 城市维护建设税的计算、申报与账务处理

1．城市维护建设税的计算

城市维护建设税作为增值税、消费税和营业税的附属税种，是以纳税人实际缴纳的“三税”为计税依据，并随“三税”的减免而减免，同样，如果“三税”因某些原因需进行查补和罚款时，也必须对相应的城市维护建设税进行补税、征收滞纳金和罚款。

城市维护建设税的计税公式=（实纳增值税税额+实纳消费税税额+实纳营业税税额）×适用税率

实例 9.1

某市区一家企业 2013 年 8 月实际缴纳的增值税为 15 万元，消费税 8 万元，营业税 5 万元，请计算该企业当月应缴纳的城市维护建设税税额。

分析：该企业处于市区，因此其适用的城市维护建设税税率为 7%。

应纳城市维护建设税税额=（15+8+5）×7%=1.96（万元）

2．城市维护建设税的会计处理

企业对城市维护建设税进行会计处理时，应通过“应交税费——应交城市维护建设税”科目来进行核算。

实例 9.2

承接实例 9.1，该企业的城市维护建设税的会计处理如下所示。

借：营业税金及附加　　　19600

　贷：应交税费——应交城市维护建设税　　　19600

实际缴纳时，借：应交税费——应交城市维护建设税　　　19600

　　　　　　　贷：银行存款　　　19600

3．城市维护建设税的申报

城市维护建设税的纳税环节与“三税”的纳税环节同步，其纳税地点、纳税期限等规定基本都跟随“三税”，读者可根据前述增值税、消费税及营业税的相关知识点进行参考学习。城市维护建设税在进行纳税申报时，需填写《城市维护建设税纳税申报表》，其格式如表 9-1 所示。

表 9-1　城市维护建设税纳税申报表

填表日期：　2011 年 9 月 9 日

纳税人识别号：　××××××××××　　　　金额单位：元（列至角分）

<table>
<tr><td>纳税人名称</td><td colspan="3">×××××有限责任公司</td><td>税款所属时期</td><td>2011 年 8 月</td></tr>
<tr><td>计税依据</td><td>计税金额</td><td>税率</td><td>应纳税额</td><td>已纳税额</td><td>应补（退）税额</td></tr>
<tr><td>1</td><td>2</td><td>3</td><td>4=2×3</td><td>5</td><td>6=4-5</td></tr>
<tr><td>增值税</td><td>150000.00</td><td>7%</td><td>10500.00</td><td>0.00</td><td>10500.00</td></tr>
<tr><td>营业税</td><td>50000.00</td><td>7%</td><td>3500.00</td><td>0.00</td><td>3500.00</td></tr>
<tr><td>消费税</td><td>80000.00</td><td>7%</td><td>5600.00</td><td>0.00</td><td>5600.00</td></tr>
<tr><td>合计</td><td>280000.00</td><td></td><td>19600.00</td><td>0.00</td><td>19600.00</td></tr>
<tr><td colspan="3">如纳税人填报，由纳税人填写以下各栏</td><td colspan="2">如委托代理人填报，由代理人填写以下各栏</td><td></td></tr>
<tr><td rowspan="3">会计主管
（签章）</td><td rowspan="3" colspan="2">纳税人
（公章）</td><td>代理人名称</td><td rowspan="2">代理人
（公章）</td><td rowspan="3"></td></tr>
<tr><td>代理人地址</td></tr>
<tr><td>经办人</td><td>电话</td></tr>
<tr><td colspan="6">以下由税务机关填写</td></tr>
</table>

9.2　资源税

我国现行资源税法为 1993 年 12 月 25 日国务院颁布的《中华人民共和国资源税暂行条例》。

9.2.1　外行看门道

资源税是以地租理论为理论依据，对在我国从事应税矿产品开采和盐生产的单位和个人征收的一种税。

资源税的征收有利于促进对自然资源的合理开发利用、促进企业间开展平等竞争，同时也为国家财政资金的筹集起到相应的作用。

在我国境内开采应税资源的矿产品及生产盐的单位和个人为资源税的纳税义务人。但对于中外合作开采石油、天然气的单位和个人，暂不作为资源税的纳税义务人。

9.2.2　税目、单位税额和税收优惠

资源税采取从量定额的办法进行征税，对各类税目规定级差税额，其具体的税目、税率如表 9-2 所示。

表 9-2 资源税税目、税率表

序号	税目	税额	备注
1	原油	8～30 元/吨	开采的天然原油，不包括人造石油
2	天然气	2～15 元/千立方米	专门开采或与原油同时开采的天然气
3	煤炭	0.3～8 元/吨	指原煤，不包括洗煤、选煤及其他煤炭制品
4	其他非金属矿原矿	0.5～20 元/吨、克拉、立方米	除 1～3 点以外的非金属矿原矿
5	黑色金属矿原矿	2～30 元/吨	
6	有色金属矿原矿	0.4～30 元/吨或立方米挖出量	
7	盐	2～10 元/吨	包括固体盐、液体盐

资源税的征收范围仅限于中国境内，因此对进口的应税产品不征税，对出口的应税产品不退税，同时还规定了如下减免税政策：

1．对于开采原油过程中加热、修井的原油免税。

2．纳税人经营过程中因意外事故、自然灾害而产生重大损失的，可由省、自治区、省人民政府酌情减免税。

3．自 2007 年 2 月 1 日起，对后述产品暂减征收：北方海盐征收额为 15 元/吨；南方海盐、湖盐、井矿盐征收额为 10 元/吨；液体盐为 2 元/吨。

4．对地面抽采煤气层从 2007 年 1 月 1 日起暂不征收资源税。

5．其他减免税规定。

9.2.3 资源税的计算、申报和账务处理

1．资源税的计算

资源税按应税产品的课税数量乘以单位税额进行应纳税额的计算，其计算公式为：应纳税额=课税数量×单位税额。纳税人开采或生产应税产品用于销售的，以销售数量为课税数量，若应税产品作为自用的，以自用数量作为课税数量。

实例 9.3

某油田 2013 年 8 月销售原油 10 万吨，按规定适用的单位税额为 25 元/吨，请计算该油田本月应纳资源税税额。

应纳税额=10×25=250（万元）

2．资源税的纳税申报

资源税的纳税义务发生时间为：

（1）纳税人分期收款销售的，以销售合同规定的收款日期当天为纳税义务发

生时间。

（2）纳税人预收货款销售的，以发出应税产品的当天为纳税义务发生时间。

（3）纳税人采取其他结算方式，纳税义务发生时间应为收到销售款或者取得销售款凭据的当天。

（4）纳税人以移送使用应税产品的当天作为自产自用应税品的纳税义务发生时间。

（5）代扣代缴税款的扣缴义务人以支付首笔货款或者开具应支付货款凭证的当天为纳税义务发生时间。

资源税的纳税人应当在规定的纳税期限内向开采地或是生产地的主管税务机关进行纳税申报，其纳税期限同增值税、消费税的纳税期限规定。扣缴义务人代扣代缴的，应当向收购地主管税务机关缴纳资源税。

3．资源税的会计处理

企业应缴纳的资源税，需通过“应交税费——应交资源税”科目进行核算，根据企业应税产品所发生的业务不同，其会计处理方式分以下几种：

（1）企业销售应税产品的，应将缴纳的资源税计入营业税金及附加，计提应纳资源税时，借记“营业税金及附加”，贷记“应交税费——应交资源税”；实际缴纳时，借记“应交税费——应交资源税”，贷记“银行存款”科目。

（2）企业将应税产品自产自用时，其应缴纳的资源税计入产品的生产成本，计提时借记“生产成本”或“制造费用”科目，贷记“应交税费——应交资源税”，实际缴纳时的会计处理同上述第 1 点。

（3）纳税人收购未税矿产品代扣代缴资源税时，按代扣代缴的资源税税额借记“材料采购”科目，贷记“应交税费——应交资源税”科目，实际缴纳时的会计处理同上述第 1 点。

（4）纳税人收购液体盐加工固体盐类时，其加工固体盐耗用的液体盐的已纳资源税准予扣除。购入液体盐时，按可抵扣的资源税借记“应交税费——应交资源税”，按外购价款扣除可扣除资源税的余额借记“材料采购”，同时贷记“银行存款”、“应付账款”等科目。加工成固体盐出售时，按固体盐应缴纳的资源税借记“营业税金及附加”，贷记“应交税费——应交资源税”，实际上缴时，按应上缴金额扣减可抵扣资源税金额后的差额借记“应交税费——应交资源税”，贷记“银行存款”科目。

实例 9.4

承实例 9.3，做会计分录如下所示。

计提时，

借：营业税金及附加　　2500000

　贷：应交税费——应交资源税　　2500000

实际缴纳时，

借：应交税费——应交资源税　　2500000

　贷：银行存款　　2500000

9.3 印花税

印花税是一个古老的税种，自荷兰于1624年在世界上第一次征收印花税后，没经过多久，印花税就成为世界各国普遍征收的税种，我国也不例外。

9.3.1 外行看门道

印花税的初始设计，主要是随着西欧各国的国际贸易和国内经济的发展，人们在日常生活中使用契约、借贷凭证之类的单据越来越多，对于这些凭证，如果能够根据凭证的经济价值征收税收，那么就开辟了一个新的税源，而持有凭证、签订契约的交易双方，也认为凭证单据上如果能够由政府盖个印，成为政府承认的合法凭证，在遇到纠纷、诉讼、争议时就可以有法律保障。在这种背景下，印花税就应运而生了。

根据我国税收法律法规的规定，在我国境内书立、领受法律所规定列举的凭证的单位和个人，都是印花税的纳税人，应当按照规定缴纳印花税。可见，企业在生产经营活动中，就是印花税的纳税人。

法律所规定列举的需要缴纳印花税的凭证主要有以下几种：

- 购销、加工承揽、建设工程承包、财产租赁、货物运输、仓储保管、借款、财产保险、技术合同或者具有合同性质的凭证；
- 产权转移书据；
- 营业账簿；
- 权利、许可证照；
- 经财政部确定征税的其他凭证。

但是，如果以上需要缴纳印花税的凭证符合下列条件的，则免征印花税：

- 已缴纳印花税的凭证的副本或者抄本；
- 财产所有人将财产赠给政府、社会福利单位、学校所立的书据；

❑ 经财政部批准免税的其他凭证。

9.3.2 印花税的计算

根据我国税收法律法规的规定，印花税的详细税目、税率和纳税义务人如表 9-3 所示。

表 9-3 印花税税目税率表

税目	范围	税率	纳税义务人	说明
1. 购销合同	包括供应、预购、采购、购销结合及协作、调剂、补偿、易货等合同	按购销金额万分之三贴花	立合同人	
2. 加工承揽合同	包括加工、定做、修缮、修理、印刷、广告、测绘、测试等合同	按加工或承揽收入万分之五贴花	立合同人	
3. 建设工程勘察设计合同	包括勘察、设计合同	按收取费用万分之五贴花	立合同人	
4. 建筑安装工程承包合同	包括建筑、安装工程承包合同	按承包金额万分之三贴花	立合同人	
5. 财产租赁合同	包括租赁房屋、船舶、飞机、机动车辆、机械、器具、设备等	按租赁金额千分之一贴花，税额不足一元的按一元贴花	立合同人	
6. 货物运输合同	包括民用航空、铁路运输、海上运输、内河运输、公路运输和联运合同	按运输费用万分之五贴花	立合同人	单据作为合同使用的，按合同贴花
7. 仓储保管合同	包括仓储、保管合同	按仓储保管费用千分之一贴花	立合同人	仓单或栈单作为合同使用的，按合同贴花
8. 借款合同	银行及其他金融组织和借款人（不包括银行同业拆借）所签订的借款合同	按借款金额万分之零点五贴花	立合同人	单据作为合同使用的，按合同贴花
9. 财产保险合同	包括财产、责任、保证、信用等保险合同	按投保金额万分之零点三贴花	立合同人	单据作为合同使用的，按合同贴花
10. 技术合同	包括技术开发、转让、咨询、服务等合同	按所载金额万分之三贴花	立合同人	
11. 产权转移书据	包括财产所有权和版权、商标专用权、专利权、专有技术使用权等转移书据	按所载金额万分之五贴花	立据人	
12. 营业账簿	生产经营用账册	记载资金的账簿，按固定资产原值与自有流动资金总额万分之五贴花。其他账簿按件贴花五元	立账簿人	
13. 权利许可证照	包括政府部门发给的房屋产权证、工商营业执照、商标注册证、专利证、土地使用证	按件贴花五元	领受人	

印花税的缴纳方式，是企业按照上表所示的印花税税额，从税务主管机关购买相应金额的印花税税票，并且将印花税税票粘贴在需要缴纳印花税的凭证、文本上。由于印花税税票是定额的，因此如果企业需要缴纳的印花税非常多，可以向税务主管机关申请，用印花税完税凭证代替印花税税票贴在相关的凭证、文本上。

印花税的缴纳还有如下规定：

- 印花税票应当粘贴在应纳税凭证上，即印花税票是需要粘贴在需要缴纳印花税的有关凭证上，这些凭证也就是合同、结算单据等。对于已经粘贴的印花税税票，必须由纳税人在每枚税票的骑缝处盖戳注销或者画销。这样已贴用的印花税票就没有办法重复使用了；
- 应纳税凭证应当于书立或者领受时贴花；
- 印花税涉税行为对应的同一凭证，由交易双方或者双方以上当事人签订并各执一份的，应当由各方就所执的一份各自全额贴花。也就是说，对于同一个印花税的涉税事项，其印花税是向交易的各方分别全额收取的；
- 已贴花的凭证，修改后所载金额增加的，其增加部分应当补贴印花税票。

如果企业不按照规定对企业所持的印花税应税票据、合同、凭证等缴纳印花税，其后果主要是：

- 如果企业在需要缴纳印花税的凭证上未贴或者少贴印花税票，逃避印花税的，税务机关除责令其补贴印花税票外，可处以应补贴印花税票金额 20 倍以下的罚款，因此企业应当每隔一段时间检查一下新发生的各项交易事项的印花税缴纳情况，足额购买并粘贴印花税；
- 如果粘贴的印花税没有注销或者画销，税务机关可处以未注销或者画销印花税票金额 10 倍以下的罚款；
- 重复使用印花税票的，税务机关可处以重复使用印花税票金额 30 倍以下的罚款。
- 伪造印花税票的，由税务机关提请司法机关依法追究刑事责任。

实例 9.5

好事公司需要购买一批市场上紧缺的原材料，经过联系，找到了可靠的供应商，为了确保能够购买该批原材料，好事公司与该供应商签订了供货合同。合同约定，好事公司将向该供应商购买 100 万元的该种原材料。请问好事公司需要如何处理印花税业务。

分析：好事公司与其供应商签订了购货合同，根据我国法律法规的规定，该合同属于印花税的征税范围，需要缴纳印花税。

需要缴纳的印花税税额=1000000×0.0003=300 元。

好事公司需要购买价值 300 元的印花税税票，按照规定的要求粘贴在合同上。

9.4 契税

9.4.1 外行看门道

契税是以转移土地、房屋权属为征税对象，由产权承受方作为纳税义务人而承担的一种财产税。其征税对象具体包括：国有土地使用权出让、土地使用权转让、房屋买卖、房屋赠与和房屋交换五项。

对具有下列情形的纳税人，实行契税减征或免征的税收优惠政策。

1．城镇职工按规定第一次购买住房，免征。

2．机关、事业单位、社会团体和军事单位承受土地，房屋用于办公、教学、医疗、科研和军事设施的，免征。

3．承受荒山、荒沟等土地使用权，并用于农、林、牧、渔业的，免征。

4．因不可抗力而失去住房，重新购买的可酌情减税或免税。

9.4.2 契税的计算

契税以不动产的价格为计税依据，实行 3%～5%的幅度税率。其计税依据的具体规定有下列几种情况：

1. 国有土地使用权转让、土地使用权出售及房屋买卖方式，以成交价格计税。

2．土地使用权、房屋赠与，按征收机关核定的市场价格计税。

3．土地使用权、房屋交换，以所交换产权的差额计税。

4．以划拨方式取得的土地使用权，经批准转让时，以补交的土地使用权出让费或土地收益为计税依据。契税应纳税额计算公式为：应纳税额=计税依据×税率。

9.4.3 契税的申报和账务处理

契税的纳税义务人应自纳税义务发生（签订产权权属转让合同的当天或取得产权权属转移合同性质的凭证的当天）之日起 10 日内，向土地、房屋所在地的征收机关进行缴纳。

企业缴纳的契税，应计入相关资产的账面价值，取得土地使用权或房屋产权时，借记“固定资产”、“无形资产”等科目，贷记“银行存款”科目，也可以通过“应交税费——应交契税”科目进行核算。

9.5　城镇土地使用税

9.5.1　外行看门道

城镇土地使用税是以国有土地为征税对象，对拥有土地使用权的单位和个人征收的一种税，它具有征税范围广、实行差别幅度税率等特点。

城镇土地使用税的纳税人的确定包括以下几种方式：拥有土地使用权的单位和个人自行纳税；如果拥有使用权的单位和个人不在土地所在地的，由土地实际使用人和代管人进行纳税；多方共有土地使用权的，由共有各方分别纳税；另外，如果存在土地使用权的权属未确定或有纠纷未解决的，也应由实际使用人进行纳税。

城镇土地使用税以城市、县城、建制镇和工矿区内属于国家所有的土地为征税范围。

注意：2009 年 1 月 1 日起，公园、名胜古迹内的索道公司经营用地，应按规定缴纳城镇土地使用税。

9.5.2　城镇土地使用税的计算

城镇土地使用税以纳税人实际占用的土地面积为计税依据，以平方米为计量标准。其计算公式为：（全年）应纳税额=实际占用应税土地面积（平方米）×适用税额。

对于实际占用的土地面积，按下列的顺序进行确认：组织测量的，以测定面积为准；尚未组织测量的，按政府部门核发的土地使用证书确认的土地面积为准；如果前述两项均不存在，则由纳税人申报土地面积，据以纳税，待核发土地使用证以后再调整。

城镇土地使用税采用定额税率，实行范围内浮动的差别税额（年应纳税额）：大城市：1.5～30 元；中等城市：1.2～24 元；小城市：0.9～18 元；县城、建制镇、工矿区：0.6～12 元。

城镇土地使用税的纳税人应按年计算、分期向土地所在地的税务机关缴纳税款，各地的具体纳税期限按当地省、自治区、直辖市人民政府确定的时间为准。

9.5.3 城镇土地使用税的账务处理

缴纳城镇土地使用税的单位，应于计算应交税额时，借记“长期待摊费用”、“管理费用”、“销售费用”等科目，贷记“应交税费——应交土地使用税”科目。而在实际缴纳税款时，借记“应交税费——应交土地使用税”，贷记“银行存款”科目。

9.6 耕地占用税

9.6.1 外行看门道

耕地占用税是对占用特定土地资源进行课税，它是以占用耕地建房或从事其他非农业建设的单位和个人为纳税义务人，按其实际占用的耕地面积为计税依据而征收的一种税。

耕地占用税征税范围包括纳税人为建房或从事其他非农业建设而占用的国家所有及集体所有的耕地。

9.6.2 耕地占用税的计算

耕地占用税应纳税额的计算公式为：应纳税额=实际占用耕地面积（平方米）×适用定额税率。根据地区人口和耕地资源分布的不平衡，确定了 5～50 元不等的地区差别定额税率。

对军事设施、学校、幼儿园、养老院及医院占用耕地免税；对铁路线路、公路线路、飞机场跑道、停机坪、港口、航道占用耕地，实行减征，减按每平方米 2 元的税额征收耕地占用税；对农村居民占用耕地新建住宅，按照当地适用税额减半征收耕地占用税。

耕地占用税的纳税人应当在收到土地管理部门的通知之日起30日内到所在地的地方税务机关缴纳耕地占用税。

9.6.3 耕地占用税的账务处理

耕地占用税实行在实际占用耕地之前一次性缴纳，与征税机关不存在清算和结算的问题，因此企业按规定缴纳的耕地占用税，应作为固定资产价值的组成部分，记入“在建工程”科目，而不通过“应交税费”科目核算。

附录 A　营业税改征增值税试点方案

根据党的十七届五中全会精神，按照《中华人民共和国国民经济和社会发展第十二个五年规划纲要》确定的税制改革目标和 2011 年《政府工作报告》的要求，制定本方案。

一、指导思想和基本原则

（一）指导思想。

建立健全有利于科学发展的税收制度，促进经济结构调整，支持现代服务业发展。

（二）基本原则。

1. 统筹设计、分步实施。正确处理改革、发展、稳定的关系，统筹兼顾经济社会发展要求，结合全面推行改革需要和当前实际，科学设计，稳步推进。

2. 规范税制、合理负担。在保证增值税规范运行的前提下，根据财政承受能力和不同行业发展特点，合理设置税制要素，改革试点行业总体税负不增加或略有下降，基本消除重复征税。

3. 全面协调、平稳过渡。妥善处理试点前后增值税与营业税政策的衔接、试点纳税人与非试点纳税人税制的协调，建立健全适应第三产业发展的增值税管理体系，确保改革试点有序运行。

二、改革试点的主要内容

（一）改革试点的范围与时间。

1. 试点地区。综合考虑服务业发展状况、财政承受能力、征管基础条件等因素，先期选择经济辐射效应明显、改革示范作用较强的地区开展试点。

2. 试点行业。试点地区先在交通运输业、部分现代服务业等生产性服务业开展试点，逐步推广至其他行业。条件成熟时，可选择部分行业在全国范围内进行全行业试点。

3. 试点时间。2012 年 1 月 1 日开始试点，并根据情况及时完善方案，择机扩大试点范围。

（二）改革试点的主要税制安排。

1. 税率。在现行增值税17%标准税率和13%低税率基础上，新增11%和6%两档低税率。租赁有形动产等适用17%税率，交通运输业、建筑业等适用11%税率，其他部分现代服务业适用6%税率。

2. 计税方式。交通运输业、建筑业、邮电通信业、现代服务业、文化体育业、销售不动产和转让无形资产，原则上适用增值税一般计税方法。金融保险业和生活性服务业，原则上适用增值税简易计税方法。

3. 计税依据。纳税人计税依据原则上为发生应税交易取得的全部收入。对一些存在大量代收转付或代垫资金的行业，其代收代垫金额可予以合理扣除。

4. 服务贸易进出口。服务贸易进口在国内环节征收增值税，出口实行零税率或免税制度。

（三）改革试点期间过渡性政策安排。

1. 税收收入归属。试点期间保持现行财政体制基本稳定，原归属试点地区的营业税收入，改征增值税后收入仍归属试点地区，税款分别入库。因试点产生的财政减收，按现行财政体制由中央和地方分别负担。

2. 税收优惠政策过渡。国家给予试点行业的原营业税优惠政策可以延续，但对于通过改革能够解决重复征税问题的，予以取消。试点期间针对具体情况采取适当的过渡政策。

3. 跨地区税种协调。试点纳税人以机构所在地作为增值税纳税地点，其在异地缴纳的营业税，允许在计算缴纳增值税时抵减。非试点纳税人在试点地区从事经营活动的，继续按照现行营业税有关规定申报缴纳营业税。

4. 增值税抵扣政策的衔接。现有增值税纳税人向试点纳税人购买服务取得的增值税专用发票，可按现行规定抵扣进项税额。

三、组织实施

（一）财政部和国家税务总局根据本方案制定具体实施办法、相关政策和预算管理及缴库规定，做好政策宣传和解释工作。经国务院同意，选择确定试点地区和行业。

（二）营业税改征的增值税，由国家税务局负责征管。国家税务总局负责制定改革试点的征管办法，扩展增值税管理信息系统和税收征管信息系统，设计并统一印制货物运输业增值税专用发票，全面做好相关征管准备和实施工作。

附录B　交通运输业和部分现代服务业营业税改征增值税试点实施办法

（财税［2011］111号）

第一章　纳税人和扣缴义务人

第一条　在中华人民共和国境内（以下称境内）提供交通运输业和部分现代服务业服务（以下称应税服务）的单位和个人，为增值税纳税人。纳税人提供应税服务，应当按照本办法缴纳增值税，不再缴纳营业税。

单位，是指企业、行政单位、事业单位、军事单位、社会团体及其他单位。

个人，是指个体工商户和其他个人。

第二条　单位以承包、承租、挂靠方式经营的，承包人、承租人、挂靠人（以下称承包人）以发包人、出租人、被挂靠人（以下称发包人）名义对外经营并由发包人承担相关法律责任的，以该发包人为纳税人。否则，以承包人为纳税人。

第三条　纳税人分为一般纳税人和小规模纳税人。

应税服务的年应征增值税销售额（以下称应税服务年销售额）超过财政部和国家税务总局规定标准的纳税人为一般纳税人，未超过规定标准的纳税人为小规模纳税人。

应税服务年销售额超过规定标准的其他个人不属于一般纳税人；非企业性单位、不经常提供应税服务的企业和个体工商户可选择按照小规模纳税人纳税。

第四条　小规模纳税人会计核算健全，能够提供准确税务资料的，可以向主管税务机关申请一般纳税人资格认定，成为一般纳税人。

会计核算健全，是指能够按照国家统一的会计制度规定设置账簿，根据合法、有效凭证核算。

第五条　符合一般纳税人条件的纳税人应当向主管税务机关申请一般纳税人资格认定。具体认定办法由国家税务总局制定。

除国家税务总局另有规定外，一经认定为一般纳税人后，不得转为小规模纳税人。

第六条　中华人民共和国境外（以下称境外）的单位或者个人在境内提供应税服务，在境内未设有经营机构的，以其代理人为增值税扣缴义务人；在境内没有代理人的，以接受方为增值税扣缴义务人。

第七条　两个或者两个以上的纳税人，经财政部和国家税务总局批准可以视为一个纳税人合并纳税。具体办法由财政部和国家税务总局另行制定。

第二章　应税服务

第八条　应税服务，是指陆路运输服务、水路运输服务、航空运输服务、管道运输服务、研发和技术服务、信息技术服务、文化创意服务、物流辅助服务、有形动产租赁服务、鉴证咨询服务。

应税服务的具体范围按照本办法所附的《应税服务范围注释》执行。

第九条　提供应税服务，是指有偿提供应税服务。

有偿，是指取得货币、货物或者其他经济利益。

非营业活动中提供的交通运输业和部分现代服务业服务不属于提供应税服务。

非营业活动，是指：

（一）非企业性单位按照法律和行政法规的规定，为履行国家行政管理和公共服务职能收取政府性基金或者行政事业性收费的活动。

（二）单位或者个体工商户聘用的员工为本单位或者雇主提供交通运输业和部分现代服务业服务。

（三）单位或者个体工商户为员工提供交通运输业和部分现代服务业服务。

（四）财政部和国家税务总局规定的其他情形。

第十条 在境内提供应税服务，是指应税服务提供方或者接受方在境内。

下列情形不属于在境内提供应税服务：

（一）境外单位或者个人向境内单位或者个人提供完全在境外消费的应税服务。

（二）境外单位或者个人向境内单位或者个人出租完全在境外使用的有形动产。

（三）财政部和国家税务总局规定的其他情形。

第十一条　单位和个体工商户的下列情形，视同提供应税服务：

（一）向其他单位或者个人无偿提供交通运输业和部分现代服务业服务，但以公益活动为目的或者以社会公众为对象的除外。

（二）财政部和国家税务总局规定的其他情形。

第三章　税率和征收率

第十二条　增值税税率：

（一）提供有形动产租赁服务，税率为17%。

（二）提供交通运输业服务，税率为11%。

（三）提供现代服务业服务（有形动产租赁服务除外），税率为6%。

（四）财政部和国家税务总局规定的应税服务，税率为零。

第十三条　增值税征收率为3%。

第四章　应纳税额的计算

第一节　一般性规定

第十四条　增值税的计税方法，包括一般计税方法和简易计税方法。

第十五条　一般纳税人提供应税服务适用一般计税方法计税。

一般纳税人提供财政部和国家税务总局规定的特定应税服务，可以选择适用简易计税方法计税，但一经选择，36个月内不得变更。

第十六条　小规模纳税人提供应税服务适用简易计税方法计税。

第十七条　境外单位或者个人在境内提供应税服务，在境内未设有经营机构的，扣缴义务人按照下列公式计算应扣缴税额：

应扣缴税额=接受方支付的价款/（1+税率）×税率

第二节　一般计税方法

第十八条　一般计税方法的应纳税额，是指当期销项税额抵扣当期进项税额后的余额。应纳税额计算公式：

应纳税额=当期销项税额-当期进项税额

当期销项税额小于当期进项税额不足抵扣时，其不足部分可以结转下期继续抵扣。

第十九条　销项税额，是指纳税人提供应税服务按照销售额和增值税税率计算的增值税额。销项税额计算公式：

销项税额=销售额×税率

第二十条　一般计税方法的销售额不包括销项税额，纳税人采用销售额和销项税额合并定价方法的，按照下列公式计算销售额：

销售额=含税销售额/（1+税率）

第二十一条　进项税额，是指纳税人购进货物或者接受加工修理修配劳务和应税服务，支付或者负担的增值税税额。

第二十二条　下列进项税额准予从销项税额中抵扣：

（一）从销售方或者提供方取得的增值税专用发票上注明的增值税额。

（二）从海关取得的海关进口增值税专用缴款书上注明的增值税额。

（三）购进农产品，除取得增值税专用发票或者海关进口增值税专用缴款书外，按照农产品收购发票或者销售发票上注明的农产品买价和13%的扣除率计算的进项税额。计算公式为：

进项税额=买价×扣除率

买价，是指纳税人购进农产品在农产品收购发票或者销售发票上注明的价款和按照规定缴纳的烟叶税。

（四）接受交通运输业服务，除取得增值税专用发票外，按照运输费用结算单据上注明的运输费用金额和7%的扣除率计算的进项税额。进项税额计算公式：

进项税额=运输费用金额×扣除率

运输费用金额，是指运输费用结算单据上注明的运输费用（包括铁路临管线及铁路专线运输费用）、建设基金，不包括装卸费、保险费等其他杂费。

（五）接受境外单位或者个人提供的应税服务，从税务机关或者境内代理人取得的解缴税款的中华人民共和国税收通用缴款书（以下称通用缴款书）上注明的增值税额。

第二十三条　纳税人取得的增值税扣税凭证不符合法律、行政法规或者国家税务总局有关规定的，其进项税额不得从销项税额中抵扣。

增值税扣税凭证，是指增值税专用发票、海关进口增值税专用缴款书、农产品收购发票、农产品销售发票、运输费用结算单据和通用缴款书。

纳税人凭通用缴款书抵扣进项税额的，应当具备书面合同、付款证明和境外单位的对账单或者发票。资料不全的，其进项税额不得从销项税额中抵扣。

第二十四条　下列项目的进项税额不得从销项税额中抵扣：

（一）用于适用简易计税方法计税项目、非增值税应税项目、免征增值税项目、集体福利或者个人消费的购进货物、接受加工修理修配劳务或者应税服务。其中涉及的固定资产、专利技术、非专利技术、商誉、商标、著作权、有形动产租赁，仅指专用于上述项目的固定资产、专利技术、非专利技术、商誉、商标、著作权、有形动产租赁。

（二）非正常损失的购进货物及相关的加工修理修配劳务和交通运输业服务。

（三）非正常损失的在产品、产成品所耗用的购进货物（不包括固定资产）、加工修理修配劳务或者交通运输业服务。

（四）接受的旅客运输服务。

（五）自用的应征消费税的摩托车、汽车、游艇，但作为提供交通运输业服务的运输工具和租赁服务标的物的除外。

第二十五条　非增值税应税项目，是指非增值税应税劳务、转让无形资产（专利技术、非专利技术、商誉、商标、著作权除外）、销售不动产及不动产在建工程。

非增值税应税劳务，是指《应税服务范围注释》所列项目以外的营业税应税劳务。

不动产，是指不能移动或者移动后会引起性质、形状改变的财产，包括建筑物、构筑物和其他土地附着物。

纳税人新建、改建、扩建、修缮、装饰不动产，均属于不动产在建工程。

个人消费，包括纳税人的交际应酬消费。

固定资产，是指使用期限超过12个月的机器、机械、运输工具及其他与生产经营有关的设备、工具、器具等。

非正常损失，是指因管理不善造成被盗、丢失、霉烂变质的损失，以及被执法部门依法没收或者强令自行销毁的货物。

第二十六条　适用一般计税方法的纳税人，兼营简易计税方法计税项目、非增值税应税劳务、免征增值税项目而无法划分不得抵扣的进项税额，按照下列公式计算不得抵扣的进项税额：

不得抵扣的进项税额=当期无法划分的全部进项税额×（当期简易计税方法计税项目销售额+非增值税应税劳务营业额+免征增值税项目销售额）/（当期全部销售额+当期全部营业额）

主管税务机关可以按照上述公式依据年度数据对不得抵扣的进项税额进行清算。

第二十七条　已抵扣进项税额的购进货物、接受加工修理修配劳务或者应税服务，发生本办法第二十四条规定情形（简易计税方法计税项目、非增值税应税劳务、免征增值税项目除外）的，应当将该进项税额从当期进项税额中扣减；无法确定该进项税额的，按照当期实际成本计算应扣减的进项税额。

第二十八条　纳税人提供的适用一般计税方法计税的应税服务，因服务中止或者折让而退还给购买方的增值税额，应当从当期的销项税额中扣减；发生服务中止、购进货物退出、折让而收回的增值税额，应当从当期的进项税额中扣减。

第二十九条　有下列情形之一者，应当按照销售额和增值税税率计算应纳税额，不得抵扣进项税额，也不得使用增值税专用发票：

（一）一般纳税人会计核算不健全，或者不能够提供准确税务资料的。

（二）应当申请办理一般纳税人资格认定而未申请的。

第三节　简易计税方法

第三十条　简易计税方法的应纳税额，是指按照销售额和增值税征收率计算的增值税额，不得抵扣进项税额。应纳税额计算公式：

应纳税额=销售额×征收率

第三十一条　简易计税方法的销售额不包括其应纳税额，纳税人采用销售额和应纳税额合并定价方法的，按照下列公式计算销售额：

销售额=含税销售额/（1+征收率）

第三十二条　纳税人提供的适用简易计税方法计税的应税服务，因服务中止或者折让而退还给接受方的销售额，应当从当期销售额中扣减。扣减当期销售额后仍有余额造成多缴的税款，可以从以后的应纳税额中扣减。

第四节　销售额的确定

第三十三条　销售额，是指纳税人提供应税服务取得的全部价款和价外费用。

价外费用，是指价外收取的各种性质的价外收费，但不包括代为收取的政府性基金或者行政事业性收费。

第三十四条　销售额以人民币计算。

纳税人按照人民币以外的货币结算销售额的，应当折合成人民币计算，折合率可以选择销售额发生的当天或者当月 1 日的人民币汇率中间价。纳税人应当在事先确定采用何种折合率，确定后 12 个月内不得变更。

第三十五条　纳税人提供适用不同税率或者征收率的应税服务，应当分别核算适用不同税率或者征收率的销售额；未分别核算的，从高适用税率。

第三十六条　纳税人兼营营业税应税项目的，应当分别核算应税服务的销售额和营业税应税项目的营业额；未分别核算的，由主管税务机关核定应税服务的销售额。

第三十七条　纳税人兼营免税、减税项目的，应当分别核算免税、减税项目的销售额；未分别核算的，不得免税、减税。

第三十八条　纳税人提供应税服务，开具增值税专用发票后，提供应税服务中止、折让、开票有误等情形，应当按照国家税务总局的规定开具红字增值税专用发票。未按照规定开具红字增值税专用发票的，不得按照本办法第二十八条和第三十二条的规定扣减销项税额或者销售额。

第三十九条　纳税人提供应税服务，将价款和折扣额在同一张发票上分别注明的，以折扣后的价款为销售额；未在同一张发票上分别注明的，以价款为销售额，不得扣减折扣额。

第四十条　纳税人提供应税服务的价格明显偏低或者偏高且不具有合理商业目的的，或者发生本办法第十一条所列视同提供应税服务而无销售额的，主管税务机关有权按照下列顺序确定销售额：

（一）按照纳税人最近时期提供同类应税服务的平均价格确定。

（二）按照其他纳税人最近时期提供同类应税服务的平均价格确定。

（三）按照组成计税价格确定。组成计税价格的公式为：

$$组成计税价格=成本\times（1+成本利润率）$$

成本利润率由国家税务总局确定。

第五章　纳税义务、扣缴义务发生时间和纳税地点

第四十一条　增值税纳税义务发生时间为：

（一）纳税人提供应税服务并收讫销售款项或者取得索取销售款项凭据的当天；先开具发票的，为开具发票的当天。

收讫销售款项，是指纳税人提供应税服务过程中或者完成后收到款项。

取得索取销售款项凭据的当天，是指书面合同确定的付款日期；未签订书面合同或者书面合同未确定付款日期的，为应税服务完成的当天。

（二）纳税人提供有形动产租赁服务采取预收款方式的，其纳税义务发生时间为收到预收款的当天。

（三）纳税人发生本办法第十一条视同提供应税服务的，其纳税义务发生时间为应税服务完成的当天。

（四）增值税扣缴义务发生时间为纳税人增值税纳税义务发生的当天。

第四十二条　增值税纳税地点为：

（一）固定业户应当向其机构所在地或者居住地主管税务机关申报纳税。总机构和分支机构不在同一县（市）的，应当分别向各自所在地的主管税务机关申报纳税；经财政部和国家税务总局或者其授权的财政和税务机关批准，可以由总机构合并向总机构所在地的主管税务机关申报纳税。

（二）非固定业户应当向应税服务发生地主管税务机关申报纳税；未申报纳税的，由其机构所在地或者居住地主管税务机关补征税款。

（三）扣缴义务人应当向其机构所在地或者居住地主管税务机关申报缴纳其扣缴的税款。

第四十三条　增值税的纳税期限分别为 1 日、3 日、5 日、10 日、15 日、1 个月或者 1 个季度。纳税人的具体纳税期限，由主管税务机关根据纳税人应纳税额的大小分别核定。以 1 个季度为纳税期限的规定适用于小规模纳税人及财政部和国家税务总局规定的其他纳税人。不能按照固定期限纳税的，可以按次纳税。

纳税人以 1 个月或者 1 个季度为 1 个纳税期的，自期满之日起 15 日内申报纳税；以 1 日、3 日、5 日、10 日或者 15 日为 1 个纳税期的，自期满之日起 5 日内预缴税款，于次月 1 日起 15 日内申报纳税并结清上月应纳税款。

扣缴义务人解缴税款的期限，按照前两款规定执行。

第六章　税收减免

第四十四条　纳税人提供应税服务适用免税、减税规定的，可以放弃免税、减税，依照本办法的规定缴纳增值税。放弃免税、减税后，36 个月内不得再申请免税、减税。

第四十五条　个人提供应税服务的销售额未达到增值税起征点的，免征增值税；达到起征点的，全额计算缴纳增值税。

增值税起征点不适用于认定为一般纳税人的个体工商户。

第四十六条　增值税起征点幅度如下：

（一）按期纳税的，为月应税销售额 5000～20000 元（含本数）。

（二）按次纳税的，为每次（日）销售额 300～500 元（含本数）。

起征点的调整由财政部和国家税务总局规定。省、自治区、直辖市财政厅（局）和国家税务局应当在规定的幅度内，根据实际情况确定本地区适用的起征点，并报财政部和国家税务总局备案。

第七章　征收管理

第四十七条　营业税改征的增值税，由国家税务局负责征收。

第四十八条　纳税人提供适用零税率的应税服务，应当按期向主管税务机关申报办理退（免）税，具体办法由财政部和国家税务总局制定。

第四十九条　纳税人提供应税服务，应当向索取增值税专用发票的接受方开具增值税专用发票，并在增值税专用发票上分别注明销售额和销项税额。

属于下列情形之一的，不得开具增值税专用发票：

（一）向消费者个人提供应税服务。

（二）适用免征增值税规定的应税服务。

第五十条　小规模纳税人提供应税服务，接受方索取增值税专用发票的，可以向主管税务机关申请代开。

第五十一条　纳税人增值税的征收管理，按照本办法和《中华人民共和国税收征收管理法》及现行增值税征收管理有关规定执行。

第八章　附　　则

第五十二条 纳税人应当按照国家统一的会计制度进行增值税会计核算。

第五十三条 本办法适用于试点地区的单位和个人，以及向试点地区的单位和个人提供应税服务的境外单位和个人。

试点地区的单位和个人，是指机构所在地在试点地区的单位和个体工商户，以及居住地在试点地区的其他个人。

美迪出版 精品图书

看不懂财报，就不是合格的企业管理者，会计、CFO、经理人、企业家、创业者的必备案头书

ISBN：9787121203763
书名：把脉公司财报
定价：38.00 元

67 个往来业务 +83 个明细账图解 +47 个总账图 +
56 张“T”字账 = 轻松搞定会计业务
在故事中学习会计，用图表来理清真账

ISBN：9787121202810
书名：图解会计真账
定价：28.00 元

全面掌握财务知识，快速熟悉会计业务
清晰梳理账务流程，详解报表分析技能
从新手到 CFO 的必备速查手册

ISBN：9787121204210
书名：会计、出纳、财务报表实用全书
定价：65.00 元

中国投资者和经济界年度关注最高的词汇之一
借贷危机 = 跑路潮 + 吴英案 + 地下钱庄
老板们为什么要跑路自杀？
吴英为什么要被判处死刑？
地下钱庄到底有多少秘密？
年度财经焦点之作《借贷危机》重装上阵！
一本书讲透“借贷”对中国的中小企业和中国老百姓的作用和影响。

著名财经作家、观察家、评论家茅于轼、李德林、张小平、张小军、陈润联袂推荐！

ISBN：9787121201646
书名：借贷危机
定价：38.00 元

投稿邮箱：meidipub@phei.com.cn 服务热线：（010）57565890